추천사

구약 연구와 성경 신학(biblical theology)의 소중한 자료인 『하나님의 고통』(*The Suffering of God*)이 출간 40년 만에 한글로 소개된 것은 참으로 기쁜 일이다. 프레타임은 여전히 성경 신학에서 간과되는 주제인 하나님의 '고통'을 자신의 목소리로 치밀하게 논증한다. 하나님의 성품을 이해하는 것은 세상과 그의 백성에 대한 하나님의 마음을 파악할 수 있기 때문에 매우 중요하다. 우리는 하나님에 대한 고정 관념과 제한된 은유로 하나님의 성품을 규정하고 그런 시각으로 성경과 삶을 해석하기 쉽다. 저자는 이런 고정 관념에 과감히 도전한다. 고통받고 슬퍼하시는 하나님의 성품과 마음을 인간이 인지할 수 있는 은유인 '고통'의 관점에서 소개한다. 특히 저자는 하나님의 고통이 선지자의 생애와 여호와의 종에게 반영되고 있음을 논증한다. 하나님은 자신을 거부하는 세상에 대해 고통받으시고 고통받는 백성과 함께 고통받으시고 자기 백성을 위해 고통받으신다. 하나님의 고통으로 새 백성이 탄생한다. 하나님의 고통은 세상과 제자들과 함께 우시고 고통 가운데 기도하고 십자가에 달리신 성자의 생애에 반영됐다. 하나님은 왜, 누구와 함께, 무엇을 위해 고통받으시는가? 이 책은 구약 연구와 성경 신학에 관심을 두는 독자들뿐 아니라 고통당하는 사람들을 대하고 그들과 함께하면서 고통을 몸소 겪고 있는 목회자들과 설교자들에게 소중한 자료가 될 것이다.

강대훈 총신대 신학대학원 신약학 교수

하나님은 고통을 받으실까? 하나님이 고통을 받으신다면 그것은 어떤 종류의 것일까? 영원한 기쁨 속에 있는 하나님이 받는 고통은 설명 가능한 것일까? 성실한 구약학자이자 루터교 목회자인 테렌스 프레타임은 구약의 거의 모든 장르 속 핵심 텍스트를 종횡무진 오가면서 이 질문들에 답한다. 프레타임의 이 책이 의미있는 이유는 구약학자로서 신이신 하나님이 고통을 받는다는 의미를 텍스트를 기반으로 조직 신학적 질문에 대해 구체적 답을 제시하려 한다는 점이다. 그는 신인동형론에서 성육신하신 하나님을 은유적인 결에 따라 그 특수성과 일반성을 고려하여 해석해야 한다고 말한다. 저자는 하나님에 대한 백성들의 불

신앙적 거절로 인해 고통받으며, 고통받는 사람들과 함께 고통받으며 백성을 위해서 고난을 받는다고 말한다(199). 특히, 하나님은 자기 백성의 고통에 공감하면서도 스스로가 인간을 대신해 고난 받으신다.

세상의 문제에 구체적으로 개입하면서도 하나님은 세계 속에서 어떤 관계를 맺으시며, 이로인해 고통받고 있다는 사실은 독자들의 마음에 큰 위로를 주리라 생각한다. 즉, 이 연구는 "내가 고통 당할 때, 하나님은 어디계셨습니까?"와 같은 신정론적 질문에 대한 가장 확고한 대답일지 모른다. 구약 속 성부이신 하나님의 고통에 관한 주제를 깊고도 넓게 연구한 이 책은 성자이신 그리스도에 대한 고통에 대한 이해에도 도움을 줄 것이다. 일독을 권한다.

권지성 기독연구원 느헤미야 구약학 교수

『구약에 나타난 하나님의 고통』이라는 제목을 가진 책은 구약 성서의 하나님에 대한 편견을 가진 독자들에게 위로와 안도를 준다. 구약의 하나님에 대한 통속적 이해는 율법을 제정하시고 그 율법에 따라 가차없이 인간을 벌주고 이스라엘을 가혹하게 처벌하는 천상의 전제군주이미지이다. 이런 이미지와 연결된 이미지는 하나님의 거룩한 초월적인 거리감에 대한 통속적 이해이다. 이런 통속적 이해에 따르면 하나님은 너무 거룩하고 초월적인 천상에 거하는 무한히 먼 하나님이다. 프레타임은 격조 높은 성경 주석, 철학적, 그리고 문학적 연구를 통해 이런 통속적 하나님 이해를 교정해 준다.

프레타임은 이 책에서 시종일관 구약의 하나님은 이 세계를 창조하신 후부터 이 세계와 당신을 언약으로 묶어두셨기에 세계의 반응, 상황, 조건, 형편에 영향을 받으시는 성육신적 하나님임을 강조한다. 프레타임의 주장을 조금만 확장하면 독자들은 성육신은 신약의 신학사상이 아니라, 구약 성경 첫 책 창세기부터 나오는 사상이라는 진실을 깨닫게 된다. 천지를 창조하신 후 안식일을 제정하신 후 쉬신 그 순간부터 하나님은 성육신 하신 것이다. 하나님은 지구시간에 당신의 시계를 맞추신다. 하나님은 아브라함과 그 후손 이스라엘 역사 1,500년 내내 이스라엘 민족과 동행하심으로 성육신하셨다. 창세기 3-11장에서는 인류의 죄악 때문에 상처를 입으시고 고통을 당하신 하나님이 창세기 12장부터 예수님이 오실 때까지 이스라엘의 죄악, 이스라엘이 당한 곤경과 환난 때문에, 마음이 상하시고 고통을 느끼는 성육신의 하나님이시다. 아브라함의 종말론적인 나사렛 예수를 통해 하나님은 마침내 온 인류의 장막 속으로 성육신하셨다. 이 장엄한 하나님의 점차적 성육신의 드라마를 명쾌하게 펼쳐내는 저자의 논리를 따라가면 어느새 큰 감동을 받는다. 이 책은 이사야 57:15에 대한 길고 자세한 해설이다. "지극히 존귀하며 영원히 거하시며 거룩하다 이름하는 이가 이와 같이 말씀하시되 내가 높고 거룩한 곳에 있으며 또한 통회하고 마음이 겸손한 자와 함께 있나니 이는 겸손한 자의 영을 소생시키며 통회하는 자의 마음을 소생시키려 함이라." 큰 감동과 깨달음을 안겨주는 이 책을 출간한 저자, 역자, 그리고 출판사에게 사의를 표한다.

김회권 숭실대학교 기독교학과 구약학 교수 겸 교목실장

신앙생활 하면서 고통의 문제만큼 힘들고 버거운 문제가 있을까? 고통은 근원적 인간 조건인가? 고통은 인간 문제인가 하나님 문제인가? 그리스도인은 고통을 어떻게 이해해야 할까? 인간만 고통받는가 아니면 하나님도 고통받는가? 신의 초월성과 전능성을 생각하면 하나님은 고통에서 제외된다. 하지만 하나님의 내재성, 즉 성육신으로 표현되는 인간과의 관계성을 지닌 하나님, 이른바 "관계의 신학"을 고려하면 하나님은 인간의 고통에 어쨌든 연루되어 있다. 저명한 구약 신학자 프레타임이 구약 신학의 중심 주제로 『하나님의 고통』을 집중적으로 다룬다.

하나님의 고통을 신인동형론(神人同形論)적 은유로 규정하며 책의 서두를 시작하는 저자는 구약의 하나님 이미지를 살핀다. 구약의 일반적 이미지는 분노한 재판장, 냉엄한 율법 수여자와 같은 이미지다. 하지만 저자는 구약의 하나님은 창조세계와의 관계를 지니신, 특별히 그의 백성인 이스라엘과 배타적인 관계를 지니신 "관계론적 신"(神)임이 두드러진다고 말한다. 그에 따르면 관계성의 정점으로 나타난 것이 구약의 "신의 현현"(theophany) 사건이다.

저자는 자기 백성과 구체적 역사 속에서 관계를 맺는 하나님은 다음과 같은 세 문장 속에서 자신을 드러내신다고 역설한다. "하나님은 …때문에 고통받는다", "하나님은 …와 함께 고통받는다", "하나님은 …을 위해 고통받는다." 저자에 따르면 특별히 구약 예언자들의 글 안에 고통받는 하나님의 모습이 깊이 스며들어있단다. 이사야서의 "야웨의 고통받는 종" 안에서 하나님의 "함께하는 고통"이 극적으로 나타나 있다. 여기서 우리는 예수 그리스도의 성육신에서 세상과 자기 백성과 아주 오래된 하나님의 관계가 정점에 이르게 됨을 보게 될 것이다.

이 책을 통해 고통받는 교회는 하나님의 고통받는 이미지 안에서 많은 위로

를 얻는다. 더욱이 교회는 고통받는 자들, 사회적 약자들, 변방의 신학들과 연대할 수 있을 길을 발견할 수 있을 것이다. 프레타임의 글에서 유대인 학자 아브라함 헤셸의 정념론(Pathos)의 영향이 물씬 풍긴다. 이 책은 하나님의 고통 문제에 관한 조직 신학 저자들의 접근에서는 찾기 힘든 성서 신학적·주석학적 진수를 제공한다. 성서 신학적으로 하나님의 고통에 관한 문제를 다룬 탁월한 선구자적 작품이다. 한국어로의 출판이 늦은 감이 있지만, 목회자와 설교자들, 신학도들과 사고하는 신자들에게 반드시 일독하실 것을 강하게 권한다. 이 책은 설교나 성경공부로 쉽게 사용될 수 있는 풍부한 자료를 담고 있다.

류호준 백석대학교 신학대학원 은퇴 교수

"마음에 근심하시고"(창 6:6)로 번역된 문장의 히브리어 원문은 '하나님은 심장에 상처를 입으셨다' 혹은, '가슴이 저리도록 고통스러웠다' 정도의 아주 강한 표현으로 이해하는 것이 좋다. 저 하늘 높은 곳에서 유아독존, 독야청청하실 수 있는 절대타자(Absolute Other)로서, 공감능력이 결여된 채 인간의 잘못을 단호하게 심판하는 하나님으로 얼마든지 이해될 수 있다. 그러나 성경은 하나님을 그렇게 증언하지 않는다. 창조주는 피조물들에게 배신당해 괴로워하고 잊혀져서 아파한다(렘 2:29-32). 저자 테렌스 프레타임의 표현을 빌자면, "깨어진 관계로 인해 깊은 상처를 받는 분으로 드러난다"(223).

이 책 『하나님의 고통』(the Suffering of God)은 '아파하시는 하나님(the Suffering God)'에 대해 말한다. 성경의 하나님은 피조물과 관계를 맺기로 결정하신 창조주이시다. '말씀이 육신이 되어"라는 표현보다 더 하나님과 인간 사이를 긴밀히 연결하는 표현이 또 어디 있을까. 그분은 사람들로 인해 상처받고(7장), 사람들과 함께 아파하며(8장), 사람들을 위해 스스로 고통 속으로 들어가시는 분이시다(9장). 하나님의 마음에 합하기를 간절히 원하는 사람들에게 이 책을 강력히 추천한다. 우는 자들과 함께 우는 자가 바로 하나님의 사람이다.

송민원 더바이블 프로젝트 대표, Israel Institute of Biblical Studies 교수

『지혜란 무엇인가』의 저자

고대 헬라철학에 따르면 하나님은 무감정한 분이고, 그러기에 고통당할 수 없다. 그러나 구약과 신약을 하나님의 계시의 말씀으로 고백하는 그리스도교는 하나님의 고통에 관하여 말한다. 하나님이 고통당할 수 없다면 어떻게 그리스

도교 신앙이 예수 그리스도의 수난을 하나님의 계시로 이해할 수 있었겠는가? 만약 하나님이 어떠한 면에 있어서도 고통당할 수 없다면, 결코 하나님은 사랑일 수 없을 것이다. 하나님이 사랑이시라면, 당연히 사랑의 대상을 위하여 고통당하실 수 있어야만 한다. 하나님은 피조물처럼 존재의 결핍으로 인하여 고통당하지는 않으시지만, 인간과 이 세계를 향한 자기 존재의 넘쳐나는 사랑으로 인하여 고통당하신다는 사실을 성경은 우리에게 보여 준다. 그런 점에서 성경이 증언하는 하나님은 무감정적인 분이 아니라 감정을 가지고 계신 분이시다.

테렌스 E. 프레타임의 저작 『하나님의 고통』은 상기의 신학적인 논의들에 대해서 학문적으로 신뢰할 수 있는 풍성한 구약 신학적인 근거를 제공해 줄 뿐만 아니라, 이들 신학적인 논의들이 간과하고 있는 구약 본문들의 영감에 사무친 신학적인 통찰들을 우리에게 제공해 준다. 저자는 구약 성경에 하나님에 관한 수많은 은유가 등장한다는 사실에 주목한다. 이러한 은유의 목적은 우리에게 하나님은 누구이며, 우리와의 관계 속에서 어떠한 분이 되시고자하는 가를 밝게 드러내 보여 주고 있다는 것이다. 저자는 이러한 은유에 입각하여 '하나님의 고통'에 관한 구약 성경의 서사를 섬세하고, 입체적으로 조망해 주고 있다. 저자가 온당하게 강조하고 있는 것처럼, 이러한 하나님에 관한 구약 성경의 은유, 특별히 고통에 관한 서사는 그 자체가 구약의 특정한 본문 속에 고립되어 있는 사상이 아니라 신약의 그리스도 사건을 지향하고 있으며, 그리스도 사건을 향하여 빛을 던져주고 있다는 것이다. 저자는 모순과 부조리로 가득 찬, 그리하여 힘겨운 비극과 고통이 발생하는 우리의 현실 가운데서, 우리와 이 세계의 고난에 참여하시며, 자신의 자녀들의 고난으로 인하여 아파하시고, 고통을 당하시며, 구원하고자 하시는 사랑의 하나님을 구약 성경 본문을 통하여 예리하고, 풍성하고, 입체적이고, 아름답게 논증해 보여 주고 있다. 그리고 이러한 저자의 논증은 자연스럽게 세계의 고통의 현실 가운데서 십자가에 달리신 하나님 아들의 '수난사'(historia passionis)만이 우리가 하나님을 올바르게 인식할 수 있는 유일한 인식과 구원의 길임을 증명해 준다.

끝으로 이 책을 읽는 독자들이 덤으로 누릴 수 있는 유익에 대해서 첨언하고자 한다. 하나님을 이 세상의 사물과 사건들에 은유하여 유비하는 것은 우리에게 이 세상에 대한 성례전적인 사고를 제공해 준다는 것이다. 우리가 성례전(성찬과 세례)을 통하여 성삼위일체 하나님의 현존을 인식하고 경험하는 것처럼, 저자의 은유신학은 우리에게 하나님의 현존을 인식하고 그분을 만나는 거대한 성례전으로 이 세상을 볼 수 있는 가능성의 길을 열어준다. 이러한 은유신학적인 통찰은 신구약 성경에서 풍성하게 발견되는 것이며, 이러한 성경의 자연신학적인 은유와 신인동형론적인 표현들은 오늘날 기후변화와 생태학적인 위기 가운데서 다시 새롭게 이해되고 조명 될 필요가 있다.

이에 학문적으로 엄정하고 탁월할 뿐만 아니라 번뜩이는 통찰로 가득 차 있는 이 아름다운 책을 기꺼이 추천하여 독자들에게 일독을 권하는 바이다

이동영 서울성경 신학대학원대학교 조직 신학 교수

'예수님의 고난'이 아니라 『하나님의 고통』이라니 제목이 심상치 않다. 이 책은 인간의 고통을 하나님이 어떻게 다루시는 지에 대한 책이 아니다. 제목 그대로 하나님이 겪으시는 고통에 관한 설명이다. 다시 질문해 본다. 예수님이 아니라 하나님이 고통을 겪으신다고? 이 대담한 질문에 대해 사실 우리는 이미 "그렇다"고 대답해 왔다. "얼마나 아프실까, 하나님의 마음은"이라고 시작하는 찬양이 바로 그 대답이었다. 하지만 이것은 그냥 은유적인 표현이 아닌가. 그렇다. 그런데 저자는 하나님을 믿는데 그치지 않고 하나님이 어떤 분인지를 보여 주는데 은유가 얼마나 중요한지 설명하며 책을 시작한다. 구약이 은유를 통해 보여 주는 하나님은 무엇보다 실제 시공간에서 관계 맺으시는 하나님이시다.

그런 하나님이 모든 위험을 감수하시며 맺으시는 관계의 정점에는 "때문에, 함께, 위하여" 받으시는 고통이 있다. 이 책은 일급 구약학자의 솜씨로 이스라엘이 하나님 자신을 거부하는 것 때문에 고통 받으셨고, 심판 아래 놓인 사람들과 함께 고통 받으셨고, 이스라엘의 구원을 위해 고통 받으셨음을 구약 성경을 종횡무진 누비며 보여 준다. 곱씹어야 할 낯선 설명들을 만나기도 하지만 "하나님의 고통은 이 땅에 있는 하나님의 종의 고통에 상응하는 하늘의 고통이다. 고난받는 종은 하나님의 고통을 스스로 짊어지고 이 세상의 악의 세력을 극복하기 위해 마침내 필요한 일, 즉 죽음에 이르는 고통을 수반한다"는 저자의 설명을 읽을 때면 하나님의 고통의 신비에 전율하지 않을 수 없다. 그리고 그 하나님의 고통의 신비의 빛은 마침내 그리스도의 십자가에 응축되어 찬란하게 발산한다. 하나님의 고통이라는 관계 맺음의 정점에 있는 신비를 구약의 탄탄한 토대 위에서 알고 싶다면 이 책을 읽고 또 읽기를 권한다. 하나님의 고통이 우리를 구원하신다.

전성민 밴쿠버기독교세계관대학원 원장, 유튜브 민춘살롱

구약에 나타난
하나님의 _ 고통

구약에 나타난
하나님의_고통

초판 1쇄 인쇄 2024년 4월 11일
초판 1쇄 발행 2024년 4월 16일

지은이 ǀ 테렌스 E. 프레타임
옮긴이 ǀ 조덕환
펴낸이 ǀ 조덕환

펴낸곳 ǀ 시들지않는소망
등 록 ǀ 제2022-000061호
소재지 ǀ 서울시 동대문구 제기로
이메일 ǀ sisomang408@gmail.com
카카오톡 ǀ @siso_book
페이스북 ǀ @sisomang408
인스타그램 ǀ @siso.book

디자인 ǀ 김태림

종이책 ISBN 979-11-987031-0-1 03230
전자책 ISBN 979-11-987031-1-8 05230

구약에 나타난
하나님의 _ 고통
The Suffering of God

테렌스 E 프레타임 지음
월터 브루그만 편집자 서문
조덕환 옮김

시들지않는소망

일러두기

· 저자가 인용하거나 사용하는 성경 본문을 한글로 옮길 때는 대체로 개역개정을 사용했다. 이외의
경우, 글의 논지가 개역개정과 다르다고 판단될 때는 흐름에 더 알맞은 성경으로 적절하게 인용 및
사용하였으며 본문 끝에 사용한 번역 성경을 따로 표기를 해 두었다(새번역, 공동번역, 새한글성경,
저자 사역이나 RSV에서 옮긴이가 직접 번역한 경우에는 독자의 편의를 돕기 위해, 필요시 저자 사
역 원문이나 RSV 본문 구절도 병행하여 적어두었다).

· 이 책에서 저자가 언급, 인용, 참고한 도서 중 한글로 번역되어 출판된 적이 있는 경우 되도록 번역
서의 서지 정보를 제공하고자 했다. 현재 절판이나 품절인 책이 있더라도 도움이 될 수 있는 독자를
고려하여 가급적 서지 정보를 제공하려고 했다.

· 저자가 인용하는 성경 구절 중 표현이나 어구가 개역개정과 다를 경우 옮긴이 주로 개역개정에서는
어떻게 번역을 했는지 표기하여 독자의 혼란을 최소화하려 했다.

· 히브리어, 그리스어, 라틴어를 사용하는 경우 저자의 방식인 영어 알파벳 발음 기호를 사용하였다.
또한 저자가 각 단어나 문장을 사용할 경우 발음 기호 옆에 한글 발음을 넣어 두었다.

· 생소한 인명이나 지명 또는 개념이 등장할 경우 독자의 편의를 돕기 위해 옮긴이 주로 이해를 돕는
간략한 설명을 해 놓았다.

편집자 서문

우리에게는 두말할 것 없이 성경 신학과 조직(교의) 신학 체계 사이의 긴장이 잘 알려지고 인식되어 있다. 바로 이러한 긴장이 성경적-신학적 문제를 표현하는 데 있어서 과도한 어려움을 만든다. 성경 신학은 이러한 두 긴장 가운데서 특성화된 한 가지 길을 택함으로써 문제를 해결하곤 했다. 이 길은 우리가 구약학에서 특별히 종교사의 길을 가기로 결정했음을 의미할 수도 있고, 해석 방법론을 통해 제기되는 질문을 우리가 철저하게 (때로는 기진맥진할 정도로) 반영하는 것일 수도 있다. 여기까지는 두 가지 모두 합당한 방법일 뿐만 아니라 중요하다. 그러나 성경 신학을 해 나감에 있어서 이러한 방법 중 그 어느 것도 자신만의 방법으로는 긴장을 실제 해결할 만큼 현실적인 목적을 달성하지 못한다.

성경 신학은 성경 본문 안에 있는 주요 신학적 주장과 자료들을 체계적으로 설명하려는 학문이다. 그러나 정작 실제적인 사안을 다루는 예시와 기준은 부족하다. 이 책에서 프레타임 교수는 성경 신학이 어떻게 이러한 문제를 다루어야 하는지에 대한 명확하고 설득력 있는 실례를 제시하고 있다. 물론 그는 이스라엘의 종교사와 관련된 문제에 무관심하지 않으며 방법론적 문제의 복잡성을 인식하지 못하는 것도 아니다. 그러나 이러한 대안들 중 어느 것도 '본문에서 제시하고, 명확하게 표현하며, 계시된 하나님은 어떤 분인가'라는 실질적인 신학적 문제를 해결하는 것을 방해하거나 막지 않는다. 그러한 점에서 이 책은 형식상으로도 중요하다. 왜냐하면 프레타임은 자신의 연구가 조직 신학이 주로 다루고 있는 방법론과 상당한 긴장을 형성할 수 있다는 점을 충분히 염두에 두고 이 신학적 문제를 다루기 때문이다. 엄밀히 말하자면, 프레타임이 이 책에서 펼치는 논의는 신학적 질문을 하고, 성경 본문이 제공하는 신학적 대답을 청취하고, 그 대답이 본문 주변을 둘러싸고 있는 공동체의 규범으로 받아들일 수 있기 때문에 실질적으로 중요하다. 비록 이러한 신학적 대답이 전통적인 신학이 전개하는 방식과는 딱 들어맞지 않는다 하더라도 말이다.

성경 신학에 대한 접근 시리즈Overtures to Biblical Theology Series와 관련하여, 프레타임은 데일 패트릭Dale Patrick이 *The Rendering of God in the Old Teastament*에서 설명한 작업을 수행한다. 프레타임은 여기서 연출한 하나님이 어떤 분이신지, 그리고 이 연출의 결과가 본문을 듣는 공동체에 어떤 영향을 미치는지 고찰한다.

프레타임의 책은 신학의 고전적 주제를 다루고 있다. 예를 들어, 하나님의 예지, 하나님의 임재, 하나님의 형상, 하나님의 주권을 다룬다. 각각의 주제에서 프레타임은 이스라엘이 어떻게 고전적인 주제를 변형하고 전복시키는지를 보여 준다. 그는 평범한 이론적인 제안을 하는 것이 아니라, 본문을 면밀히 읽어 나가면서 보여 준다. 그 결과는 깜작 놀랄만 하고, 수많은 통념을 깨뜨리며, 다시 한번 질문을 생각해 보도록 초대한다. 따라서 하나님의 예지는 일반적으로 하나님이라는 개념에 부여된 절대적인 것이 아니다. 하나님의 임재의 문제는 하나님의 자유에 대한 골치 아픈 쟁점과도 연결되어 있다. 하나님의 임재의 모습은 인간과 유사한 형태인 취약성으로 특징된다. 하나님의 주권은 파토스라는 현실을 감안하여 열려 있다. 프레타임은 성경 본문이 모든 환원주의와 모든 조직적 공식에 어떻게 저항하는지 보여 준다. 그의 연구 범위를 훨씬 넘어서는 것이지만, 프레타임의 연구가 하나님에 대한 우리의 이해를 개혁하는 데 주는 함의는 엄청나다.

하나님에 대한 질문은 대부분 통제받아 제한되어 있다는 인상을 받는다. 이 문제는 전통적인 공식에 의해, (비록 그 공식이 학문적이라 할지라도) 자리잡은 것으로 간주하는 일부 사람들에 의해 통제받고 제한되어 있다. 하나님에 대한 질문이 고리타분하고 적절하지 않다고 생각하는 또 다른 사람들에 의해서도 통제받고 제한되어 있다. 프레타임은 이 두 가지 주장에 맞서, 열려 있고 해결되지 않은 채 남아 있는 하나님에 대한 질문에 성경이 어떻게 답하며 현대인의 삶에 시급한 과제로 다루고 있는지를 보여 준다.

프레타임의 연구 결과는 고통이 하나님의 인격과 목적에 속한다는 것을 분명히 하는 것이다. 이러한 신학적 주장에 대해서 정보를 주는 몇 가지 단서들은 있었지만, 프레타임처럼 성경 자료를 가지고 종합적으로 다룬 연구는 없었다. 프레타임의 연구의 영향으로 전통적인 신학과 성경 사이의 긴장이 강조되고 가시화되었다. 이 연구는 하나님에 관한 우리의 일반적인 가정에 급진적인 질문을 던진다.

이 책의 저자가 의도한 것은 아니지만, 이 연구의 함의는 두 가지 중요한 방향으로 흐른다. 첫째, 신약과 십자가 신학과의 연결은 중요하고 분명하다. 둘째, 이러한 방식으로 행하는 신학은 전통적인 신학뿐만 아니라 우리의 인간관과 정치 및 경제적 권력의 관행을 정당화하는 전통적인 문화적 가설에도 도전한다는 생각이 든다. 이러한 신학적 주장의 전복적인 힘은 종교적 전통뿐만 아니라 성경적 신앙에 의해 정당화되는 파생된 형태의 사회 권력으로까지 확장된다. 지배와 권력에 집착한 서구는 의심할 여지없이 우리의 제국주의적 "하나님의 형상"과 연관되어 있고 그것에서 파생되었다. 하나님에 대한 분별력이 도전을 받을 때, 공공의 형태를 취하는 하나님의 이미지는 분명히 깊은 위험에 처하게 된다.

프레타임의 분석적 능력은 그가 모든 (신학의) 이념적 성향에서 벗어나 단순히 성경 본문에 무엇이 있는지 볼 수 있게 해 준다는 것이다. 그는 성경 본문을 탁월하게 읽어 내는 사람으로, 우리를 놀랍게 만들면서도 우리의 제도에 꼭 맞지 않는 본문의 주장에도 귀를 기울이는 능력을 가지고 있다. 그의 주장은 본문에 매우 근접해 있기 때문에, 설령 우리에게 동의하지 않을 만한 충분한 (신학의) 이념적 이유가 있더라도 그의 결론이 틀렸다고 하기는 어려울 것이다. 이 책을 통해 발견할 수 있는 특징은 성경 본문에 대한 특별한 관심이다. 성경 본문을 방대하게 다루고, 엄청나게 많은 본문을 체계적으로 주해한다. 성경 신학을 연구하는 데 이보다 더 좋은 방법이 있을까!

월터 브루그만

저자 서문

이 책은 구약에 묘사된 하나님이 어떤 분인지에 대한 우리의 이해를 넓히고자 하는 관심에서 쓰여졌다. 보다 구체적으로, 이 책은 교회와 학계에서 소홀히 다루어 온 특정한 하나님의 이미지에 초점을 맞추고자 한다.

일반적으로 교회의 가르침에서는 구약에 나타난 하나님을 주로 심판하고 진노하는 하나님, "눈에는 눈, 이에는 이"라는 방법을 취하는 하나님, 종종 보복하고 징벌하는 하나님으로 묘사하며, 은혜와 자비를 베푸는 경우는 드문 분으로 이해해 왔다. 하나님은 인간과 멀찍이 떨어져 있고 냉정하고 엄격하며 심지어는 무자비함까지 느껴지는 일종의 무서운 아버지 모습으로 묘사된다. 이러한 오해는 예수 그리스도를 이 땅에 보내신 하나님이라는 이미지를 통해서 근본적인 교정이 필요하다. 이렇게 교회가 하나님을 오해해 왔던 이유는 일정 부분 구약이 하나님을 군주의 이미지로 묘사하기 때문이기도 하다. 그러나 그 원인의 대부분은 하나님이 사실은 고통받는 분이자 인간이 겪는 고통스러운 상황 속으로 깊이 들어와 그 상황을 품는 분임을 바르게 제시하지 못한 학자들의 소홀함 때문이다.

이러한 상황으로 인해 신자들이 맞닥뜨리는 부정적인 결과 중 하나는 신앙과 삶에서 구약을 별로 중요하지 않은 것으로 받아들이게 되었다는 것이다. 더 나아가 구약은 신앙 생활을 해 나감에 있어서 한쪽 구석에 처박혀 있거나, 심지어 신앙 공동체 밖에 있는 사람들에게는 아예 걸림돌이 되고 말았다. 그래서 교회 밖 사람들은 주로 신앙 공동체가 소중하게 여기는 성경에 나타난 잘못된 하나님의 이미지 때문에, 오히려 교회를 멀리하거나 형식적으로만 예배에 출석한다. 그러나 교회 밖 사람들이라고 해서 일반적으로 대하기 편안한 하나님이나 신비스러운 하나님만 찾는 것이 아니다. 오히려 하나님에 대해서 명료하고 일관된 표현을 중요하게 생각한다. 그리고 하나님이라면 인격적이며 사회성을 가진 분이어야 한다는 통합적인 신 개념을 갖고 있다. 그렇다면 과연 구약은 이런 하나님을 증거하고 있다고 볼 수 있을까?

자주 지적받아 온 것처럼, 구약 성경에서 일반적으로 묘사하는 하나님은 지나치게 남성적으로 비춰지기 때문에 많은 사람들이 불편함을 느낀다. 이렇게 강인한 하나님의 이미지는 무의식적으로 하나님을 인간과는 전혀 다른, 인간성이라고는 전혀 찾아볼 수 없는 존재로 인식하게 할 수 있다. 그리하여 하나님은 인간이 이해할 수 없는 비인격체로 느껴지기도 한다. 현재 우리는 신앙생활을 하면서 하나님을 묘사하는 방식에서, 특히 남성적-여성적 언어의 사용에서, 중대한 변화가 일어나고 있는 시대에 살고 있다. 물론 구약이 묘사하는 하나님은 여전히 현시대가 표현하는 그 어떤 것보다 훨씬 더 남성적인 성격을 띠고 있지만, 그럼에도 불구하고 우리가 논의할 주제에 유익한 요소들을 포함하고 있다.

아마도 내가 이 주제에 관심을 갖는 이유는 내가 노르웨이 루터교 경건주의에 뿌리를 두고 있기 때문일 것이다. 내가 속한 루터교 복음주의는 교리가 경직되는 것을 거부하고 하나님과 사람 간의 매우 인격적인 관계를 중시하는 것이 특징이다. 이것을 이론적으로 잘 표현하기는 어렵지만, 말하자면 사람들의 일상생활에 가장 친밀하게 관여하시는 하나님에 대한 이해를 의미하며, 같은 방식으로 하나님도 사람만큼이나 관계에 많은 영향을 받는다는 것을 의미한다. 예를 들어, 나는 인간의 기도가 하나님에게 효력을 발휘할 것이라고 믿는 신앙 공동체의 기대에 여전히 놀라움을 금하지 못한다. 따라서 내가 경험을 통해 알게 된 하나님의 인격성은 구약 성경을 읽으며 만나는 하나님과는 일치하지만, 교회에서 자주 듣고 경험하는 하나님과는 일치하지 않는다고 말할 수 있다.

게다가 이러한 강조는 하나님의 능력이 그분의 약함을 통해 지극히 드러난 십자가 신학과 유한한 존재가 무한한 분을 받아들일 수 있다는 표현인 **피니툼 카팍스 인피니티**finitum capax infiniti와 같이 독특하지만 루터교만의 관심사가 아닌 몇 가지 관심사에 의해 영향을 받아 왔다.[1]

하나님의 파토스pathos에 관한 아브라함 헤셸Abraham Heschel의 연구, 페미니스트 신학, 그리고 세상을 향한 하나님의 변함없는 구원 의지를 강조하는 동시에, 세상에서 겪는 하나님의 경험이 세상뿐만 아니라 하나님의 삶 자체에 영향을 미치는 방식을 강조하는 신학적 흐름, 이 세 가지가 이 책의 관점을 완성하는 데 도움을 주었다.

많은 사람들과의 대화가 이 책을 준비하는 데 도움이 되었다. 루터노스웨스턴 신학교의 학생들과 미국과 캐나다의 루터교 목회자들, 그리고 옥스퍼드와 케임브리지의 교수 세미나에서 이 책의 초고를 읽고 의견을 준 분들께도 감사를 표하고 싶다. 접근Overtures 시리즈 편집자인 월터 브루그만Walter Brueggemann과 이 책에 유용한 개선점을 제안해 준 나의 옛 스승 제임스 바James Barr에게도 감사드린다. 특히 수년 동안 고무적인 대화와 통찰력 있는 원고 분석으로 헤아릴 수 없을 정도로 많은 부분을 날카롭게 다듬어 준 동료 폴 스폰하임Paul Sponheim에게 감사의 말을 전한다. 또한 도서관 자료를 제공해 준 옥스퍼드 대학교, 안식년을 허락해 준 루터 노스웨스턴 신학교 이사회와 그 과정에서 도움을 준 미네소타 주 미니애폴리스의 루터교 형제단에 감사의 뜻을 전하고 싶다. 마지막으로 내 아내 페이스Faith에게 깊은 감사를 표하며 이 책을 아내에게 헌정한다. 아내의 변함없는 지지는 나에게 큰 원동력이 되었다.

하나님의 _ 고통

약어표

BDB   Brown-Driver-Briggs, *Hebrew and English Lexicon of the Old Testament*

BJRL   *John Rylands Library Bulletin*

BTB   *Biblical Theology Bulletin*

BZAW   Beihefte zur Zeitschrift fur die alttestamentliche Wissenschaft

CBQ   *Catholic Biblical Quarterly*

HBT   *Horizons in Biblical Theology*

HUCA   Hebrew Union College Annual

IDBSup   *Interpreter's Dictionary of the Bible Supplement*

Int   *Interpretation*

IRT   Issues in Religion and Theology

JAAR   *Journal of the American Academy of Religion*

JB   Jerusalem Bible

JBL   *Journal of Biblical Literature*

JJS   *Journal of Jewish Studies*

JR   *Journal of Religion*

JSOT   *Journal for the Study of the Old Testament*

JTS   *Journal of Theological Studies*

KJV   King James Version

NEB   New English Bible

NT	New Testament
OBT	Overtures to Biblical Theology
OT	Old Testament
OTL	Old Testament Library
PHOE	*The Problem of the Hexateuch and Other Essays*
RS	*Religious Studies*
RSV	Revised Standard Version
SJT	*Scottish Journal of Theology*
TEV	Today's English Version
THAT	*Theologisches Handworterbuch zum alten Testament*
THST	*Theological Studies*
ThWAT	*Theologisches Worterbuch zum alten Testament*
TT	*Theology Today*
VT	*Vetus Testamentum*
VTSup	*Vetus Testamentum Supplement*
USQR	*Union Seminary Quarterly Review*
ZAW	*Zeitschrift für die alttestamentliche Wissenschaft*
ZTK	*Zeitschrift für Theologie und Kirche*

목차

하나님의 _ 고통

1장. 서론

하나님은
어떤 분인가?

하나님은 어떤 분인가? 이를 설명하려면, 단순히 하나님을 믿는다고 말하는 것만으로는 부족하다. 여기서 가장 중요한 것은 자신이 믿고 있는 하나님이 과연 **어떤**kind 분인가 하는 것이다.[1] 다른 표현으로는 은유가 중요하다는 말이다. 하나님을 표현할 때 사용하는 이미지는 그리스도인이 하나님에 관하여 떠올리는 생각과 삶의 방식에도 강한 영향을 미친다. 사실 이러한 하나님에 대한 이미지들이 우리의 삶을 불신앙으로 이끄는 것인지도 모른다.

미국의 저널리스트, 비평가이면서 동시에 목사의 자녀인 토마스 매튜스Thomas Matthews는 자서전에서 다음과 같이 말했다.

나는 아무리 노력해도 교회를 향한 습관화된 경외심을 완전히 떨쳐 버릴 수 없다. 예배를 통해 내가 복종하도록 종용하는 교회를 그보다 훨씬 더 두려운 하나님으로부터 완전히 분리해서 생각할 수도 없다. 여전히 나는 하나님께서 나를 감시하고, 복수심에 가득 차 있고, 거대하며, 전지전능한 경찰이자, 내가 욕을 내뱉거나, 화를 내거나, 재미 혹은 습관적으로 하나님을 언급하면 그 즉시 나에게 달려들 준비가 되어 있는 분으로(물론 인상을 쓰고 한동안 나를 노려보기만 할 수도 있다) 생각한다. 아니, 생각한다기보다는 내가 어릴 때부터 훈련받은 대로 하나님을 상상하고 이해한다. … 하지만 이런 하나님을 경외하는 것이 어떻게 지혜의 근본이 될 수 있을까?[2]

그동안 목회자들은 너무나 당연하게 그리스도인이 하나님을 믿는지에 대한 **여부**에만 관심을 가졌다. 교회는 그리스도인이 믿는 하나님이 어떤 분인지에 대해 충분히 주의를 기울이지 않았고, 그로 인해 종종 끔찍한 결과를 초래했다. 중세 종교 재판에서 시작하여 존스타운-1987년 가이아나 존스타운에서 벌어진 미국인 집단자살 사건-옮긴이에 이르기까지 하나님을 믿는다고 하는 사람들이 하나님의 이름으로 저지른 수많은 반인륜적 행위가 이를 증명한다. 더욱이, 하나님이 행하신 것으로만 하나님을 정의하는 것은 하나님을 믿는지에 대한 여부만 따지는 것과 비슷한 함정에 빠질 수 있다. 존스타운의 하나님은 확실한 계획과 목적을 가지고 사람들을 특정한 목표를 향해 움직이게 한 창조주이자 구속자였다. 우리가 믿는 하나님이 어떤 분인가에 대한 질문은 중요하고 필수적이다. 이 질문은 하나님의 이미지에 대한 질문이다. 즉, 은유가 중요하다.

구약은 하나님의 백성이 우상을 숭배한 죄와 자신을 위한 신을 만든 죄, 그리고 신들이나 심지어 야웨를 특정 형상으로 만들어내는 죄를 지었다고 빈번하게 말한다. 이런 특정한 하나님의 형상이 나무나 돌로 만들어졌다고 생각한다면 이 문제를 지나치게 단순화하는 것이다. 그럼에도 사람이 만든 형상은 신들이나 야웨를 이해하고자 했던 특정한 방식이 무엇이었는지를 우리에게 알려 준다. 이에 더하여 우리는 세월이 흐

하나님의 _ 고통

름에 따라 이러한 우상 숭배라는 조건을 갖추기 위해서 사람이 만든 형상이 반드시 필요하지 않았다는 것을 알게 되었다. 그래서 하나님에 대한 거짓 이미지를 만들어 사람의 신앙과 삶을 혼란에 빠뜨리는 힘을 가진 마음의 형상으로 바꾸었다. 다시 말하지만, 은유가 문제다.

이 문제는 다른 관점에서 접근할 수 있다. 그동안 교회에서의 설교와 가르침은 일반적으로 예수를 묘사하는 데만 정신이 팔려 성경에서 보여 주고자 하는 하나님에 대한 많은 묘사에 관심을 두지 않았다. 이는 마치 예수를 믿는 것이 곧 하나님에 대한 묘사에 집중하는 것이기 때문에, 하나님에 대한 묘사에는 특별히 신경 쓸 필요가 없다고 말하는 것과 같다. 그러나 이러한 가정은 신실한 사람들에게 내적 긴장을, 아니 어쩌면 지나친 긴장을 가져다준다. 왜냐하면 교회에서 제시하는 예수에 대한 묘사는 흔히 일반적으로 우리가 이해하고 있는 하나님에 대한 묘사와는 상충되기 때문이다. 흔히 치유, 용서, 구속의 행위를 담은 사랑, 연민, 자비와 같은 속성은 협소하게 예수와만 연관되는 경향이 있는 반면, 거룩함, 진노, 권능, 정의와 같은 우리에게 비교적 친숙하지 않은 속성과 행동은 하나님께만 연관된다. 하지만 사람의 마음을 돌보시는 분은 율법의 수여자이시며 온 땅의 심판자이신 하나님이다. 혹자는 하나님은 세상에 있는 모든 질병을 준 분이 아니라고 하면서, 왜 하나님은 그 질병들을 퇴치하기 위해 실제로 아무 일도 하지 않고 그저 지켜 보기만 하는지 비난할 뿐만 아니라 하나님께 모든 책임이 있다고 말한다. 여기서 간과하는 것은 예수의 선하심이 아니라 하나님의 선하심이다. 누군가가 "예수님이 여기 계셨더라면 우리의 모든 문제를 해결해 주셨을 텐데!" 라고 말할 수도 있을 것이다. 사람들은 종종 예수는 친구고 하나님은 대적하는 분이라고 생각하는 것 같다. 그러나 이렇게 생각할 경우 속죄에 대한 이해가 왜곡되어 예수를 하나님으로부터 도망쳐 우리를 구원하러 오신 분으로 이해하게 된다.

일부는 교회의 신조들이 어떠한 방식으로든 이러한 관점에 기여하지 않았는지 궁금할 것이다. 사도신경에 '하나님 아버지'라는 표현은 한 번 밖에 나오지 않으며, (니케아 신경과는 달리) 하나님의 아버지 되심은 전능하심과 분리되지 않는다. 그러나 이로부터 떠올릴 수 있는 하나님의 모습은 성경의 은유와는 다소 상반되는 권위적인 아버지의 모습이다. 더욱이 하나님의 구원하심과 축복하시는 활동이 직접적으로 암시되어 있지 않다. 또 다른 일부는 일요일마다 반복해서 암송하는 사도신경이 하나님에 대한 이해에 미치는 영향이 무엇인지 궁금할 것이다. 이러한 영향이 일반적으로는 구약 읽기를 등한시 여기게 만들고, 구약 본문으로 정기적인 설교를 하는 목회자조차 찾아보기 어렵게 한다. 나아가 사람들은 그동안 가지고 있던 하나님에 대한 고정 관념을 계속 유지하게 되고, 이러한 악순환이 계속 반복되면서 그 고정 관념은 더 굳어진다.

이러한 하나님 그리고 하나님과 예수의 관계에 관한 관점은 언어와 사고의 경향을 가지고만 예시를 들더라도 일반적으로 순수한 형태와 보다 더 정교한 형태, 둘 모두에 해당하는 일종의 "예수론"Jesusology으로 이어졌을 것이다.[3] 하나님은 인간에게 경외해야 할 대상으로서 인간과 거리를 유지하지만, 예수는 인간의 마음 안에 친밀하게 거한다. 또는 어떤 사람이 하나님을 참으로 아는 것은 불가능하다는 생각으로 가득할 때, 그는 그리스도이신 예수가 아닌 지극히 인간의 모습으로 오신 예수야말로 결국 우리의 전부라는 생각에 이르게 된다. 세상과 완전히 분리된

'전적 타자'인 하나님에 대한 개념과 '신은 죽었다'라고 하는 선언 사이에는 후자의 표현을 문자 그대로 이해하든 비유적으로 이해하든 매우 밀접한 상관관계가 있음을 알 수 있다. 이러한 경향은 세상 속에서 일하시는 하나님 개념을 의심스러운 것으로 여기는 세속적 경향에 의해 더욱 강화되는 반면, 예수는 실존했던 역사적 인물로서 지금도 여전히 일하고 있다고 생각하기 때문에, 신실한 자들의 심령 안에 하나님의 영이 살아간다고 하는 이야기가 사람들에게 좀 더 쉽게 받아들여질 수 있다는 말이다.

다른 관점에서 보면 선교 사명에 심각한 방해를 받을 수 있다. 이는 특별히 하나님에 대한 특정한 이미지나 하나님에 관한 특정 질문으로 인해 사람들에게 잘못된 인식을 심어 주고, 그 결과 교회가 어려움을 겪는 것이다. 이에 대한 답으로 교회가 내놓는 메시지가 너무 편협하여 단순히 잘못된 인식을 가진 사람들에게 하나님의 본질을 제대로 알려 주지 못할 수 있으며, 하나님이 선포하시는 사랑이 개개인에게 와닿지 않을 수도 있다. 선교나 전도에 진지하게 관심을 갖고 있는 사람은 누구나 하나님에 관한 질문을 포함하여 사람들의 질문에 관심을 가져야 한다. 이들은 예수 그리스도의 복음을 전하기 전에 이러한 질문에 대한 대답을 먼저 해야 하는 경우가 많다. 따라서 교회가 이 문제를 아는 것에 어려움을 겪는 사람들에게 다가가기 위해서는 구약의 하나님을 논하기 위한 훨씬 더 일치된 노력을 모든 방면에서 기울여야 한다.

신약, 특히 요한복음을 숙고하는 것은 하나님과 예수님의 관계에 대한 고찰에 도움이 된다.

나와 아버지는 하나이니라 (요 10:30)

너희가 듣는 말은 내 말이 아니요 나를 보내신 아버지의 말씀이니라
(14:24)

무릇 아버지께 있는 것은 다 내 것이라(16:15)

나를 본 자는 아버지를 보았거늘(14:9)

고전적인 교리 체계에 관해 누가 뭐라고 말하든, 그리스도교의 설교와 경건은 사람들의 여러 의견을 충분히 진지하게 받아들이지 않는 것처럼 보인다. 예수님의 십자가 사건에서 아버지의 사랑과 은혜와 자비에 대한 이야기가 없다고 말하는 것은 부당함에도 불구하고, 더 일반적으로 하나님의 아버지 됨은 권위와 심지어 지배라는 관점에서 협소하게 이해되는 것으로 보인다. 그러나 이러한 신약의 진술은 예수 그리스도 안에서 우리가 가능한 한 완전한 의미로 구약의 하나님 아버지의 마음을 바라보고 있다고 주장한다. 예수 그리스도로 하나님이 오신다는 것은 참으로 인간의 삶 전체에서 아주 구체적인 방법으로 하나님이 오신다는 것이다. 이것이 바로 신약 메시지의 특별한 능력이다. 즉, 나사렛 예수라는 그 누구도 비길 데 없는 인간으로 성육신한 분이 하나님이다. 이 주장은 명백하다. 성취의 시점은 이스라엘의 하나님에 대한 약속에도 낯설지 않고 임재와 활동과도 동떨어져 있지 않다. 구약의 하나님에 대한 역사와 우리 주 예수 그리스도의 하나님 아버지 사이에는 결정적인 연속성이 있다. 예수가 그의 생애에서 겪은 성육신, 사역, 십자가라는 중심 사건은 구약에서 드러내는 하나님에 대한 묘사와 다르거나 동떨어진 것이 아니다. 나는 이것을 어떻게 그렇게 믿는지 보여 주고자 한다.

하나님의 _ 고통

구약과 신약 사이의 관계는 단순한 언어 그 이상이며, 신구약의 약속이나 예언의 말씀은 예수 그리스도의 삶과 죽음과 부활에서 성취된다. 이 관계는 신구약 전체에 나타나는 말과 행동의 패턴을 포함한 연속성이 있는 유형론 그 이상이다. 또한 신구약의 관계는 그 기원과 사상을 조사함으로써 분별할 수 있는 모든 가족적 유사성을 포함한 역사적이고 신학적인 것 이상이다. 어제나 오늘이나 영원토록 동일하신 하나님의 역사에도 결정적인 연속성이 있다. 이러한 연속성을 발견하는 중요한 방법은 하나님에 대한 핵심 은유를 분석하는 것이다. 신구약 간의 은유적 연속성은 역사에 개입하는 하나님이 어떤 분인지를 드러내는 중요한 역할을 갖는다. 이 은유적 연속성은 하나님에 관한 정보를 제공하는 좁은 의미가 아니라, 보다 총체적으로 하나님에 대한 지식을 갖도록 한다. 이렇게 은유적 연속성의 분석을 통해 하나님에게도 이것이 어떤 의미가 있는지 밝히도록 이끈다. 이는 구약과 신약이라는 하나님의 이야기가 확실히 동일시된다는 결론을 제공한다. 그리고 신구약 전체에 걸쳐 은유를 "경험"하는 사람에게는 하나님의 역사가 논리정연하고 일관되며, 마지막에 예수 그리스도의 삶과 죽음을 통한 최고의 전형을 통해 보여 준다는 것을 깨닫게 된다. "나를 본 자는 아버지를 보았거늘"이라는 말씀은 적어도 한 가지 중요한 의미에서 "아버지를 본 자는 그리스도를 본 것이다"라고 바꾸어 말할 수 있다.

신인동형론적 은유

구약의 하나님에 대한 모든 연구에서 은유의 핵심적인 중요성에 주목하면서, 이에 못지 않게 이 논의를 뒷받침하는 은유의 의미와 그 사용에 대한 밑그림에도 주목할 필요가 있다.[4] 은유의 기본적인 정의가 가장 우선적으로 이루어져야 한다. 블랙Black의 표현이 도움이 된다.[5] "중요한 점은 은유란 한 영역에 적합한 언어를 가져다가 다른 영역을 보기 위한 렌즈로 사용하여 두 개의 분리된 영역을 인지하고 정서적 관계로 가져오는 힘이 있다." 다시 말해, 어떤 사안(예. 신체, 부모)에 대한 기존의 이해는 일반적으로 잘 알려지지 않은 다른 사안(예. 교회, 하나님)에 대한 통찰력을 얻을 수 있는 창이 된다. 은유는 항상 경험한 삶에서 끌어낸 표면적 연관과 유비적 연관이라고 하는 이중성을 가지고 있다. 그러나 유비적 연관에 대한 통찰은 표면적 연관과의 관계에서 표면적 연관을 성찰해야만 얻을 수 있는 것이며, 실제로 그 통찰을 유지할 수 있다. 이러한 유비적 연관에 대한 통찰은 두 용어 사이의 유사한 점뿐만 아니라 다른 점을 관찰함으로써 얻을 수 있다. 은유를 제대로 이해하기 위해서는 유사성과 차이점을 모두 인식하는 것이 중요하다.

성경에서 하나님을 지칭하기 위해 사용된 거의 모든 언어가 은유적이라는 것은 정설이다. 물론 "하나님"이라는 단어는 예외로 한다.[6] 때때로 하나님을 지칭하는 언어는 생물(하나님을 독수리로 표현, 신 32:11)과 무생물(하나님을 반석으로 표현, 시 31:2-3)인 자연 세계에서 가져온 것이다. 그러나 구약에서 하나님에 대한 대부분의 은유는 ⓐ 형태와 기능(입, 말하기, 민 12:8), ⓑ 감정적, 의지적, 정신적 상태(기쁨, 습 3:17), ⓒ 가족(부모, 호 11:1) 또는 더 큰 사회(목자, 시 23:1) 내에서의 역할과 활동과 같은 인간의 영역에서 비롯한 것이다. 자연에 빗댄 은유는 특히 하나님과 인간이 아닌 피조물 간의 온전한 관계를 보여 주며, 하나님과 피조 세계 사이에

하나님의 _ 고통

연속성이 있음을 보여 주기 때문에 중요하다. 그러나 여기서 내가 주로 관심을 두는 것은 인간 영역에서 가져 온 언어로 하나님을 말하는 신인동형론적 은유[7]에 대한 것이다.

신인동형론적 은유는 유대−그리스도교 사상과 특히 구약학의 역사에서 평가 절하되거나 심지어 폄하되기까지 하는 경향이 있다.[8] 이러한 태도는 1세기 사람 필론("어린 시절의 훈련이 잘못되어 타고난 재치가 둔하고 무딘 사람들"을 위해)[9]부터 H. H. 로울리Rowley("신학적 의미보다는 심리적 효과를 위해 사용된 인간의 말이나 생생한 그림에 대한 단순한 적응")와 같은 동시대 사람들에 이르기까지 다양한 기원을 찾아볼 수 있다("중요한 의미에서 신학적이라기보다는 심리적 효과를 위해 사용됨").[10] 그러나 E. 제이콥Jacob과 같이 신인동형론적 은유 본문에서 더 깊은 중요성을 감지한 사람들이 항상 있었다. "성경의 가장 이른 본문들에서 나타나는 신인동형론으로부터 예수 그리스도 안에서 이루신 하나님의 성육신으로 이어지는 선은 항상 직선은 아니지만 그럼에도 불구하고 연속적이다."[11]

하나님을 묘사하는 이러한 구체적인 방법에 있어서 구약 해석이 문제가 있다는 것은 역설적이다. 신인동형론적 은유의 표현을 순전히 비유적인 의미로 이해한다는 것은 결국 구약 사상의 특징이라고 흔히들 말하는 구체성과 사실성에 반대되는 의미로 이해한다는 뜻이다. 비유적 해석은 구체성을 희생하여 추상성을 확보한다. 또 다른 역설은 이스라엘의 이야기가 고대 근동의 다른 곳(참조. 동물과 인간 사이의 혼종 사용)에서는 볼 수 없는 방식으로 하나님을 신인동형론적 은유로 두드러지게 표현한다는 점에 주목할 수 있다.[12] 따라서 구약이 신인동형론적 은유를 압도적으로 많이 사용하는 경향은 많은 사람들이 설명하려고 시도했던 하나님에 대한 구약 이해의 독특한 점이다.

그리스도인들이 이 신인동형론적 은유의 표현을 이해하는 데 어려움을 겪는 것도 역설적이다.[13] 하나님은 성육신을 통해서 가장 이상적인 방식인 신인동형론적으로 행동했다. 신약은 점진적인 영적화spiritualization의 정점과는 거리가 먼, 누구와도 비길 데 없는 인간인 나사렛 예수로 성육신한 하나님에 대해 서술하고 이해한다. 그리스도의 십자가 사건 외에도 신약은 계속해서 신인동형론적 은유의 관점에서 하나님을 이야기한다. 이러한 연속성은 구약 자체 내에서의 발전과 일치하며, 구약에서 신인동형론적 은유 표현이 지속적으로 사용되는 것을 볼 수 있다. 반─신인동형론적anti-anthropomorphic 경향은 분별하기 어렵다. 꿈이나 환상 또는 하늘을 살짝 엿볼 때조차 하나님을 신인동형론적인 방법으로 표현한다.[14] 후대 본문들, 예를 들어 이사야 42:14, 63:1-6 그리고 다니엘 7:9에는 구약에서 가장 대담한 신인동형론적 은유가 포함되어 있다.

은유의 이해와 관련된 가장 기본적인 쟁점 중 하나는 은유와 본질적 정의의 관계다. 우리는 이 문제를 다룰 때 진퇴양난과 같은 상황 가운데에서 판단해야 한다.

한편으로, 하나님이 실제로 세상과 관계를 맺는 것과는 다르게 은유와 하나님 사이에는 실제적이거나 본질적인 관계가 없다고 가정할 위험이 있다. 따라서 사람들은 '단순한' 은유에 대해 말하거나 더 추상적인 정의로 넘어가면서 은유를 단지 생각을 설명하거나 꾸미는 장식에 불과한 것으로 간주한다. 그러나 은유는 그에 딱맞는 일대일 대응어는 없지만, 다른 모든 은유와 마찬가지로 하나님의 실재에 관한 일부를 그에 상응하는 것으로 말하면서 동시에 다른 측면도 말하는 것이다. J. 얀젠

Janzen의 언어를 빌려 표현해 보면 이렇다. "은유는 그 모든 다양한 풍부함과 과장과 암시를 통해 다른 것이 아닌 그 중심에 있는 하나를 의미한다. 은유의 가장 자연스러운 방법은 은유적 수단에 반하는 것이 아닌 유사하고 본질적인 특징을 예시하는 것으로 받아들이는 것이다."[15] 은유는 완벽하게 하나님을 묘사하지는 못하지만 실제로 하나님을 묘사하는 것이다. 은유는 하나님에 관한 정보를 담고 있다. 은유는 문자 그대로의 의미를 넘어서지 않는다. 은유적 표현은 문자 그대로는 아니지만 은유가 말하고자 하는 관계에서 의도한 문자 그대로의 의미는 있다. 하나님은 실제로 선하시고 사랑이 많은 분이다. 하나님은 선함과 사랑에 있어서 유일무이한 모범이다. 하나님이 문자 그대로 세상과 관계를 맺지 않는다고 무턱대고 주장하지 않는 한, 이러한 은유는 하나님이 문자 그대로 세상과 관계를 맺고 있음을 드러낸다고 말해야 한다.[16] 은유는 하나님 실재와의 본질적인 연속성을 드러낸다. J. 마틴Martin의 적절한 표현을 사용하면 은유는 "실재를 묘사하는 것"이다.[17]

다른 한편으로, 모든 면에 있어서 은유와 실재 사이에 문자 그대로의 상응이 존재한다고 생각할 위험이 있다. 일례로 대중 신학에서 종종 하나님을 백발의 노인으로 묘사한다는 것이다(참조. 단 7:9). 첫 번째 위험한 경향은 하나님을 전적으로 타자화하여 하나님을 아는 것은 물론이고 그분을 관계조차 불가능한 분으로 만드는 것이다. 두 번째 위험은 하나님을 인간의 연약함으로 축소시키는 것이다. 두 경향 모두 우상 숭배로 이어진다. 이 지점에서 은유에 내재된 불연속성을 설명할 필요가 있다. 신인동형론적 은유를 어떤 회화나 모조품, 복제 모형, 사본 등으로 생각해서는 안된다. 다양한 성경적 은유는 그러한 문자주의를 막아야 한다.

예를 들어, 남편과 아내 그리고 부모와 자식이라는 은유를 문자 그대로 결속하는 것은 문제를 야기할 수 있으므로 성경의 다양한 은유를 이러한 문자주의로부터 보호해야 한다! 은유에는 항상 하나님의 실재와 불연속하는 것이 있다. 하나님은 우리의 모든 형상을 초월하며, 결국 그 어떤 형상으로도 포착할 수 없는 분이다.

이 두 양극성 사이에서 우리는 어떻게 은유에서 시작하여 본질적 정의로 나아갈 수 있을까? 그 비결은 '은유적 결을 따라' 해석하는 것에 있다.[18] 은유의 자연스러운 함축성에 반하는 방향으로 나가는 것은 은유를 잘못 해석하는 것이다. 동시에, 은유는 주로 유비를 통해 하나님 실재에 대한 통찰을 주기도 하지만, 유비 또한 하나님의 실재와 불연속적인 지점에서 더 간접적으로 통찰을 주기도 한다.

이 연구의 중심이 되는 몇 가지 은유를 사용하여 이 마지막 요점을 설명하겠다. 전환과 변화라는 기본 개념을 가지고 돌이키시는 분으로서의 하나님에 대해 표현하는 것은 하나님이 실제로 세상과 관계를 맺는 방식과 몇 가지 기본적인 연속성을 가지고 있다는 것을 보여 준다. 그러나 백성이 회개하는 것과 하나님이 돌이키시는 방식 사이에는 일대일로 상응하는 개념이 없다. 그럼에도 하나님을 고통받는 분으로 표현한다는 것은 특정 은유(예. 애통하는 분으로서의 하나님)에 내재된 연속성을 최대한 진지하게 받아들이는 것이다. 동시에 하나님은 인간과 똑같은 방식으로 고통받지 않으며, 그것을 이해하려고 노력하는 것이 중요하다. 물론 하나님에 대해 시간적 범주를 사용하는 것은 특정 은유의 결을 따라 해석하는 것이다(예. 계획하는 분으로서 하나님). 그러나 차이점도 중요하다. 즉, 하나님은 시간에 휩쓸려 영향을 받는 분이 아니다.

하나님의 _ 고통

이제 우리는 구약에 등장하는 하나님에 대한 엄청난 수의 신인동형론적 은유와 그 다양성의 중요성 그리고 그것들의 상대적 가치 문제를 탐구할 필요가 있다. 시대를 불문하고 하나님의 백성에게 뒤따르는 위험 중 하나는 다소 제한된 은유에 안주해 버리는 것이다. 예를 들어, 일부 사람들은 하나님에 대해 생각할 때 법정에서의 은유를 흔히 떠올리고, 다른 은유는 앞선 법정 은유에 종속시키거나 떠올리는 것조차 완전히 차단한다. 특히 위험한 점은 그러한 은유가 생각과 삶을 형성하는 데 미치는 영향력이 제대로 인식되지는 않는다는 것이다. 은유는 단순히 인지적인 수준에서만 작동하는 것이 아니라 감정과 의지 수준에서도 작동한다. 이 현상을 이해하는 것은 우리가 제기해 온 바로 그 문제에 초점을 맞추는 것이다. 우리가 사용하는 은유는 우리의 삶을 형성한다. 우리가 그동안 사용해 온 은유 가운데 법정 은유의 우위성은 우리의 종교적 태도와 감수성을 부정적으로 형성하여 하나님을 경험하는 한 측면을 경직시켜 차단할 수 있다. 이는 하나의 은유를 다른 은유로 교환하는 것이 문제가 아니라 우리가 사용하는 은유를 평가하고 그 목록을 확장하기 위해 노력하는 것이 중요하다는 점이다. 이것이 나의 기본적인 관심사 중 하나다. 소홀히 여겨온 특정 은유를 끌어올려 성경적 증거와 우리가 세상 안에서 경험하는 하나님을 더욱 일치하도록 하는 것이다. 수많은 은유가 그 자체로 이 목적을 보장하지는 않지만, 은유가 서로를 조명하고 심지어 수정해 나갈 때 하나님에 대한 우리의 이해에 더 큰 균형을 제공할 수 있다.

구약 연구의 이러한 경향은 이 은유들을 하나하나 검토하여 통찰을 얻기보다는 주로 은유를 많이 수집하여 몇 가지 일반적인 결론(예. 인격적이고 살아계신 하나님)[19]을 도출하고 나머지는 폐기하는 방식이다. 예를 들어, 하나님의 눈과 귀에 대해 말하는 것(왕하 19:16)이 보고 듣는 신체 기관이 없는 하나님과 세상의 관계에 대한 이해에 어떤 것을 더해 주는지 질문할 필요가 있다.[20] 이러한 질문은 하나님이 세상을 자신 안으로 받아들이신다는 생각을 생생하고 구체적으로 형성한다. 세상과 관계 맺는 하나님의 경험은 피상적이지 않다. 하나님은 눈과 귀를 사용하는 사람들처럼 실제적인 방식으로 세상을 받아들인다. 동시에 하나님은 사람들과는 다른 방식으로 **모든 것**을 받아들이며(렘 32:19), 육신의 눈으로 보지 않는다(욥 10:4).

그럼에도 불구하고, 각각의 은유를 구체적으로 살펴보는 것이 중요한 것처럼 일반적인 결론을 도출하는 것도 그 나름대로 중요하다. 이러한 은유들은 하나님을 살아계시고 인격적인 분으로 드러내는 것 외에도 하나님과 세상의 친밀한 관계를 증거한다. 하나님과 세상 사이의 연속성은 이러한 모든 은유의 핵심이다. 집, 각 현장, 상점과 같은 개인의 삶에서 가져온 이미지가 하나님에 대한 표현으로 사용된다. 이러한 인용 구조는 인간의 경험, 특히 공적 영역에서 하나님에 대한 경험을 고정시키는 역할을 한다. 그 결과 하나님에 관해 이야기하는 것은 놀랍도록 '세상적'이며, 세상을 특징짓는 놀라운 은유 집합체와 뗄래야 뗄 수 없는 밀접한 관계에 있지만, 하나님과 세상이 서로를 무너뜨리지는 않는다. 이 은유는 세상 속에서의 하나님의 임재와 하나님의 자기 계시라는 둘 모두와 연속한다.

은유의 특수성과 일반성 모두에서 다양한 은유를 분별하는 것이 중요하지만, 모든 은유가 동일한 가치를 가지는 것은 아니다. 이것은 다음과 관련해 두 가지 측면에서 유의해야 한다. 첫째, 우리는 은유의 특수성과 일반성 사이에 "다양한 유사성의 정도"[21]라고 부를 수 있는 것을 인식할 필요가 있다. 이것을 계시의 역할의 정도라고 말할 수도 있겠다. 유사성이 낮은 역할(썩이는 것 같은 하나님, 호 5:12, 사자와 같은 하나님, 호 5:14, 휘파람 새번역 같은 하나님, 사 7:18), 유사성이 중간인 역할(바위와 같은 하나님, 시 31:2-3, 하나님의 팔, 사 53:1), 유사성이 높은 역할(부모이신 하나님, 호 11:1).[22]

하나님의 역할에 있어서 유사성이 낮은 은유는 구약 모든 곳에서 공통으로 사용하는 것이 아니며 놀라움이나 충격을 표현할 때 사용하는 경향이 있다. 이는 특히 호세아서에서 두드러진다. 유사성이 높은 은유는 구약 모든 곳에서 공통으로 사용하며, 더 오랜 기간에 걸쳐 신앙 공동체의 삶에서 유지하는 힘을 가져왔다. 가장 흔한 비유는 인간 간의 관계 은유지만, 인간이 아닌 것과 관계를 맺는 인간(예. 농부)에서 유래한 은유도 다채롭고 풍부한데, 이는 이 은유가 주로 하나님과 인간의 관계를 우선적으로 염두에 두고 있기 때문이다(사 5:1-7).

이러한 은유가 왜 그렇게 중심적일까?[23] 은유는 인간 경험에서 풍부한 연관성을 가지고 있으며, 삶에 충실하고 그 경험에 대한 어떤 적합성을 드러낸다. 은유는 하나님에 대한 우리의 경험과 이해를 포착하고, 조직하고, 전달하며 또한 우리의 생각, 느낌, 삶에 집중하기 위한 역할을 한다. 은유는 종종 경험의 여러 측면(예. 가족 상호관계)을 포착하기 위해 확장될 수 있다. 그리고 은유 자체는 "개념의 양방향 견인차"[24] 역할을 하기도 한다. 예를 들어, 아버지 은유는 인간의 아버지 됨의 개념이 하나님에게로 적용될 뿐만 아니라, 더 나아가 인간 아버지의 모습을 하나님의 모습으로 이해하도록 만드는 데 도움을 준다. 그러나 여기에서 가장 중요한 것은 하나님의 형상으로 창조된 인간(창 1:26)에 대한 이해다. 이러한 은유가 특히 중요한 이유는 이스라엘이 "인간이 지음 받은 그 패턴을 피조물의 영역 밖에서 찾아야 한다"고 믿었기 때문이다.[25] 하나님을 인간의 수준에 맞추거나 인간의 특성을 몇 단계 위로 높이는 대신, 인간을 하나님의 형상대로 지음 받았다고 보는 것이다. 따라서 인간을 신의 형태를 가진 것으로 보는 것이 아니라 하나님을 신인동형론적으로 본다.[26] 이로써 본질적인 은유의 과정이 우리에게 드러난다. "하나님의 형상"은 우리에게 이 과정을 역전시켜 인간을 바라봄으로써 하나님이 어떤 분인지 배울 수 있는 권한을 부여한다.

이제 은유의 상대적 가치에 대한 두 번째 요점인 통제 은유의 개념에 대해 알아 보자. 여기서 더 중요한 문제 중 하나는 주어진 은유가 적절한지, 오용되고 있지는 않은지 혹은 소진되었는지를 판단하는 방법이다. 구약에서 나타내는 하나님에 대한 은유를 조사한 결과 인간이 살면서 경험하는 일부 요소,[27] 즉 죽음, 성별, 원한, 지혜의 부족, 변덕스러움, 특정 역할(예. 범죄자) 등이 부분적으로라도 적절하지 않다고 간주할 수 있음이 분명하다. 특정 은유는 은유적 가능성을 제한하는 기능을 하기 때문에 이러한 은유와 다른 은유를 제거할 수 있다. 이러한 통제 은유의 대부분은 아마도 출애굽기 34:6-7과 같은 구절에서 찾을 수 있을 것이다. 수년 동안 이러한 통제 은유는 공동체에서 특별한 위치를 차지했다(2장을 보라).

이러한 통제 은유는 다른 방식으로도 기능한다. 이 은유는 제한적인 목적뿐만 아니라 은유들 사이의 은유로서 정경 내의 '정경'과는 달리 하나님에 대한 성경적 사고에 일관성을 부여하고 성경 전체를 해석하는 해석학적 열쇠, 즉 성경 해석의 자주권을 제공할 수 있다.

　마지막으로, 이러한 통제 은유가 가진 한정적 기능에 주목해 보자. 예를 들어, '아버지'라는 은유는 그 자체로는 그것을 듣거나 사용하는 사람들에게 일정한 의미나 가치를 부여할 수 없다. 은유의 사용과 의미는 역사적-문화적 요인, 특히 개인의 경험에 따라 크게 달라진다. 어떤 은유의 의미는 문화마다 다르며, 단일 문화 내에서도 개인마다 다르다. 예를 들어, 잔인하거나 근친상간하는 아버지를 둔 아이는 하나님을 '아버지'라고 부를 때 나오는 전혀 다른 의미로 받아들이게 될 것이다. 하나님에 대한 특정한 일반 은유는 사실 사람들이 삶에서 겪는 최악의 경험과 밀접한 관련이 있을 수 있다. 이것은 우리가 하나님에 대해 이야기할 때 다양한 은유를 사용하는 것이 중요하다는 것을 주장하지만, 모든 은유는 결국 신앙 공동체의 통제 은유로 한정해야 한다는 것을 의미하기도 한다. 따라서 하나님은 단순한 아버지가 아니라 특별한 아버지다. 하나님은 언제나 사랑의 아버지다(호 11:1). 그리고 하나님은 단순한 어머니가 아니라 특별한 어머니다. 하나님은 자녀를 영원히 잊지 않는 어머니다(사 49:15).

　다음 장에서는 먼저 구약학에서 다루는 하나님에 대한 기본적인 관점 몇 가지에 대해 언급할 것이다(2장). 다음으로 하나님과 세상의 관계를 다룬다(3-5장). 이 장들은 그 다음에 나오는 모든 것의 기초가 된다. 하나님의 고통에 대한 모든 논의는 하나님과 세상이 맺는 관계에 대한 특정한 이해를 전제로 한다. 그런 다음 신현현과 인간의 모습으로 나타나는 하나님(6장)에 대해 살펴보고, 구약의 하나님을 이해하는 데 필수적이라고 주장하는 고통과 관련해서 그동안 소홀히 다루어진 신인동형론적 은유를 살펴볼 것이다(7-9장). 마지막으로, 특별한 방식으로 하나님을 세상에 체현해 낸 예언자들을 살펴보고 신약의 관점과 특별한 연관성을 제시한다(10장). 하나님의 고통은 본서 모든 장의 주된 주제다.

내 접근 방식은 통시적이지 않고 공시적이지만, 통시적 관점을 통한 관찰도 때때로 할 것이다.[28] 또한 "본문의 뜻밖의 메시지뿐만 아니라 본문에 전제된 가정"[29]에도 주의를 기울일 것이다. 나는 내가 탐구하려고 선택한 성경 본문의 범위가 제한되어 있고 구약 내에서 다른 관점도 발견해 낼 수 있다는 것을 잘 알고 있다.[30] 동시에 다른 많은 구약 본문을 검토하는 데에도 여기서 제시하는 관점이 도움이 될 것이다.

하나님의 _ 고통

2장

구약 신학에서의
하나님

오늘날 구약학에서 다루는 하나님에 대한 이해가 우리의 관심을 끄는 이유는, 비록 이 논의를 간략하게 다룬다고 하더라도, 이 논의를 현대 신학의 더 큰 맥락 안에 두는 것이 특히 중요하기 때문이다. 의식을 하든 안하든, 하나님에 대한 성경 신학적biblical-theological 연구는 언제나 회당과 교회를 지배한 신학에 발맞추어 형성되어 왔다. 이러한 성서학biblical studies은 때로 동시대의 신학이 규정하는 공식과 대립하기도 하고, 때로는 서로간 지지하며 함께 발전하기도 한다. 따라서 성서학은 동시대 신학과의 관계를 가능한 한 명확히 하는 것이 중요하다. 또 다른 관점에서 보면, 현대의 구성 신학constructive theology은 성서학으로부터 어느 정도 독립적인 위치에 서 있는 성경 연구a study of the Scriptures에 의존하는 경우가 많으며, 따라서 현대 구성 신학에서 성경적 관점에 대한 통찰력을 얻는 경우가 많다. 성경에 관한 가능한 한 많은 개념이 하나님에 대한 질문과 같은 문제들에 적용되려면 신학 분야 간의 지속적인 대화가 중요하다.

은유의 전환

하나님을 나타내는 은유 중 일부가 무시되거나 은유 간에 서로 균형을 이루지 못한다면, 하나님의 이야기는 일관성이 결여되는 경향이 있다. 최근 몇 세대에 걸쳐 이러한 현상이 두드러지게 나타나고 있는데, 그렇기 때문에 **은유의 전환**이 필요해 보인다. 은유의 전환이란 특정 은유에서 다른 은유로의 전환이 아니라, 그동안 무시되어 온 은유를 새롭게 인식하고 결과적으로 지속되어 온 은유에 더 적절한 비중을 부여하는 것이다. 이 책에서는 이렇게 **소홀히 다루어졌던 은유**를 자세히 살펴보는데 많은 분량을 할애할 것이다.

현대 신학에서 이러한 은유의 전환은 이미 잘 진행되고 있다. 이 운동이 교회의 더 폭넓은 영역에 영향을 미치고 있음은 분명하다. 20년 전에 S. 옥덴Ogden은 "이제 하나님의 실재가 신학자의 핵심 문제가 되었다"[1]고 정당하게 주장할 수 있었다. 이러한 주제는 아마도 J. A. T. 로빈슨Robinson의 『신에게 솔직히』Honest to God (현영학 옮김, 대한기독교서회, 2017)에서 일반적인 교회 구성원의 이목을 집중시켰을 것이다.[2] 그 사이에 하나님에 관한 책들이 폭넓은 신학 분야에 걸쳐 상당히 많이 등장했다. 때때로 더 극단적으로 표현되는 입장을 차치하더라도, 최근 생겨나고 있는 하나님의 이미지는 그동안 교회가 더욱 전통적으로 지지해 온 이미지와는 다소 차이가 있음이 분명해 보인다. 이 은유의 전환에서 좀 더 눈에 띄는 궤적 중 일부를 다음과 같이 간단히 언급할 수 있을 것이다.

여성 운동women's movement은 성경 해석을 포함하여 교회가 가진 전통적인 하나님 이해와 교회가 고수해 온 신학이 결정적으로 남성 지향적임을 드러냈다.[3] 겉으로 보기에는 아무런 문제가 없어 보이는 남성적 언어를 사용하는 것이 어떻게 사고와 삶 전체에 강력한 영향을 끼치는지 충분히 입증되었다. 이런 남성적 표현은 알게 모르게 종종 교회와 사회에서 여성의 역할을 감소시키는 결과를 가져왔다는 데 의심의 여지가 없다. 현재 탐구되는 사안 중에는 하나님을 표현하는 데 사용하는 여러 이미지가 있으며, 주로 남성적인 은유를 많이 사용하는 구약이 이 사안의 핵심적인 부분으로 여겨져 왔다. 이러한 이미지를 형성하고 사용하는 데 있어서 성경적 관점이 규범적인 역할을 해야 한다면, 과연 어느 정도까지 해야 하는가는 실질적인 사안이다. 여기서는 구약이 담고 있는 것을 포함하여 여성의 고유한 경험에 뿌리를 둔 하나님에 관한 은유를 집중적으로 살펴봄으로써, 하나님의 여성적 특성이 눈에 띄게 우리의 관심을 끌고 있다고 말하는 것만으로도 충분하다. 상대적으로 하나님에 대한 남성적 이미지는 상대적으로 어렴풋하게 해석되고 있다.

　이러한 은유의 전환은 흑인 신학이나 해방 신학과 같은 다른 흐름에서도 분명하게 나타난다.[4] 교회와 그 교회의 영향을 받은 사회가 종종 하나님에 대한 특정한 은유를 강조하고, 그것을 이용하여 사회 경제적 계층화를 하나님이 결정한 것으로 정당화하여 점차 사람들을 지배했고, 결국에는 노예 제도로까지 이어졌다. 이번에도 하나님의 이미지 문제는 논쟁의 최전선에 있다. 타인에 대한 지배나 규제를 정당화하거나 그렇게 해석할 수 있는 은유(예. 왕이나 아버지로서의 하나님)는 불균형적인 해석을 가져왔으며 인간 사회의 구조에 부정적인 영향을 미쳤다. 그러나 이제 새로운 의식의 여파로 가난하고 억압받는 사람들의 해방과 관련된 하나님의 이미지가 성경, 특히 구약에서 두드러지게 나타나며 적절한 관심을 받기 시작했다.

한편 최근 세계 역사에서 일어났던 몇몇 재앙에 가까운 사건이 하나님에 대한 전통적인 이해에 미친 영향에 주목해야 한다. 불균형을 이루고 부정확한 해석으로 인해, 하나님에 대한 성경의 은유, 특히 전사이신 하나님을 말하는 구약의 은유는 적어도 부분적으로는 인간 사회의 폭력적인 경향에 기여하여 인간이 이해할 수 없는 악을 저지르는 데 일조했을 수 있다. 또한, 세상의 고통에 대해 하나님은 전혀 동요하지 않는다는 전통적인 하나님의 이미지 때문에, 그러한 공포 속에서 하나님을 선하거나 전능하거나 신뢰할 수 있는 존재로 묘사하기가 어려웠다. 맥클리쉬MacLeish의 J.B. 1958년에 맥클리쉬가 쓴 연극대본에 나오는 시의 제목이면서 동시에 이 시의 주인공 이름_옮긴이 는 이렇게 말한다. "만약 하나님이 신이라면 그는 선하지 않고, 하나님이 선하다면 그는 신이 아니다." 이러한 문제에 대응하는 한 가지 방법은 하나님에 대한 이미지를 탐구하는 것이다. 따라서 제1차 세계 대전이 끝난 후 몇몇 학자들은 하나님의 무감동성에 대한 문제에 몰두했다.[5] 이러한 관심이 오래 지속되지는 않았지만, 특히 제2차 세계 대전과 특히 홀로코스트는 신정론의 문제와 밀접하게 연관된 다른 은유뿐만 아니라 하나님의 파토스pathos에 대한 관심을 다시 불러일으켰다. 예를 들어, 위르겐 몰트만Jürgen Moltmann의 『십자가에 달리신 하나님』The Crucified God[6]은 오랫동안 예수와만 연관되었던 파토스라는 특정 은유를 하나님을 향해서도 적용하여 표현했다.

마지막으로 우리는 세속주의적 흐름 속에서 과학과 기술의 발전과 사회학, 심리학 등과 같은 사회과학의 발전에 의해 결정적으로 형성된 문화에 살고 있다. 이제 인간의 새로운 발견과 자원을 통해 우주에서의 활동 가능성을 자유롭게 설명할 수 있게 되면서, 인간이 세상을 살면서 느끼는 하나님의 존재는 많은 사람들에게 점점 더 큰 문제가 되고 있다. 무신론은 그 어느 때보다 만연해 있다. 많은 사람들에게 하나님은 그저 삶의 빈틈을 메우기 위한 존재일 뿐이며, 하나님은 이제 그 빈틈에서마저도 밀려나고 있다. 이렇게 새로이 전개된 국면에서 역사와 자연 속에서 역사하는 하나님, 기적을 행하는 하나님, 하나님의 섭리 같은 전통적인 하나님의 이미지는 어떤 의미를 지닐 수 있을까? 신학에서는 도피에서 포용으로, 확고함에서 불확실함에 이르기까지 이 만연한 현상을 이해하기 위한 수많은 시도가 있었고, 지금도 계속되고 있다.[7] 최근까지 당연하게 여겨 왔던 하나님의 본성에 대한 많은 진술이 무시되거나 근본적으로 재정의되어 왔다. 하나님에 대한 구약의 관점이 이러한 문제와 밀접하게 관련되어 있는데, 구약이 계속해서 중요성을 인식하고 있을지는 의문이 든다.

신학 연구의 이러한 국면과 그 밖의 다른 국면은 하나님에 대한 사실상 거의 모든 전통적인 은유를 새롭게 바라보는 계기를 마련해 주었다. 하나님의 영원성–시간성, 자유, 불변성, 예지, 무감동성, 전능함, 자존성, 비물질성, 내재성–초월성 등의 문제가 광범위하게 논의되고 있다. 개별 학파의 신학 사조와는 별개로, 이러한 하나님의 이미지에 대한 전통적 이해의 특정 수정(예. 하나님의 시간성)이 널리 받아들여지고 있다.

현재 계속 진행 중인 하나님에 대한 전통적 이미지와 새롭게 부각되는 이미지를 평가하는 연구에서 다음과 같은 특정 기준[8]을 사용할 수 있다. (1) 일반적인 인간 경험에 대한 적합성, (2) 명료성과 일관성, (3) 성경의 증언에 대한 신실하심과 해당 이미지가 서 있는 전통.

1. 교회와 신학에 등장하는 하나님에 대한 전통적인 여러 이미지가 인간이 겪는 일반적인 경험과 동떨어져 있는 것은 분명해 보인다. 전통적인 하나님의 이미지는 더 이상 많은 사람들에게 제 기능을 다하지 못한다. 이 이미지들은 실제 삶의 소용돌이 위에 떠 있는 것처럼 보이거나 사회의 한 부분 또는 다른 부분과 제한적으로 연관되어 있다. 따라서 하나님과 실제 사람 그리고 실제 경험과의 관계는 더디지만 분명하게 그 수명을 다해가고 있다. 나는 구약이 이 기준에 맞게 적절히 해석할 수 있는 중요한 은유적 자원이 넉넉하게 있다고 믿는다.

2. 명료성과 일관성의 기준은 특히 은유의 중요성과 관련이 있다(참조. 1장). 신학에 있어서 오랜 문제 중 하나는 은유와 본질적 정의 definition 의 관계다. 앞서 우리가 살펴본 것처럼, 하나님에 대해 사용된 이미지는 단순히 예시적이거나 장식적인 것이 아니라 실제로 하나님에 대해 무언가를 말한다.⁹ 이것은 일관성 문제에 중요한 의미를 갖는다.

3. 성경의 증언에 충실해야 한다는 개념은 구약학자들이 특별한 관심을 기울여야 하는 분야다. 하나님에 관해 현재 새로이 전개되는 신학은 성경적 이해와 일치하는가, 아니면 근본적인 신학 토대 mooring에서 벗어난 것인가?

구약의 이해를 통한 하나님에 대한 탐구는 이러한 현재의 관심사를 바탕으로 전개될 것이다.

통합성과 다양성

나는 신학에서 하나님에 관한 질문을 다루는 문헌을 현재의 논의 가운데 제한적으로 검토하면서, 주어진 관점을 뒷받침하거나 특정 관점을 개진하는 것에 반대하기 위한 근거로 구약을 자주 언급하는 것에 놀랐다. 게다가 구약 학자들의 연구가 극히 드물게 고려되는 것도 매우 놀랍다. 칼 바르트의 『로마서』*Der Römerbrief* (손성현 옮김. 복있는 사람. 2017)처럼, 신학자들은 다시 한번 자신들만의 주해를 하고 있는 것처럼 보인다. 분명히 그들은 성경 신학적 자료를 자신들의 연구에 활용할 수 없거나 사용 가능한 자료가 있다고 하더라도 자신의 신학적 경향과 충돌하여 거의 도움이 되지 않는다고 생각하는 것 같다. 따라서 그들은 자신만의 성경 자료를 가지고 독자적인 연구를 진행한다. 이러한 국면은 정당한 것일까?

하나님을 이해하기 위한 구약학의 지형을 살펴보면, 일반적으로 나타나는 하나님에 대한 묘사는 회당이나 교회를 지배하는 매우 전통적인 유대교 또는 그리스도교의 하나님 이해와 놀라울 정도로 닮아 있다. 역사적 발전과 관련된 문제(예. 단일신론에서 유일신론으로)를 제외하고는 교회 교의학 교과서와 구약 연구에서 하나님에 관한 대부분의 이야기를 한 글자도 놓치지 않고 읽을 수 있다. 예를 들어, 하나님은 자유, 불변성, 전지성, 전능성과 같은 전통적인 범주의 관점에서 이해되며, 명시적으로 언급되지 않은 경우에도 일반적으로 그러한 분으로 가정된다. 구약 본문을 다루는 주석가 중에서 미래에 대한 하나님의 지식이 제한되어 있기 때문에 그 점을 염두에 두고 본문을 해석해야 한다고 제안한 사람은 내 기억에 없다.

이러한 합의는 기존의 전통 신학이 이러한 신학적 관점과의 조화를 이루려는 어떤 무의식적인 노력의 과정에서 주해를 방해하거나 문제를 드러낼 때 부정적으로 작용할 수 있다. 예를 들어, 구약에서 언급하는 하나님의 돌이키심에 대한 거의 40개나 되는 본문은, 후대의 본문에서 우세하게 등장하지만, 주석서나 다른 연구에서는 거의 관심을 받지 못하거나 매우 제한된 관심만을 받는다. 또는 신인동형론적 자료의 중요성이 일반적으로 평가 절하된 것을 예시로 꼽을 수도 있다. 이러한 부정적 판단에 대한 성경의 내적 보증이 전혀 없다는 점을 감안할 때, 적어도 이 경우에는 주석가의 신학에서 그 근거를 찾아야 하며, 이 신학은 대중적인 하나님에 대한 개념은 아니지만 교회나 회당의 전통적인 신학을 대체로 반영하고 있다.

특히 교회의 교리적 틀에서 벗어나 자유롭게 성경을 연구하고자 했던 오랜 노력의 역사를 비추어 볼 때, 이러한 편견이 왜 존재하는지 의문이 들 수 있다. 이 질문에 대한 해답을 찾기는 쉽지 않지만, 다음과 같은 사항들은 우리가 살펴볼 수 있는 방향을 제시한다.

19세기와 20세기 초의 신학을 검토해 보면 교회에서 통용되는 하나님 이해와 일치하는 부분이 적다는 것을 알 수 있다. 이는 아마도 하나님에 대한 이해가 원시적인 이해에서 보다 정교한 이해로 발전해 왔다는 역사적 인식에 기인한 것 같다.[10] 그러나 주로 중요한 종교사적 연구, 특히 고대 근동 자료와의 비교를 통해 구약 초기 신학적 이해의 독특성이 입증되었다.[11]

따라서 신학적인 문제와 관련하여 구약 전체에 걸쳐 훨씬 더 큰 연속성이 나타나고 있다. 구약에서 하나님에 대한 이해의 발전이 계속 확인

하나님의 _ 고통

되고 있지만, 하나님 이해의 기본 토대는 본질적으로 변하지 않는다(예. 하나님은 인격적이다). 그 결과 구약에서 말하는 하나님과 그리스도교 전통에서 널리 퍼져 있는 하나님에 대한 관점이 서로 점진적으로 **수렴**하는 결과를 가져왔다.

또 다른 차원에서, 특히 전승사적 연구의 영향 아래에서 구약의 전승은 서로 다른 신학적 강조점을 반영하는 것으로 보인다. 그뿐만 아니라 다양한 방식으로 하나님에 대한 이야기에 미묘한 차이를 주거나, 서로 다른 하나님 이미지를 강조하는 것으로 보인다. 특히 게르하르트 폰 라트Gerhard von Rad의 포괄적인 진술은 구약에 나타난 신학적 공식의 다양성을 보여 주었다.[12] 이에 따라 신학적 **다양성**에 대한 강조도 등장했다.

동시에 하나님에 관한 구약의 이러한 다양성에 대해 주목할 만한 점 중 하나는 그것이 전통적으로 허용되는 그리스도교의 범주 안에 있다는 것이다. 예를 들어, 묵시 문학에서의 하나님은 예언서에 나타나는 하나님과는 다소 다른 방식으로 특징지어지지만(예. 더욱 초월적이다), 그 사고의 범위는 전통적인 그리스도교 신학의 다양성에서 발견할 수 있는 허용 범위 내에 있다는 것을 관찰하기란 어렵지 않다. 따라서 하나님에 대한 특정 이해와 관련하여 다양한 그리스도교 전통은 그 내용과 강조점의 차이에 대한 성경적 당위성을 가질 수 있다. 사실 그리스도교 공동체 내의 신학적 다양성은 하나님에 관한 성경적 증언의 다양성에 그 기원을 두고 있다고 할 수 있으며, 각 전통은 자신의 특정한 강조점을 가장 잘 뒷받침하는 자료를 계속해서 강조하고 있다. 적어도 하나님에 관한 이야기와 관련해서는 통합성이든 다양성이든, 그 결과는 상당히 전통적인 것으로 보인다.

그러나 최근에는 이러한 신학적 다양성를 부정하는 두 가지 방향의 사조가 주목받고 있다. 첫째, 정경 비평은 더 많은 통합성을 촉진하여 다양성을 위협할 수 있다.[13] 간단히 요약하자면, 정경 비평은 구약 전체가 최종 편집자의 관점에서 해석되어야 한다는 것이다. 현재 본문 내외에서 관찰할 수 있는 신학적 이해의 초기 발전이 무엇이든 간에, 이 최신 신학적 관점에 의해 구약 전체는 단순화되었다. 그리고 교회에 권위를 부여해 주는 것은 바로 이 '정경적' 관점이다. 여기서 이 관점에 대한 비판은 하지 않겠지만,[14] 이 관점은 구약이 최종적으로 형성된 정경임에도 불구하고 구약의 이러저러한 측면에 더 큰 관심을 기울인 덕분에, 구약 신학의 다양성이 실제로 그리스도교 신학의 다양성에서 나왔다는 것을 적절히 인식하지 못한다. 이러한 구약 해석의 다양성은 신약에 이미 분명하게 드러나 있으며, 신약은 그 자체로 새로운 다양성으로 문제를 제기한다.[15] 구약의 최종 편집자들이 구약 전체를 통일된 관점에서 해석했다고 하더라도, 신약과 교회에 신학적 다양성이 존재한다는 사실은 진정한 정경적 접근이 통일성만큼이나 신학적 다양성에 관심을 가져야 함을 의미한다. 또한 이 다양성이 지금까지는 발견되지 않았던 차원에 뿌리를 두고 있는 새로운 통찰에 열려 있어야 함을 의미하기도 한다. 즉, **다양성이 정경화되었다.**

둘째, 아마도 더 일반적인 지향점은 다양성에서 벗어나 일종의 정경적 환원주의를 통해 통합성을 향해 나아가는 것이다. 여기서의 관심은 구약의 신학적 레퍼토리로부터 특정 자료를 제거해야 하는가의 여부다. 신학적 자료들을 부정적으로 평가하고 구약 신학에서 신학적 자료들이 차지하는 위치를 거부하려는 구약 신학자들의 노력을 지목해 볼 수 있다. 이러한 자료는 보통 신학적으로 더 난해한 구절 중 일부다. 예를 들어, 거룩한 전쟁에 관한 본문에서 나오는 전사이신 하나님이나 저주 시편에 나오는 복수하시는 하나님을 다루는 본문이 있다.[16] 사용된 기준이 항상 명확하거나 일관되게 적용되는 것은 아니지만,[17] 주요 관심사는 수용 가능한 그리스도교 신학적 관점과의 통합으로 나아가는 방식으로 구약 신학적 자료를 정비하는 것으로 보인다. 물론 여기서 어려운 점은 이미 주어진 신학적 관점이 신학적 발전으로 인해 진부해졌다는 것을 인정할 수 있는 기준, 특히 구약 내적 또는 성경 내적인 보증이 결여된 경우에 수용할 수 있는 기준을 찾는 것이다. 실제로 **신학적 발전이 권위를 인정받았다**면, 그보다 더 일찍 또는 덜 정교한 형태의 신학이 발견되더라도 그것을 제거하는 것이 과제가 아니다. 오히려 신학적 지식의 명확성을 위해 지속적으로 노력하는 연구에서 그러한 자료가 여전히 중요한 역할을 하고 있음을 인식하는 것이 과제다. 따라서 그리스도교 사상의 역사에서 초기에 형성된 신학은 현대의 신학적 공식화 작업에서 계속 중요한 역할을 하고 있다. 보다 일반적으로는 신학적 다양성을 감추는 것이 아니라, 강조되어야 하는 좋은 것이라는 가정에서 논의를 시작한다면 이 방향성 전체가 개연성을 갖게 된다.

지금까지 구약학은 전통적인 그리스도교 또는 유대교의 신학 체계와의 신학적 통합을 이루려는 움직임에 의해 암묵적으로나 명시적으로 강한 영향을 받은 것으로 보인다. 구약 내에서 신학적 차이가 인정되고 심지어 강조되는 경우, 이는 신학적 전통 내에서 이미 존재하고 수용 가능한 다양성을 반영하는 것으로 보인다. 대체로 학문은 다소 더디지만 새로운 신학적 방향으로 나아가고 있다. 새롭고 중요한 신학 연구는 계속 등장하고 있지만, 신학 학계는 그런 문제에 관심을 기울이지 않는 것 같다. 그러다 보니 일반적으로 받아들여 온 통찰에 머무르는 경향이 있다. 심지어 구약 연구의 일부 영역에서는 학제 간 진보가 이루어지고 있음에도 불구하고 신학 연구에서는 그런 일이 흔하지 않다. 요컨대, 특히 하나님에 대한 이해와 관련한 현대 신학의 여러 새로운 탐구에는 어느 정도 침묵으로 반응하고 있는 것이 분명하다.

방향들

최근 학계에 제기된 하나님에 관한 질문에서 두 가지 유형의 구체적인 관심에 주목할 필요가 있다.

첫째, 아주 간단히 말하자면 이전 학문의 지배적인 신학적 경향을 비판하는 연구들이 있었는데, 그중 일부는 하나님에 대한 이해와 관련이 있다. 이러한 새로운 국면 가운데 가장 눈에 띄는 것은 '성경 신학' 진영의 다양한 측면에 대한 비판과 관련이 있다.[18] 구약에 대한 '구원사적'Heilsgeschichte 접근법에 대해 상당한 비판이 제기되고 있다. 더 이상 '역사 속에서 행동하시는 하나님' 또는 '역사 속의 계시'에 관해 단순한 방식으로 설명하는 것이 불가능하다. 이러한 방향은 전문화된 연구[19]와 보다 일반적이고 건설적인 성찰을 통해 뒷받침되어 왔다.[20] 하나님에 대한 이해와 관련하여, 이러한 새로운 국면은 하나님이 세상과 어떻게 관계를 맺고 있는지를 인식하는 방식의 편협함을 개선했으며, 하나님과 세상과의 관계에 대한 보다 포괄적인 탐구의 필요성을 드러냈다(참조. 3장).[21]

둘째, 특정 학문으로써의 구약 신학, 특히 하나님에 관한 구약 신학의 진전이라는 새로운 국면에 주목해야 한다.

대부분의 구약 신학은 조직적인 접근 방식을 취하여 주요한 하나님의 행동과 속성을 다루는 부분을 발전시켜 왔다. 예를 들어, 아이히로트 Eichrodt는 "하나님의 존재에 관한 확언"(하나님은 인격적이고 영적이며 하나이시다)과 "하나님의 활동에 관한 확언"(하나님의 능력, 사랑, 진노, 거룩함 등)이라는 관점에서 자료를 제시한다.[22] 아이히로트는 이러한 구분에 대한 정당성을 포함하지는 않지만, 그의 신학적 직감은 틀림없이 타당하다. 구체적인 부분(예. 사랑)에 대해서는 논쟁의 여지가 있을 수 있지만, 세상과 맺는 모든 관계 안에서 하나님에 관한 진실과 세상과의 관계에 의해 영향을 받는 하나님의 삶의 측면(예. 분노를 유발하는 것)을 구별할 필요가 있다. 이스라엘의 하나님을 이해하기 위한 역사적 발전이 이 접근법에서 반드시 무시되는 것은 아니지만, 특히 아이히로트의 이러한 접근법은 공시적인 경향을 띠고 있다. 하나님에 관한 자료를 이렇게 다루는 것은 분명 정당하며, 이는 이스라엘 스스로가 취했던 하나님에 관한 입장과도 유사하다.[23]

구약 신학에 대한 또 다른 주요 접근법은 폰 라트의 접근법으로, 그의 연구 중 전승사적 측면에서 제시된 하나님에 관한 자료를 발견할 수 있다.[24] 지나치게 단순화하자면, 이것은 하나님에 대한 구약의 개념을 역사적 맥락에서 특정 전승자(이사야, 제사장적 저자 등)의 가장 중요한 신학적 관심사와 통합하는 것을 의미한다. 때때로 폰 라트는 이러한 자료를 보다 조직적인 방식으로 제시하기 위해 자신의 본래 접근 방식으로부터 벗어나기도 하지만(예. 하나님의 의에 대한 것), 이는 "신학에 있어서 중요한 구약 성경의 '발상, 사상 및 개념'을 제시하는 것이 언제나 구약

신학에 맡겨진 과제의 일부이며, 이를 형성할 것"이라는 그의 이해와 일치한다.[25]

폰 라트의 접근 방식은 하나님에 관한 쟁점들을 다소 단편적으로 다루고 있다. 그러나 거기에는 그가 연구하는 전승과 관계없이 구약 전체에 퍼져 있는 하나님에 대한 특정 관점이 있으며, 이러한 관점은 구약 전체가 묘사하는 하나님에 대한 특징이라고 가정해야 한다(예. 하나님은 인격적이시다)고 제안한다. 사실 이러한 관점들은 그의 연구 전체를 일관되게 아우르고 있다. 이 관점들은 그가 신학적으로 답해야 하는 수많은 문제에서 본질적인 전제로 기능한다. 폰 라트는 본질적으로 이 점을 곳곳에서 인정하지만,[26] 이 지점에서 좀 더 솔직하게 접근했더라면 더 도움이 되었을지도 모른다는 아쉬움이 남는다. 구약 신학의 중심이라고 할 수는 없지만,[27] 사용된 방법과는 관계없이 하나님에 관한 특정한 기본 관점들은 모든 구약 신학 연구에서 필연적으로 광범위하게 작용할 수밖에 없다. 이러한 관점들을 가능한 한 명확하고 솔직하게 설명할 수 있는 방법이 모색되어야 한다.

어떤 면에서 구약 신학에 대한 C. 베스터만Westermann의 최근 연구는 우리가 앞서 언급한 두 가지 접근법의 장점을 최대한 활용하려고 노력하며, 특히 두 번째 접근법에 주의를 기울이고 있다.[28] 베스터만은 구약 신학에서 이스라엘이 반드시 가져야 할 하나님에 대한 중심적 입장이 무엇인지 올바르게 보았기 때문에, 그의 연구를 더 자세히 추적할 필요가 있다.

베스터만에게 있어서 "구약 신학은 조직적 측면과 역사적 측면을 모두 지니고 있다"(11-12쪽). 그러나 이러한 측면은 구약 신학의 주된 구조에 비하면 부차적인 것이다. "구약 신학은 모든 면에서 사건의 개요에 의해 결정된다"(11쪽). 따라서 "구약 신학의 구조는 개념보다는 사건에서 설명되어야 하며"(9쪽), 구원, 언약 등과 같은 포괄적인 용어로 '축소될' 수 없다. 따라서 구약 신학은 기본적으로 구원과 축복을 주시는 하나님의 행위를 중심으로 한 '하나님과 인간의 역사'를 묘사하는 것으로 구성되어야 하며, 그 안에는 하나님의 말씀이 내재되어 있고, 사람들이 그 말씀을 경험하며 응답하는 것이어야 한다.[29] 조직적 측면은 구약 전체에 걸쳐 일관되게 나타나는 하나님에 관한 이야기에서 드러나는데, 베스터만은 이를 주로 하나님과 세상의 상호 작용, 즉 양쪽의 말과 행동, 그리고 하나님의 단일성에서 찾는다. 역사적 측면은 "구약 성경이 말하는 이하나님은 자기 백성의 역사에 자신을 결속시킨다"(12쪽)는 사실에서 드러난다.

여기서 특히 세 가지 사항에 대한 논의가 필요하다. 첫째, "하나님의 역사"라는 표현을 사용하는 것은 유익한 발전이지만, 베스터만은 "역사"라는 단어를 특이한 의미로 사용하고 있는 것이 틀림없다. 그는 인간의 역사를 언급할 때는 변화와 우연성에 대해 말하지만, 하나님의 역사에 관해서는 "단일성과 유일성"(12쪽)의 사안만을 말한다. 그러나 하나님에게 "역사"라는 단어를 사용하려면, 그것이 난해한 의미가 아니라면, 하나님에게도 변화와 우연성이라는 단어가 사용되어야 한다. 하나님이 참으로 "자기 백성의 역사에 자신을 결속하셨다"면, 베스터만이 이 지점에서 매우 확고한 입장에 서 있는데, 이것은 하나님이 그 역사를 매우 실제적인 의미에서 자신의 역사로 삼으신 것으로 이해되지 않는 한, 단지 형식적인 의미로만 이해될 수 있다.

둘째, "이야기"라는 개념의 우선순위에 관한 문제다.[30] 현재 널리 알려진 이 범주의 기본적인 문제점은 이야기를 이해하는 일반화, 즉 베스터만이 말하는 "상수"constant로부터 동떨어져 있다는 점이다. 베스터만이 "시작과 끝 사이의 이해할 수 없을 정도로 풍부한 사건들을 하나의 맥락, 연결된 역사로 만든다"(32쪽)고 말했을 때 이 점을 인식한 듯하다. 이야기 형식으로 환원할 수 없는 이러한 일반화만이 연속성, 즉 낯설거나 새로운 것을 식별하고 목표에 도달했을 때 비로소 그것을 깨닫게 해 준다.[31] 예를 들어, 출애굽기 이야기는 모세에게 계시된 특정 일반화(출 3장)에 근거해서만 이스라엘이 이해할 수 있으며, 이는 결국 이전 이야기 및 앞선 일반화와 근본적인 연속성을 가지고 있다. 따라서 이야기와 일반화는 불가분의 관계로 밀접하게 이어져 있어야 하며, 이것들은 함께 구약 신학의 구조와 형태를 결정한다. 이것은 "개념보다는 사건"이 구약 신학 구조의 체계를 구성해야 한다는 베스터만의 주장에 의문을 제기하며, 이는 양자택일이 아닌 둘 모두를 선택해야 한다는 결론을 내려야 함을 의미한다.

마지막으로 상수의 문제가 남았다. 우리는 지금까지 베스터만이 분리한 주요 항목에 주목했다. 기본적인 질문은 다른 것보다 이것들이 어떤 근거로 분리되어 있는가? 하는 것이다. 아이히로트의 표현을 빌리자면, "하나님의 존재에 관한 확언"으로 유일하게 인용된 것은 "하나님의 단일성"이다. 예를 들어 "하나님은 인격적이시다"나 "하나님은 사랑이시다"는 왜 안 될까? 베스터만이 믿는 것처럼 "하나님의 단일성"이 하나님의 행하심에 대한 모든 서술 속에 스며들어 있는 하나님에 관한 깊고 근본적인 가정 중 하나라면, 왜 다른 가정들은 언급되지 않는 것일까?

하나님의 _ 고통

구원하고 축복하시는 하나님에 관한 베스터만의 차후 논의는 분명히 이 것들과는 다른 것들을 전제로 한다.

이야기와 일반화

다시 질문으로 돌아와서, 어떤 상수가 이야기를 관통하고 있는지, 어떤 일반화가 이야기를 일관성 있고 명료하게 하는 데 필요한지, 그러므로 무엇이 구약 신학의 가장 기초적인 층의 일부로 간주되어야 하는지를 어떻게 결정할 수 있을까? 이야기를 어떻게 읽어야 하는지에 대한 기본적인 내부 방향과 구약의 저자들이 전반에 일관성을 제공하는 역할을 하는 일반화를 통합하는 본문 지점에서부터 시작해야 한다. 다양한 이야기는 그 자체로 독자에게 다채로운 반응을 불러일으킬 수 있다. 그러나 이야기의 핵심에 초점을 맞추고 가능한 해석의 수를 결정적으로 제한하면서 진실된 주장을 하는 성찰이 이따금씩 주어지기도 한다. 이러한 일반화는 다양하다고 할 수 있지만(예. 인간 또는 세상의 본질에 관한 것), 여기서는 가끔씩 표현되는 하나님에 관한 근본적인 가정에 관심을 두고자 한다.

한마디로, 이 이야기들에서 하나님은 단순히 구원하고 축복하는 분이라고 하는 것만으로는 충분하지 않다. 중요한 것은 구원하고 축복하는 분으로 이해되는 하나님이 과연 **어떤 분**인가 하는 것이다. 변덕스러운 하나님도 구원하고 축복할 수 있다. 심지어 비인격적인 하나님도 그러한 것들을 행할 수 있다. 이러한 하나님의 행하심의 동기는 사랑인가, 아니면 다른 요인이 있는 걸까? 하나님이 역사 속에서 다른 민족보다 이스라엘을 위해 더 자주 그리고 더 일관되게 일하셨다는 이스라엘의 믿음에 관한 것을 제외하고는 특별한 것이 없다는 것이 입증되었다. 또한, 이스라엘이 하나님을 구원하시고 축복하시는 하나님으로 믿었다는 것은 모든 '구약 신학'에서 보존되어야 할 중요한 단어이기는 하지만, 그것으로부터 어떤 독특함을 발견하기란 사실상 어렵다. 이스라엘의 삶 속에서 일하신 하나님이 **어떤 분**인지에 관해 이스라엘이 주장하는 진실은 이야기에 중요한 해석적 단서를 제공하고, 여러 의미의 가능성을 제한하면서 특정한 방식으로 읽어야 한다는 것을 보여 준다.

최근의 학계는 이스라엘의 이야기를 읽는 데 해석적 단서를 제공하는 것으로 알려져 온 특정 유형의 반복되는 자료, 즉 소위 역사 신조historical recitals (예. 신 26:5-9; 수 24:2-13)에 특히 관심을 기울여 왔다.[32] 하나님의 전능하신 행동에 대한 이러한 신조 낭송은 이스라엘이 하나님에 대한 마음을 고백하는 핵심을 반영하는 것으로 간주되어 왔다. 이러한 자료들이 이스라엘의 초기 전승을 형성하는 데 어떤 역할을 했든, 또한 주로 개별적인 행위로 이해하든 "연속적인 과정"으로 이해하든,[33] 이러한 자료들은 창조 요소(예. 느 9:6-31; 시 136; 렘 32:16-23)를 포함한 **모든** 종류의 이스라엘의 신학을 묘사하는 중요한 정보로써 앞으로도 영향을 미쳐야 한다. 그러나 이 신조 낭송 자료만 중점적으로 주목받는다면, 이러한 신조 낭송과 유사한 자료들은 '구약 신학'에 대해서 편향된 해석으로 이어질 것이다. 왜냐하면 이러한 자료의 근간에는 이스라엘을 대신하여 그러한 활동을 하신 하나님이 **어떤 분**인지에 대한 특정한 이해가 있기 때문이다.

이러한 신조 암송과 함께, 때때로 그것들과 더불어 반복적으로 등장하는 또 다른 유형의 자료(예. 신 7:6-11; 렘 32:16-23; 느 9:6-31; 시 106, 136

하나님의 _ 고통

편)가 있다.[34] 아마도 가장 오래되고 완전한 예시는 출애굽기 34:6-7에서 찾을 수 있을 것이다.

> 여호와께서 그의 앞으로 지나시며 선포하시되 여호와라 여호와라 자비롭고 은혜롭고 노하기를 더디하고 인자와 진실이 많은 하나님이라 인자를 천대까지 베풀며 악과 과실과 죄를 용서하리라 그러나 벌을 면제하지는 아니하고 아버지의 악행을 자손 삼사 대까지 보응하리라

이 고백적 진술은 구약 성경 전체에 걸쳐 다양한 형태, 보통은 축약된 형태와[35] 수많은 반향으로[36] 여러 번 나타난다. 또한 다양한 전승과 다양한 유형의 문학에도 등장한다.[37] 그 기원은 불분명하지만, 적어도 신명기 이전의 비교적 이른 시기의 것이 아니라고 추정할 이유는 없다. 이것은 포로기와 연결해 주는 역할도 한다. 구약에서 이 고백적 진술만큼 자주 등장하는 구절은 없다고 할 수 있다.[38]

구약에서 흔히 볼 수 있는 이러한 고백적 진술이 추상적이고 심지어는 명제적인 성격을 띠고 있기 때문에 간과되어 온 것은 아닌지 의문을 가질 수밖에 없다. 구약이 개념보다는 사건에 관심이 있다고 주장하는 사람들, 이스라엘의 사고방식은 추상적인 것에 관심을 두지 않는다고 믿는 사람들에게는 하나님에 관한 이러한 일반적인 성경의 확언이 당혹스럽게 느껴져서 그냥 지나치는 것이 편했을 것이다. 그러나 이제는 과거의 교리적 신학에 얽매이지 않고 이러한 일반화에 적절한 주의를 기울여야 할 때이다. 이러한 자료는 역사에 대한 관심이나 이야기로써의 구약에 대한 관심을 균형 있게 유지하는 데 중요한 역할을 한다.

이러한 우리의 우려를 단적으로 보여 주는 예는 P. 핸슨Hanson의『역동적 초월』Dynamic Transcendence (김이곤 옮김, 컨콜디아사, 1981)에서 찾아볼 수 있다. 이 책에서 가장 놀라운 점은 하나님을 신실하시고, 사랑이 많으시며, 은혜롭고, 자비로우며, 의로우신 분, 또는 의미상 이와 비슷한 분으로 언급되는 경우가 매우 드물다는 점이다. 핸슨이 자주 사용하는 일반적 표현은 하나님의 계획과 목적뿐만 아니라, 하나님의 창조와 구속 활동에 관련이 깊다. 그러나 이러한 표현은 그 계획과 활동에 관여하시는 하나님이 어떤 분인지에 대한 명시적인 언급 없이는 해석이 어렵다. 핸슨은 출애굽기 34:6-7을 한 번 인용하지만(57쪽), 이 구절이나 그의 관심사는 "특정 사건을 하나님의 의도적인 계획 중 일부로 인식하게 하는 관점"(32쪽)을 제시하는 신앙 고백적 유산을 이해하는 데 별다른 기여를 하지 못한다. 신앙 고백적 유산의 규범적 기능에 대한 모든 논의는 그에 대한 논의를 평가함에 있어서 하나님에 대한 이해가 얼마나 중요한 역할을 차지하는지를 고려해야 한다는 점을 강조하는 것이 중요하다.

이러한 일반화는 구약이 내포하고 있는 의미의 가능성을 구분하는 기능 외에도, 구약의 모든 신학적 표현에 논리적 연속성을 부여한다. 그러나 신조 낭송에서 말하는 역사적 사건은 같은 방식으로 연속성을 제공하지 않는다.[39] 실제로 특히 예루살렘의 멸망 시대에 기록된 문헌들에는 이스라엘이 과거의 구원 사건을 망각하고, 사실상 구원의 효력을 상실했다는 여러 가지 징후가 포착된다.[40]

그러므로 여호와의 말씀이니라 보라 날이 이르리니 그들이 다시는 이스라엘 자손을 애굽 땅에서 인도하여 내신 여호와의 사심으로 맹세하지

하나님의 _ 고통

아니하고(렘 23:7; 참조. 3:16; 16:14-15)

너희는 이전 일을 기억하지 말며
옛날 일을 생각하지 말라
보라 내가 새 일을 행하리니…(사 43:18-19)[41]

에스겔 20장과 호세아 2장의 본문(참조. 호 8:13; 11:5 등)은 하나님이 이스라엘의 과거 중요한 사건에서 구원의 뜻을 사실상 철회하셨음을 시사하며, 이스라엘은 이제 그러한 하나님의 구원의 역사를 기대하며 미래를 바라보아야 한다.

더 이상 구원의 가치가 없는 과거의 사건과 구원의 가치가 있는 미래의 사건 사이에서도 연속성이 나타나는 이유는 하나님에 관한 어떤 기본적인 확신에 의한 것이다. 과거와 미래의 간극에서 백성들이 유일하게 의지할 수 있는 말씀은 출애굽기 34:6-7이나 이사야 40:28, 44:6과 같은 약속의 말씀이다. 이러한 신학적 일반화는 이스라엘이 자신의 이야기에서 연속성을 보고 적절한 방식으로 해석할 수 있을 뿐만 아니라, 이야기가 단절된 것처럼 보이는 시대를 헤쳐 나갈 수 있도록 하는 데 중요한 역할을 한다. 이스라엘은 자신들의 이야기는 중단될지라도 하나님의 이야기는 계속된다는 것을 인식하게 된다. 이러한 이스라엘의 지각이 때로는 흐려질지라도 하나님의 사랑과 은혜로운 목적과 그의 약속에 대한 신실하심은 변함이 없을 것이다.

이스라엘의 과거에 있었던 구원 사건에 호소하지 않는 예레미야애가는 이 점을 잘 지적하고 있다(3:20-32).

내 마음이

그것을 기억하고 내가 낙심이 되오나

이것을 내가 내 마음에 담아 두었고

그러므로 내가 소망을 가짐은

여호와의 한결같은 사랑이 다함이 없고

그 긍휼이 끝이 없기 때문이니이다

이것들이 아침마다 새로우니

주의 신실하심이 크시도소이다 …

이는 주께서

영원하도록 버리지 아니하실 것임이며

그가 비록 근심하게 하시나

그의 풍부한 인자하심에 따라 긍휼히 여기실 것임이라

My soul …

is bowed down within me.

But this I call to mind,

and *therefore* I have hope:

The steadfast love of the Lord never ceases,

his mercies never come to an end,

they are new every morning,

great is thy faithfulness …

For the Lord will not

cast off for ever,

하나님의 _ **고통**

but, though he cause grief, he will have compassion

according to the abundance of his steadfast love(RSV)

과거와 미래라고 하는 큰 간격 속에서 우리의 유일한 희망은 하나님이 특별한 분이라는 데 있다(참조. 시 79편). 제2이사야는 이런 방식으로 역사하시는 하나님에 관한 상당 분량의 일반화로 가득 차 있다(예. 사 40:28; 44:6).

이스라엘이 하나님을 이런 특별한 분으로 아는 것은 하나님이 그들의 역사 가운데 행하신 일 때문이라고 말할 수 있다. 여러 측면에서 볼 때 이스라엘이 하나님을 자비롭고 은혜로우신 분으로 고백하는 것은, 이스라엘이 역사 속에서 경험한 하나님과 그러한 사건들에서 관찰한 연속성에 의해 중요한 방식으로 형성된 것이 분명하다. 동시에 이스라엘이 그들의 하나님에 대해 고백하는 것은 신조 낭송의 배경이 된 사건들에서 도출된 추론뿐만 아니라 그 이전부터 이어져 온 다양한 이해와 경험에 기초한다. 예를 들어, 출애굽기 34:6-7은 가까운 시점에 일어난 사건으로부터 도출한 결론이 아니라, 신현현을 통한 하나님의 직접적인 계시로 표현된다. 사실 이 고백은 출애굽 사건이 아니라 금송아지 사건의 범죄라는 문맥으로 연결되어 있다. 따라서 인간의 죄에 대응하여 하나님이 **아무런 행동을 하지 않으시는** 방식은 그보다 더 경이로운 구원의 역사만큼이나 그분의 본성을 드러내는 것이라고 말할 수 있다.

하나님의 본성에 대한 통찰은 오랜 세월에 걸쳐 다양한 경로를 통해 이스라엘에 전해졌다. 그중 사건들에 대한 깊은 성찰까지 포함해서 핵심적인 사건들이 우선적으로 언급되었을 것이므로, '계시'가 사건 그 자체와 밀접하게 연관되지는 않을 것이다. 어쨌든 이스라엘은 하나님의 본성에 대한 그들의 **이해**를 규범으로 사용하여, 하나님의 본성을 이해하는 계기가 된 사건뿐만 아니라 하나님이 관여하시는 방식을 판단한다. 하나님이 창조적이고 구속적인 방식으로 역사하셨다는 것만이 이스라엘이 말할 수 있는 전부라면, 소망은 어쩌다 한 번 품을 수 있는 것일 뿐이다. 그렇다면 과연 하나님이 앞으로는 어떤 방식으로 역사하실지 누가 알겠는가? 중요한 것은 과거에도, 현재에도, 앞으로도 살아계시고 역사하시는 하나님이 어떤 분인지를 아는 것이다. 하나님은 신실하고, 사랑이 많으며, 은혜로우며, 의로운 분이기에 소망이 있는 것이다.

앞서 제시한 세 가지 사안에 대한 나의 답변을 요약하면 다음과 같다. 첫째, 구약 신학에서 하나님에 대한 논의의 본질과 관련하여, 역사와 이야기만큼이나 일반화에도 주의를 기울여야 한다. 일반화가 역사와 이야기를 이해 가능하게 하고 일관성 있게 만들기 때문이다.

둘째, 이러한 신학적 논의에 정보를 제공하고 뒷받침하는 신학적 상수와 관련하여, 구약은 하나님의 본성과 활동에 관한 여러 가지 반복되는 고백적 진술을 제공함으로써, 이를 기본적인 방식으로 결정해야 한다. 따라서 이를 종합해 보면, 구원하시고 축복하시는 하나님은 언제나 신실하고 사랑이 많으며 은혜롭고 의로운 분이라는 것이다. 그러므로 이스라엘은 하나님에 관한 자료를 개발하고 제시하는 방식에 있어 공시적이면서도 통시적이었다고 할 수 있다.[42]

셋째, 이 논의는 다양성에 대한 나의 논평의 맥락에서 이루어져야 한다. 두 가지 유형의 고백적 진술이 후대의 문헌에 통합되었고, 이 고백적 진술이 여러 장르의 문학에 등장하며 다양한 형태로 존재한다는 것은 신학적 다양성 속에서 어떤 만장일치를 나타내는, 어쩌면 정경 내의 '정경'을 암시하는 것일 수도 있다. 역사적 낭독들이 이스라엘의 역사에서 현재 이스라엘의 존재를 구성하는 사건들을 결정하고, 그리하여 다른 모든 사건들과 분리해서 신앙의 중요한 사건으로 간주했던 것처럼, 하나님에 관한 일반화 역시 그 역사의 의미를 결정하는 데 적절한 해석적 단서를 제공했다.

그러나 이러한 방향으로 나아갈 때, 말씀이 반드시 취해야만 하는 양식은 없다는 점을 유의하는 것이 중요하다. 두 가지 유형의 진술은 모두 서로 다른 맥락에서 다양한 형태로 나타나며 항상 발전하고 있다. 따라서 창조에 관한 자료는 후대의 낭송에 등장하고, 하나님에 관한 확언에는 하나님의 돌이킴이라는 모티브가 추가되어 있다. 이러한 것들이 어디에서 발견되든 분명한 가족 유사성이 있다. 그러나 이것은 결정적인 확언이 파악하기 애매한 문제였음을 의미하는 것이 아니라, 최종적으로 공식화할 수 없지만 하나님에 대한 새로운 지식과 경험에 열려 있는 고백적 환경을 설정했음을 시사한다. 따라서 이러한 것들이 한 가지 색깔로 이루어진 믿음의 집합체로 이어지지는 않았지만, 합법적인 다양성이 작용할 수 있는 매개변수를 묘사하는 데는 충분히 결정적이었다. 요나서 저자도 이런 방식으로 확신했을 가능성이 높다(참조. 욘 4:2). 또 다른 관점에서 보면, 시편은 여러 시대의 예배서와 찬송가처럼 간결한 형태로 신앙을 표현하고 있지만, 놀라울 정도로 규칙성을 갖고 고백의 내용으로 호소하고 있다. 탄원시든 찬양시든 문제의 본질은 결국 이스라엘이 예배하는 하나님이 어떤 분인가 하는 것이다. 이 모든 것은 다양성이 통합을 이루는 맥락 안에 놓여 있을 때만 **신학적으로** 의미 있는 것이 될 수 있다고 말하는 것으로 보인다.

구약 성경의 하나님과 현대의 이슈들

앞서 언급한 현대의 사안들 중 다양한 해방 운동은 구약학에 가장 큰 영향을 미쳤다. 이러한 연구는 이제 완전히 비평적이고 포괄적인 해석학적 관점을 가지고 사회, 종교, 신학적 연구뿐만 아니라, 면밀한 주해 연구와 주제 분석까지 아우르는 광범위한 연구가 이루어지고 있다.[43] 이러한 논의는 단순히 은유의 전환을 뒷받침할 수 있는 구약 자료(예. 하나님에 대한 여성적 은유)를 찾아 설명하는 차원을 넘어섰다. 구약에는 이러한 문제와 하나님의 이미지에 대한 단순하고 단조로운 관점이 존재하지 않으며, 자료는 다양하고 사안은 복잡하다. 따라서 하나님의 이미지는 인간의 삶만큼이나 다양하며 모든 사람의 경험을 반영한다. 즉, 하나님은 어머니이자 아버지이고, 왕이면서 함께 고통받는 친구이기도 하다. 몇몇 구절만 봐도 가난한 자를 티끌개역개정은 "진토"라고 번역—옮긴이에서 일으키고 왕에게 힘을 주며(삼상 2:1–10), 전사의 칼을 휘두르고(사 63:1–6), 어머니처럼 위로하시는 하나님(사 63:13–16)을 볼 수 있다. 하나님은 형성와 변형, 안정과 혼란, 위로와 진노의 측면에서 묘사된다.

이러한 양극성은 일반적인 문화와 변증법적 관계에 존재할 뿐만 아니라 역사적 사건과 상호 작용하면서 발전한다. 신앙과 문화에 대한 사안은 문화적 상황에 대한 신앙의 '지나치게 폐쇄적인 해석', 즉 '성경 신학' 운동의 일반적인 관점과 "문화, 사회적 상황을 하나님과 상관관계가 있는 믿음을 낳는 틀"[44]로 보는 관점이라는 두 가지 해석적 양극 사이에 펼쳐져 있다. 일반적으로 하나님의 이미지들은 일반 문화에서 계승된 것이지만, 이 이미지가 이스라엘이 가지고 있는 독특한 하나님에 대한 이해의 궤도 속으로 들어감으로써 변형되었다고 할 수 있다. 동시에 고유한 문화적 특수성을 유지하면서 하나님에 대한 발전적 개념을 형성하는 데 도움을 준다. 예를 들어, 하나님을 아버지라고 부르는 것은 일반 문화에서 아버지에 대한 이해를 필연적으로 반영하는 반면, 기존 신학의 유산은 이것을 하나님에게 적용할 때 아버지라는 이미지에 새로운 의미를 부여한다.

역사적 발전과 관련하여 평등주의의 기본 관점은 일반적으로 초기부터 분명하게 드러나는데, 이는 본질적으로 하나님에 대한 특정 이해에 뿌리를 두고 있으면서 동시에 그에 기여하고 있다. 하나님은 성별을 가지고 있거나 불의를 용인하는 분이 아닌 것으로 인식된다. 그럼에도 불구하고 이스라엘은 고대 근동 안에서 그들의 독특한 신앙으로 인하여 사회적 돌연변이로 비춰질 수 있었으며, 그들의 독특한 신앙이 문화와 사회적 관행에 영향을 미치기까지는 오랜 시간이 걸렸다. 반면, 다른 관점에서 보면 종교와 문화 모두에서 평등주의적 관점은 왕정 체제의 지배적인 경향으로 인해 곧 사라졌지만 때때로 다시 수면 위로 드러나기도 했다. 어쨌든 신앙과 문화간의 상호 작용에서 단순한 발전은 찾아볼 수 없다. 언약법전(출 20-23장)과 신명기(참조. 신 10장; 15장)의 전개에서 여성과 노예에 대한 태도의 긍정적인 변화를 발견할 수 있는데, 이는 의심할 여지 없이 하나님에 대한 특정 이해가 포함된, 계승되어 온 전통에 대한 성찰에 뿌리를 두고 있다. 신학적 유산과 상호 작용하면서 특정 사회-정치적 현실이 때때로 특정 하나님의 이미지를 부각시키는 것을 볼 수 있다. 즉, 출애굽 당시의 해방 이미지, 다산 제의와 경쟁하는 호세아의 결혼 이미지, 유배의 절망 속에 나타난 여성의 이미지가 그것이다. 세부적인 내용이 무엇이든 그 과정 자체는 신학적으로 중요하다. 왜냐하면 신학적 유산이 사회-정치적 현실과 지속적으로 상호 작용하면서 어떻게 이 유산이 명예로운 이미지와 관습에 의문을 제기하고, 하나님에 대한 새로운 이해와 그 하나님을 향한 신앙을 내비치는 삶의 형태라는 새 관점으로 사람들을 나아가게 하는지를 보여 주기 때문이다.

그동안 소홀히 여겨졌던 성경의 하나님에 대한 이미지와 이와 관련된 이스라엘의 투쟁에 대한 새로운 관심은 교회가 하나님에 대한 이해의 균형을 회복하는 데 도움이 될 뿐만 아니라, 이와 동시에 단순한 사고방식에 대한 경각심을 심어 줄 것이다.

지속적인 주의를 기울이기 위해 두 가지를 추가로 언급할 수 있다. 첫째, 과정과 양극성을 만드는 모든 것 가운데에는 상당히 비-변증법적이고 완벽하게 일관된 하나님이 계신다. 하나님에 대한 특정 은유는 다른 은유보다 우선권을 갖는다. 사실 이러한 은유의 사용과 남용에는 발전적이고 변증법적인 표현으로는 파악할 수 없는 하나님의 불변성이 존재한다. 수 세기에 걸쳐 가장 근본적인 연속성을 제공하는 것은 끝없이 반복되는 이스라엘의 이야기나 항상 새롭게 재구성되는 신앙의 유산이 아니다. 그것은 언제나 어떤 일이 있어도 공의를 행하고 나그네를 사랑하는 특별한 하나님의 역사다(신 10:18). 하나님의 구원의 뜻은 결코 줄어들지 않고, 하나님의 의는 결코 타협되지 않으며, 하나님의 변함없는 사랑은 영원히 지속된다. 마지막 문장이 기도문으로 반복되는 시편 136편은 형성에서 변형으로, 다시 형성으로 되돌아 오는 것을 보여 준다.

이는 창조(5-9절)에서 구속(10-15절)으로, 그리고 역사적 행위(16-22절)에서 일반적인 축복(23-25절)으로, 하나님의 행함에는 언제나 흔들림 없고 일관된 사랑의 목적에서 동기 부여를 받는다는 점을 보여 준다. 다시 말해, 구약의 하나님에 대해 이야기할 때, 항상 하나님에 대한 두 가지 차원을 인식해야 한다. (1) 변함없이 일관된 하나님의 이미지. 하나님은 어디에서나 하나님이 되는 곳에서 일관된 분이실 것이다. 하나님은 사랑이며, 그는 신실하시다. (2) 사람들과 그들의 이야기에 따라 움직이고 그들에 의해 영향을 받는 하나님의 이미지. 하나님은 진노하시는 분이다 (참조. 시 30:5).

둘째, 하나님에 대해 이런 이미지를 사용하는 것이 무엇을 의미하는지에 민감해야 한다. 하나님은 세상의 삶에 깊이 관여하는 분이라고 말하는 것이 의미하는 바는 무엇일까? 결국 그것은 그러한 하나님의 관계성을 가장 진지하게 받아들이는 문제다. 하나님이 **정말로** 변화와 우연성을 만들어내는 것에 그렇게 몰입되어 있다면, 그것이 하나님과 하나님에 대한 다양한 이미지에 대해 말하고자 하는 것은 무엇인가? 하나님이 주어진 상황에서 참으로 전사가 된다면 그것은 하나님에게 어떤 영향을 미칠까? 그런 이미지가 주어질 때, 하나님께서 하나님이 **되시기** 위해 치러야 하는 **대가**는 무엇일까? 자유와 불변성이라는 두 가지가 가장 먼저 떠오른다. 다시 말해, 이 다양한 이미지들은 그것을 사용한 신앙 공동체뿐만 아니라 그 이미지가 실제로 반영하는 하나님의 역사에 대해 무엇을 말하는가?

다른 현대적 이슈에 비해 구약 연구는 좀 더 고립되어 있는데, 그중 많은 연구들은 상당히 중요한 의미를 지니고 있다. 그런 점에서 홀로코스트 희생자들을 위한 헤셸의 『예언자들』*The Prophets*은 매우 중요한 업적이라고 할 수 있다.[45] 여기에서 하나님의 파토스에 대한 놀라운 설명을 발견할 수 있다. 이 책은 현대 신학자들이 가장 흔히 인용하는 구약 연구서 중 하나이지만, 출판 이후 구약 연구에 뚜렷한 영향을 끼치지는 못했다.[46] 요약하면, 다양하게 관련된 신인동감동정론anthropopathosm과 함께 하나님의 (불)변화성에 대한 문제를 구체적으로 다룬 연구는 소수에 불과한 것으로 보인다. 인간의 고통 문제는 신정론의 문제를 다루는 일부 연구가 학계에서 이루어지도록 동기를 부여했지만,[47] 구약의 하나님에 대한 더 일반적인 이해를 다루는 학문의 영역은 아직 충분히 탐구되지는 않은 상태다.

하나님과 세상의 관계에 대한 고찰은 항상 일반적인 신학에서 없어서는 안 될 필수 요소로 여겨졌지만(특히 O. 프록쉬Procksch에 이어 아이히로트의 경우),[48] 그러한 논의는 구약 신학의 다른 차원들과 분리되는 경향이 있었다. 그러나 이제 '성경 신학' 운동에 의해 하나님의 문제에 접근하는 관점의 편협함이 극복되면서, 새로운 관점들이 등장하고 있다. 물론 그 부산물 중 하나는 지혜 문학에 대한 관심의 증가다. 이는 하나님의 경륜에서 인간의 중요성이 높아졌음을 의미하며,[49] 이는 하나님에 대한 질문뿐만 아니라 창조 질서에서 이스라엘 이외의 사람들과 맺는 하나님의 관계에도 중요한 의미를 갖는다. 하나님의 섭리에 관한 이슈들은 새롭게 주목받고 있는데, 이것은 아마도 축복에 관한 베스터만의 연구에서 가장 분명하게 드러나며,[50] 이스라엘에게 있어서 창조 신학의 중요성은 이제 새로운 시각에서 접근되고 있다. 최근 문헌학적 검토와 더불어 건설적인 제안을 담은 R. 크니림Knierim의 논문은 특히 중요하다.[51] 나아가 신현현에 대한 논의는 오래 전에 아이히로트가 인정한 것처럼 하나님과 세계의 관계에 대한 이스라엘의 이해에도 중요한 의미를 지니고 있다.[52]

더욱이 구약 연구에서 사회, 인류학적 문제에 대한 관심[53]이 높아지면서, 사회-정치적 현실과 발전하는 하나님 이미지 사이의 상관관계에 대한 연구는 말할 것도 없고,[54] 평범한 인간 경험 속에서 하나님의 실재를 분별하려는 현대 신학의 노력과도 맞닿아 있다.[55]

마지막으로, 특히 과정 신학에서 제기한 이슈를 다루는 사람들의 중요한 연구에 주목해야 한다.[56] 이러한 연구는 구약의 하나님에 대한 이해, 특히 하나님의 속성에 관한 전통적인 공식으로부터 중요한 새로운 발전으로의 전환을 약속한다.

다음 장은 이 새로운 논의에 기여하기 위한 노력의 일환이다. 구약의 신학적 다양성을 지지하는 한편, 어떤 지점에서 자세히 묘사된 하나님에 대한 이해가 하나님에 관한 구약 사상의 기본 토대의 일부임을 시사하는 충분한 증거가 될 수 있다.

3장

하나님과 세상:
기본 관점

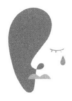

이스라엘이 이해하는 하나님과 세상의 관계는 구약 신학 연구에서 그다지 특별한 관심 대상이 아니었다.[1] 그 관심 대상은 주로 하나님과 역사, 특히 이스라엘의 역사에 집중되어 있었다. 그러나 논리적으로 보면, 하나님이 세상과 맺는 보다 더 일반적인 관계에 관한 질문이 선행되어야 한다. 이스라엘과 관계를 맺는 하나님, 그리고 더 일반적으로 역사의 과정과 관계 맺는 하나님은 세상과 관계를 맺는 하나님의 특정한 방식을 전제로 한다. 이스라엘 안에서와 이스라엘을 통한 하나님의 구속 목적은 하나님의 피조물인 세상의 현실, 그리고 화해가 필요한 세상을 전제로 한다. 즉, 이스라엘 역사 안에서 하나님의 활동은 세상을 위한 것이다. 더욱이 하나님의 활동은 하나님과 세상 사이의 관계에 관하여 아주 특별한 상황을 만든다. 예를 들어, 하나님은 말씀하고 그의 백성은 말씀을 듣는다. 하나님과 백성 사이에 진정한 대화가 가능하다는 것이다. 여기에서 나는 이 관계의 몇 가지 기본적인 측면을 나머지 장들의 전개를 고려하면서 탐구할 것이며 차례대로 이러한 이해를 확장해 나갈 것이다.

만약 하나님과 세상의 관계에서 가능한 두 가지 이해가 이스라엘과 관련한 것이라면 즉시 제거되어야 한다.[2] 하나는 범신론으로, 이 관점은 하나님을 세상과 동일시하고, 모든 피조 세계 안에 신성이 함께 살아 숨쉬는 것으로 간주한다. 이스라엘에게 있어서 하나님과 세상은 하나로 뒤섞여 있지 않으며, 세상은 하나님이 창조하였으며 하나님과 구별되어야 한다. 또 다른 반대쪽 끝에는 이원론이 있는데, 이것은 하나님과 세상을 서로 독립해 있는 것으로 보며, 정확히는 서로 반대되는 것으로 간주한다. 그러나 이스라엘에게 있어서 세상은 하나님께 의존하고 있으며, 피조 세계는 원칙적으로나 실제로 삶 속에 악이 아무리 많이 스며들어 있다고 해도 하나님에 대해 대적하는 것이 아니라 '매우 선하다'고 믿는다.

문제는 이 두 극단 사이에서 하나님과 세상의 관계에 대한 이스라엘의 이해가 어디에 놓여 있는지를 파악하는 것이다. 여기에는 두 가지 이미지가 제시될 수 있다. 하나는 군주의 이미지이고, 다른 하나는 유기적 이미지다. 전자는 확실히 현대 구약 해석에서 널리 통용되는 이미지다. 이 관점은 다른 그 무엇보다도 하나님과 세상 사이의 불연속성을 강조하며, 하나님과 세상의 기본적인 관계의 특징을 정의하기 위해 하나님의 주권, 자유, 불변성, 통제력과 같은 속성을 고려한다. 하나님은 철저하게 초월적인 주님으로서 (떨어져, 위에, 너머에) '밖에 서 계시며' 온 세상을 붙들고 계신다. 반면에 유기적 이미지는 구약 신학적 논의에서 거의 언급하지 않는다. 이 이미지를 통해서 "상호성의 관계"[3]라고 할 수 있는 하나님과 세상의 더 큰 연속성, 즉 친밀성을 본문에서 찾을 수 있다.

구약의 신학적 다양성을 고려할 때 인용하는 본문에 따라 앞의 두 이미지는 모두 적절할 수 있다. 그러나 이 사안에 대한 구약의 지배적인 관점은 유기적 이미지라는 것을 우리는 확신한다. 어쨌든 유기적 이미지는 보다 더 광범위한 구약 해석적 탐구가 필요하다. 우리의 관심사는 하나님과 세상의 관계에 대한 구약의 이해를 명료하게 하는 데 있으며, 기존의 군주적 이미지로 이해하는 해석과 균형을 맞추기 위해 관심이 증가하고 있는 유기적 이미지를 소개하는 데 있다.

유기적 접근 방식에 대한 몇 가지 구체적인 예를 들어 보려 한다. 세상은 하나님에게만 의존하는 것이 아니라 하나님도 세상에 의존하고 있다. 하나님만 세상에 영향을 끼치는 것이 아니라 세상도 긍정과 부정적인 영향을 하나님에게 끼친다. 하나님은 세상을 통치하지만 피조물에게 상당한 권세와 자유를 주었기 때문에 하나님의 통치가 무제한적이지는 않다. 하나님은 초월적인 주님이지만 세상과 동떨어진 것이 아니라 세상과의 관계 안에서 초월적인 존재다. 하나님은 세상에 관하여 알아야 할 모든 것을 알고 있지만, 하나님조차도 아직 알 수 없는 미래가 존재한다. 하나님은 시간과 역사의 주인이지만 세상의 시간과 역사에 매여 그것에 제한 받기로 선택하셨다. 모든 피조물에 대한 변함없는 사랑과 구원의 의지는 변하지 않지만, 하나님과 세상의 상호 작용에서 일어나는 일에 비추어 보면 하나님은 변하는 분이다.

나는 유기적 이미지를 더욱 돋보이게 하는 방법으로 두 가지 확증과 구체적인 예를 들어 설명할 것이다.

세상을 향한 하나님의 관계는 진실하며 온전함을 가진다

하나님-세상, 하나님-이스라엘 또는 하나님-개인에 대해 말하는 구약학의 연구를 보면, 가장 많이 사용되는 단어가 '관계' 또는 이와 관련한 단어라는 것을 알 수 있다. **관계성**Relatedness은 학자들이 이러한 내용을 이야기할 때 아마도 가장 기본적으로 사용하는 범주일 것이다. 구약에서 찾을 수 있는 거의 모든 하나님-세상의 비유는 왕-신하, 남편-아내, 부모-자녀, 목자-양, 구속자-구속받은 자라는 가장 기본적인 비유를 가져와 사용하고 있다. 모든 비유가 이와 동일한 방식으로 관계를 말하거나 같은 관심사를 동일하게 강조하는 것은 아니지만, 관계성은 이러한 언어 사용의 기본이며 이러한 더욱 구체적인 모든 비유를 뒷받침하는 근본적인 비유다.

이러한 관점에서 다음과 같은 핵심 질문을 던져 볼 수 있다. '관계'라는 단어를 철저히 진지하게 받아들인다면 어떠한 결과가 도출되는가? 관계가 실재가 되려면 무엇이 필요한가? 하나님은 관계성에 있어서 틀림없는 최고의 모범이기에 하나님만이 가질 수 있는 유일한 관계로써 온전하다는 것은 무엇을 의미하는가? 하나님이 참된 관계에서 신실하다는 것은 무엇을 의미하는가? 일단 이러한 관계를 맺게 되면 하나님은 그 관계에 결속되어 더 이상 자유롭게 그 관계를 끊을 수 없게 되는가?

모든 온전한 관계에서와 마찬가지로 하나님도 그 관계를 위해 몇 가지를 포기해야 한다. 따라서 하나님은 자유를 일부 포기해야 할 것이다. 관계 안에서의 모든 의무나 약속은 제한된 자유를 수반한다. 이에 따른 조치로, 하나님은 말하고 행동할 수 있는 하나님의 선택권을 단호히 제한했다. 이러한 약속을 하는 데 있어서 하나님은 처음부터 신적 자유를 행사했다. 그러나 그 약속을 자유롭게 한 후로 하나님의 자유는 이 약속에 의해 엄격히 제한받는다. 하나님은 자신이 하겠다고 말씀하신 대로 행할 것이다. 하나님은 자신의 약속에 신실할 것이며, 이것이 바로 제한

되는 자유인 것이다. 이제 하나님의 자유는 세상**으로부터의**from 자유가
아니라 세상을 **위한**for 자유다.

또한, 모든 온전한 관계에는 힘의 공유라는 전제가 포함된다. 관계의
각 당사자는 관계를 위해 힘의 독점을 포기해야만 한다. 온전한 관계를
위해서는 어느 쪽도 상대방을 힘으로 압도할 수 없다. 관계를 위해 하나
님은 일부분 권력의 행사를 포기한다. 이것은 결국 신적 통제 또는 신적
주권에 관한 모든 논의에 합당한 근거를 부여한다. 관계에서 타자를 완
전히 통제하는 것은 온전한 관계라고 할 수 없다.

하나님은 내적으로 세상과 관련되어 있다

하나님과 세상의 관계에 대한 가장 기본적인 두 관점은 공간과 시간과
관련이 있다.

하나님과 공간

하나님이 세상과 내적으로 관련되어 있다는 말은 가장 먼저 공간적
실재성라는 측면에서 생각해 볼 수 있다.[4] 구약에는 세계 또는 우주에
대한 구체적인 표현은 없지만, "만물"(사 44:24; 렘 10:16) 그리고/또는 "하
늘과 땅"(시 89:11; 146:6)이라는 언어는 모든 것이 고유한 장소와 기능을
가진 통일체로서의 세상 전체를 말하는 것이다.[5] 동시에, "하늘과 땅"
의 지속적인 사용은 통일된 창조 질서 안에 '이원적 구조'가 있음을 증
언하는 것이다. 즉, "창조 세계 안에 두 가지 근본적인 영역"이 존재함
을 말한다.[6] "하늘은 여호와의 하늘이라도 땅은 사람에게 주셨도다"(시

115:16).

여기서 하늘은 **피조 세계**world as created의 필수불가결한 장소다. 하나님은 다양한 건축 언어를 사용하여 창조 질서의 구조에 자신의 거처인 "하나님이 거할 장소"를 지었다.[7]

> 주님은
> 하늘을 펼치십니다, 천막 덮개처럼.
> 주님은
> 물에 들보를 놓아 주님의 방들을 만드는 하나님이십니다.
> (새한글성경, 시 104:1–3; 참조. 사 40:22, 암 9:6)

> Thou …
> who hast stretched out the heavens like a tent,
> who hast laid the beams of thy chambers on the waters(RSV)

따라서 하늘(또는 의미상 하늘과 상응하는 것)은 "우주 공간에서 별개의 영역"[8](예. 시 2:4; 11:4; 103:19; 104:13; 왕상 8:30–52)인 세상 **안에**within 있는 하나님의 처소를 가리키는 약칭이 된다. 이 '높은 처소'에서 하나님은 내려다보거나 듣거나 말씀한다(예. 출 20:22; 신 26:15; 시 18:9; 102:19; 렘 25:30). 하나님은 보통 자신의 영역에서 땅으로 이동한다(예. 창 11:5–7; 시 18:9). 그럼에도 불구하고 이는 창조 질서 **안에서의** 일하심이므로, 하나님의 일하심이 세상의 외부에서 내부로 일어나는 경우와는 다른 용어로 이해해야 한다.

하나님의 _ 고통

'야웨의 거처는 세상 안에 있다.' 그리고 덧붙이자면 그 거처는 이 세상에만 있다.[9] 세상이 있는 곳에 하나님이 있고, 하나님이 있는 곳에 세상이 있다. 세상이 아닌 어떤 영역에도 하나님은 '머물지' 않는다. 세상 외의 다른 곳에 계시던 하나님은 스스로 세상 안으로 완전히 뛰어들었다(참조. 렘 23:24). 그러므로 하늘과 땅이 창조되기 이전에 어떤 일이 있었든지 간에, 창조 이후 하나님은 피조 세계 안에 거하며, 세상 밖에서 세상을 향해 일하는 것이 아니라 세상 안에서 일한다.

이 쟁점에 대해 다소 다른 시각을 보여 주는 두 본문이 있기는 하지만, 그다지 가능성은 없어 보인다. 첫 번째는 열왕기상 8:27(과 병행 본문인 대하 2:6; 6:18)의 "하늘과 하늘들의 하늘이라도 주를 용납하지 못하겠거든"이다. 이 구절이 무엇을 의미하는지는 확실하지 않지만, 예레미야 23:24에 나오는 "나는 천지earth에 충만하지 아니하냐"라는 말씀 이상의 의미는 없을 것으로 보인다. 즉, 땅도 하나님의 영역에 포함되어야 한다는 것이다(참조. 신 10:14; 느 9:6). 성전("이 집")이 하나님을 모실 수 있다는 견해에 대한 논쟁을 감안해 보면, 이 구절은 세상 안의 어떤 **특정한 장소**specific place도 하나님을 모실 수 없으며, 심지어 하나님 자신의 하늘 거처도 마찬가지라는 사실을 가리키고 있다. 어쨌든 이 구절은 하나님이 세상을 떠나서 일한다는 개념을 증거하지 않는다, 이 문맥은 하나님이 세상 안에서 일한다는 언급으로 가득 차 있다(렘 23:30, 32, 43, 49 등).

두 번째 본문은 시편 102:25-27(참조. 히 1:10-12)인데, 이 구절 역시 해석이 불확실하다. 문제의 핵심은 세상이 시간 속에서 악영향을 받은 결과로 갱신이 필요한지(참조. 사 65:17-25; 66:22), 아니면 그 세상이 결국 멸망을 맞이할 것인지의 여부다.[10] 대부분의 구약 본문은 땅과 하늘이 영원히 설 것이라고 말하지만(참조. 시 78:69; 93:1; 104:5; 148:6; 전 1:4; 렘 31:35-36), 일부 본문은 그렇지 않은 것처럼 보인다(참조. 사 34:4; 51:6).[11] 시편 102편의 주된 요점은 하나님은 유한한 세상과 같이 시간에 휩쓸려 영향을 받지 않으며, 갱신할 필요가 없는 분이라는 것이다. 어쨌든 이 세상의 시간 동안 하나님은 그 시간 안에서 일하며, 새 하늘과 새 땅을 주며, 하나님은 결코 세상이 존재하지 않는 가운데에서는 존재하지 않을 것이다. 하나님이 이 세상을 지탱하며 갱신을 이루실 것이라는 사실은 하나님이 이 세상 안에 뛰어들었다고 해도 여전히 이 세상의 주인임을 의미한다.

관련 쟁점으로 넘어가서, 하늘과 땅의 이원적 구조는 어떤 의미가 있을까? 하늘은 피조 세계 안에서 하나님의 임재와 뜻이 온전히 깃든 일종의 "성별된 구역"[12]이다. 반면 이 땅은 하나님의 뜻과 다툼이 일어나는 세속적인 영역이다.[13] 하나님의 뜻은 이 땅과는 다른 방식으로 하늘에서 이루어진다(참조. 마 6:10). 따라서 하나의 세계 안에서 하늘/땅이라는 우주적 양극성은 신학적으로 중요한 의미를 갖는다. R. 크니림Knierim의 표현을 빌리자면,[14] "역사는 우주적 질서의 리듬에서 벗어난 것처럼 보이지만, 우주적 질서 자체는 창조의 지속적인 실재를 반영한다. 역사는 그 스스로의 기원을 충실히 반영하며 … 그 기원에 관해 알고 있다." 시편 19:1-6, 103:19-22, 148:1-6은 "우주 공간이 하나님의 영광을 날마다 그리고 끝없이 선포하며, 그 자체가 하나님의 작품"[15]이라는 것을 보여주는 예시로 인용한다.

그러나 이러한 개별성을 지나치게 과장하지 않는 것이 중요하다. 하나님은 세상의 영역을 자유롭게 드나들지만, 하늘은 "지상에서 도달할

하나님의 _ 고통

수 없는"[16] 곳이다. 그러나 도달—불가능성unreachability을 불가침성unaffectability의 의미로 해석해서는 안된다. 하나님은 백성의 기도를 하늘에서 듣는다(참조. 왕상 8장). 또한 앞으로 살펴보겠지만, 하나님은 땅에서 일어나는 일에 여러 가지 방식으로 영향을 받는다. 하나님이라고 해서 하늘에서 땅의 영향을 받지 않는 것이 아니며, 하늘이라고 해서 땅의 영향을 받지 않는 것이 아니다. 예레미야 4:23-28과 요엘 2:10과 같은 구절은 하늘이 인간의 죄와 심판의 여파로 인해 영향을 받았으며, 그로 인해 새로운 백성이 아닌 새창조가 필요함을 보여 준다.

따라서 이스라엘의 우주론에서 보여 주는 신학적 의미는 하늘이 하나님의 고귀함을 상징한다고 보는 것 이상의 의미를 지닌다. 즉, 다양한 우주론적 특징은 하나님과 세상의 관계에 관한 매우 중요한 무언가를 보다 더 포괄적인 방식으로 말한다.[17] 이스라엘의 우주론이 현대의 우주론과 다른 것은 사실이지만, 이스라엘이 우주를 이해하는 데 신학적 중요성을 부여했다는 사실은 우주론에 있어서 현대 신학에 주어진 과제를 위한 중요한 토대를 마련한다.[18]

크니림은 이스라엘이 해석한 우주론이 하나님의 임재를 이해하는 데 시사하는 바가 있다고 말한다. 즉, 우주의 질서 속에서 "야웨는 역사 속에서 임재하는 것과는 다른 방식으로 임재한다."[19] 하나님은 더욱 강렬한 방식으로 임재한다는 것이다. 따라서 이 세상 특히 이 땅에 임하는 하나님의 임재에 대한 이스라엘의 이해를 더 자세히 살펴보는 것이 중요하다.

하나님과 시간

"야웨의 시간은 세계 질서의 시간과 다르다"[20]라고 말하는 것은 대체로 구약학에서 일반적으로 주장하는 것이다. 과연 그러한가? **질서정연한**ordered 세계가 창조되기 전에도 하나님은 주님이었다는 것이 분명하며 (예. 시 90:2), 하나님은 세상과는 다른 방식으로 영존한다는 이해도 마찬가지로 분명하다(예. 시 102:26-27). 그러나 다른 많은 본문들은 적어도 천지 창조 이래로 하나님이 공간뿐만 아니라 시간의 구조 안에서도 세상과 관계하고 있음을 암시한다.

우리는 여기서 시간(과 영원)을 정의하거나 하나님과 시간 사이의 관계를 논의하는 데 직접적으로 관심을 두지는 않을 것이다.[21] 우리의 관심은 시간적 실재와 하나님과의 관계를 바라보는 이스라엘의 이해에 있다는 것을 분명히 밝혀 둔다. 구약은 시간과 영원을 정의하거나 관련짓는 것에 대해 명시적으로 언급하지는 않지만, 시간과 하나님과의 관계에 대해 언급하는 본문들은 있다. 이 본문들은 영원에 대한 이해에 몇 가지 함의를 담고 있다. 창세기 1장이 시간을 창조 질서와 함께 시작하는 것으로 생각하는지, 아니면 시간에만 질서가 부여되었다고("저녁이 되고 아침이 되니") 생각했는지는 확실하지 않다(그러나 후자의 경우에만 증거만 있는 것으로 보인다). 어떤 관점을 취하든 우리의 관심사는 창조 이후 시간적 실재와 하나님과의 관계다.[22] 우리는 여기서 바Barr의 의견을 따라,[23] 하나님과 시간의 관계에 관한 구약의 **진술**, 그리고 바의 연구 범위를 크게 벗어난 구약 진술에도 관심을 기울일 것이다. 또한 나는 구약에서 하나님이 어떻게 행동하는 분으로 연출되는지를 보여 주는 D. 패트릭Patrick의 저서, *The Rendering of God*[24]도 이러한 본문과 잘 부합하는 연구서이기에 추천한다.

우선, 하나님이 고안하거나 계획하는 것과 관련하여 동사의 주어가
되는 구절들에 주목해 보자. 하나님은 심판과 축복 모두를 위한 계획을
세운다.

여호와의 말씀에 보라 내가 너희에게 재앙을 내리며 계책을 세워 너희
를 치려 하노니(렘 18:11; 참조. 26:3; 49:20, 30; 50:45; 미 2:3; 4:12)

여호와의 말씀이니라 너희를 향한 나의 생각을 내가 아나니 평안이요
재앙이 아니니라 너희에게 미래와 희망을 주는 것이니라(렘 29:11)

특정 문맥에서는 하나님의 계획과 실행 사이에 시간적인 간격이 있
음을 특히 분명하게 보여 준다.

여호와께서 바벨론 주민에 대하여
말씀하신 대로 계획하시고 행하심이로다
(렘 51:12; 참조. 4:28; 애 2:17; 사 22:11; 37:26; 슥 1:6; 8:14)

이런 본문들이 하나님의 돌이킴이라는 표현(예. 렘 18:7-9)과 예언자와
같은 지도자와 하나님과의 의논 사례(예. 창 18:17-22; 본서 4장을 보라)와
연관될 때, 하나님의 계획과 실행 사이의 기간이 백성뿐만 아니라 하나
님에게도 중요한 기간임을 분명히 알 수 있다. 하나님과 백성 간의 상호
작용에 따라 본래 하나님의 계획이 실행될지의 여부가 결정된다.

하나님의 일반적 계획에서는 시간적 순서가 중요하다. 즉, 여기에는 과거, 현재, 미래라는 범주는 하나님의 계획에서 의미를 갖는다. 하나님의 사고에는 시간적 연속성, 즉 이전과 이후의 개념이 있다. 시간의 구조 안으로 들어와 세상과 관계하는 하나님은 이제 시간적인 방식 외에 다른 선택의 여지가 없다.

하나님은 미래를 예상하고 계획하는 것처럼 과거를 회상한다. 하나님은 미래에 대한 소망뿐만 아니라 과거에 대한 기억도 가진 분이다. 하나님은 과거를 '완전히 기억'한다고 말할 수 있지만, '기억하다'라는 동사의 주체인 하나님에게 과거는 진정으로 과거라는 의미다(예. 하나님은 언약을 기억하는 분이다. 출 2:24; 6:5; 레 26:42; 렘 14:10, 21). 또한 하나님은 특정 사안을 기억하지 않으며 잊지도 않는다고 말씀한다(예. 죄를 기억하지 않음. 사 43:25; 렘 31:34; 백성을 잊지 않음. 시 88:6; 호 4:6). 이 구절들은 여러 문제와 관련된 하나님의 상태 변화를 나타낸다. 한때는 기억했던 문제를 이제는 관계에 영향을 끼치기 때문에 잊어버리는 것이다. 그러나 이런 구절들을 납득하기 위해서는 하나님이 기억함과 잊음을 동시에 한다고 말할 수 없으며, 따라서 하나님의 행동은 시간적 흐름의 관점에서 보아야 한다.

이 문제에 대한 가장 명확한 본문은 아마도 하나님의 진노와 관련된 본문일 것이다. 가장 일반적이고 신빙성 있는 진술에서 하나님은 노하기를 더디한다고 표현한다(출 34:6 등). 다른 곳에서는 하나님이 분노를 억제하(지 않)고(예. 시 78:38; 사 48:9; 애 2:8; 겔 20:22), 평화를 유지한다고(예. 사 57:11; 시 50:21) 표현한다. 하나님의 진노에 대한 또 다른 유형의 언급은 신명기 32:21에 나온다.

그들이 하나님이 아닌 것으로 내 질투를 일으키며 허무한 것으로 내 진
노를 일으켰으니 …(참조. 시 78:58; 106:29; 사 65:3; 렘 8:19)

다른 본문에서도 확인할 수 있다.

자주 경책하지 아니하시며 노를 영원히 품지 아니하시리로다
(시 103:9; 참조. 사 57:16; 렘 3:12; 미 7:18)

그의 노염은 잠깐이요 그의 은총은 평생이로다 …
(시 30:5; 참조. 스 9:8; 시 85:3)

내가 잠시 너를 버렸으나 … 내가 넘치는 진노로 내 얼굴을 네게서 잠시
가렸으나 영원한 자비로 너를 긍휼히 여기리라 …
(사 54:7-8; 참조. 사 26:20; 출 33:5)

하나님의 진노에 대한 이러한 언급은 시간적 순서에 따라 배치해야
만 일관성이 있으므로, 진노의 지연, 진노를 부추김, 진노를 실행하는
잠시 동안의 시간과 그 진노가 그치는 시간의 순서를 포함한다. "내 분
노가 그치며 내 질투가 네게서 떠나고 마음이 평안하여"(겔 16:42). 따라
서 하나님의 진노는 역사적 진노로 명확하게 묘사된다. 하나님은 항상
진노하는 분이 아니다. 하나님의 진노에는 때가 있고 그칠 때가 있다(렘
18:23, "주께서 노하시는 때"를 보라. 참조. 6:15; 23:20).
　　하나님의 진노 구절들은 미래에 대한 하나님의 지식과도 관련이 있

다. 때로는 하나님이 시간적 순서에 따라 진노한다고 표현하기도 하지만, 하나님은 과거와 현재뿐만 아니라 미래도 알고 있다고 표현하기도 한다. 그러나 진노 구절은 이런 개념을 충족시키기 위한 몇 가지 요건을 필요로 한다. 예를 들어, "나는 다윗이 밧세바와 짓는 죄로 인해 앞으로 내가 진노할 것을 안다"라고 말하는 것은 도덕적으로 어려운 문제에 부딪힌다. 하나님은 죄가 발생한 시점이 아니라 죄를 짓게 될 것을 **알게** 된 그 시점에 즉시 진노해야 한다. 그러나 성경 본문은 다윗과 밧세바가 죄를 짓는 그 역사적 순간에 진노했다고 말하지, 이 일이 벌어지기 전에 어떤 식으로든 하나님의 진노가 일어났다고 말하지 않는다.

또다른 두 가지 유형의 구절은 이스라엘이 하나님을 시간 안에 결속된 존재로 이해했음을 보여 준다. 첫째, 시간이라는 언어의 사용을 통해 하나님이 행동을 실행하기 위해 시간을 예정하거나 정해놓고 사용하고 있다는 점에 주목해야 한다. 예를 들어, "여호와께서 진노하시는 날"(애 2:22)이라는 본문 외에 다음과 같은 본문을 인용할 수 있다.

은혜의 때에 내가 네게 응답하였고
구원의 날에 내가 너를 도왔도다(사 49:8)

지금은 여호와께서 일하실 때니이다(시 119:126)

지금은 그에게 은혜를 베푸실 때라 정한 기한이 다가옴이니이다(시 102:13; 참조. 출 9:5; 욥 24:1; 시 69:3; 사 60:22)

하나님의 _ 고통

둘째, 하나님의 날 또는 연대에 대한 언급이 많다. "주의 연대는 무궁하리이다"(시 102:27; 참조. 24절; 욥 24:1; 36:26).

하나님의 연대가 인간의 연한과 다르다는 것은 시편 90:4과 같은 구절에서 유추할 수 있다(참조. 욥 10:5; 벧후 3:8).

주의 목전에는 천 년이
지나간 어제 같으며
밤의 한 순간 같을 뿐임이니이다

그러나 이 구절은 하나님의 천 년이 인간의 하루 또는 하루 중 일부와 같다는 것을 의미하는 것은 아니다. 오히려 인간의 짧은 수명에 비해 끝이 없는 하나님의 세월을 고려할 때, 하나님의 천 년은 인간의 하루와 **같다**는 것이다.[25] 더욱이 이 구절의 더 큰 맥락은 하나님의 시간과 인간의 시간은 단순히 양적인 차이뿐만 아니라 질적인 차이도 있음을 암시한다. 인간의 연한은 "그 연수의 자랑은 수고와 슬픔뿐이요 신속히 가니 우리가 날아가나이다"(시 90:10)의 표현처럼 매우 덧없다. 그러나 하나님은 인간과 다르다. 하나님은 변함이 없으며, 풀이나 갈아입는 옷처럼 시들거나 닳아 없어지지도 않는다(참조. 시 102:26-27). 하나님에게 '세월 앞에 장사없다'라는 표현은 해당되지 않는다. 시간은 하나님에게 위협이 되지 않는다. 하나님의 생각, 이름, 신실함, 왕권은 "대대에" 걸쳐 변함이 없다(시 33:11; 참조. 102:12; 119:90; 135:13; 145:13; 146:10). 따라서 시간의 무상성에 대한 경험은 하나님의 삶을 통해 가장 잘 예시되며, 시간 안에서 하나님의 경험은 하나님**으로서의** 경험이다. 이러한 양적, 질적 차이가 영원을 구성하는 것이라면, 그리고 이런 차이가 수반하는 것이 무엇이든 간에, 하나님의 영생과 무한성은 시간적 흐름과 함께 양립할 수 있는 것으로 보인다.

따라서 구약의 하나님은 무시간성의 관점에서 고려되지 않는다. 적어도 창조 이후 하나님의 삶은 시간적으로 질서정연하다. 하나님은 세상의 시간 속으로 들어가기로 선택했다. 하나님은 마치 초시간적인 산꼭대기에서 시대의 골짜기를 지나는 모든 사람들의 흐름을 내려다보는 것처럼, 시간과 역사의 흐름 위에 존재하는 분이 아니다. 하나님은 시간 밖에 있지 않고 '시간 안에' 존재한다. 그러나 그렇다고 해서 하나님이 살아계신 하나님이 아니었던 적은 단 한 번도 없었고 앞으로도 없을 것이다. 하나님에게는 탄생에서 죽음으로 나아간다는 개념이 없다. 사건의 흐름 속에서 하나님의 생명은 본질적으로 초월적이며, 하나님의 구원의 뜻은 변하지 않고, 하나님의 신실함은 결코 굽어지지 않으며, 하나님의 변함없는 사랑은 영원히 지속된다.

구약은 과거, 현재, 미래로써의 인간 역사에 진정으로 참여하는 하나님을 증거하며, 우리가 하나님의 역사에 대해 어떻게 말해야 하는지를 보여 준다. 하나님은 세상과의 관계에서 자신을 세상과 결속시켜 시공간과 함께 움직인다. 하나님은 영원하며 이 세상 공동체의 창조주이지만, 하나님 역시 때때로 이렇게 외칠 것이다. "얼마나 오랫동안이어야 하느냐?"(예. 렘 4:14; 13:27; 호 8:5).

창조의 질서에는 실제로 하나님의 자기 제한이 있다. 그럼에도 불구하고 하나님이 스스로를 제한하지 않는다고 주장하는 것은 하나님을 다른 방식으로 제한하는 것임을 깨달아야 한다. 이런 주장은 인간이 자발적으로 행동하는 것에 맞추어 하나님이 자유롭고 자발적인 결정을 내릴 수 없게 만들 것이다. 그뿐만 아니라 하나님은 새로운 경험이나 발견의 기쁨도 박탈당할 것이다. 세상에서 펼쳐지는 하나님의 행함은 단순한 연출이 되고 말 것이며, 언제나 하나님이 미리 결정한 장면을 꺼내어 드는 것에 불과하게 될 것이다. 하나님이 스스로를 제한하지 않는다면 하나님은 결국 미리 프로그래밍된 컴퓨터와 같은 존재가 되고 말 것이다. 그리하여 하나님 삶의 진정한 인격적 차원은 급격히 줄어들 것이다. 당연하게도 하나님의 자기 제한은 미래에 대한 하나님의 지식에도 영향을 미친다.

4장

하나님과 세계 :
예지

구약학에서 하나님의 예지에 관해 직접적으로 다루는 경우는 매우 드물다.[1] 이는 아마도 예지라는 개념을 뒷받침하기 위해 인용할 수 있는 구체적인 본문(증거)이 부족하기 때문일 것이다. 그러나 미래를 아는 하나님의 지식과 관련하여 하나님의 한계를 지적하는 다양한 본문이 존재한다. 네 가지 유형의 본문들은 하나님과 미래의 관계에 대한 관점을 얻는데 도움이 된다.

하나님의 혹시 The Divine Perhaps

하나님은 발언할 때 히브리어 **울라이** *'ûlay*, 즉 "혹시"라는 표현을 사용한다. 이 용어는 인간의 발언에서 미래에 대한 불확실성을 나타낼 때 사용되며, 종종 희망의 의미를 내포하기도 한다.[2] 특히 하나님이 미래에 행할 일에 대한 불확실성을 표현하는 구절에 자주 등장한다 (암 5:15; 출 32:30).[3]

하나님의 발언에서 **울라이**가 사용되는 본문은 다섯 개가 있다. 그중 가장 눈에 띄는 두 가지는 다음과 같다.

또 여호와의 말씀이 내게 임하여 이르시되 인자야 … 너는 포로의 행장을 꾸리고 낮에 그들의 목전에서 끌려가라 … 비록 반역하는 족속이라도 혹(*ûlay*) 생각이 있으리라(겔 12:1-3. 강조는 저자의 것)

여호와께서 이와 같이 말씀하시니라 너는 여호와의 성전 뜰에 서서 … 전하되 … 그들이 듣고 혹시(*ûlay*) 각각 그 악한 길에서 돌아오리라 그리하면 내가 그들의 악행으로 말미암아 그들에게 재앙을 내리려 하던 뜻을 돌이키리라(렘 26:2-3; 참조. 36:3, 7; 51:8; 사 47:12; 눅 20:13. 강조는 저자의 것)

이 구절들을 보면, 하나님은 그의 백성들이 예언의 말씀에 어떻게 반응할 것인지에 대해 확실하게 표현하지 않는 것처럼 보인다.[4] 하나님은 이스라엘의 반응에 관한 다양한 가능성을 확실히 알고 있다. 이스라엘에 대해 속속들이 잘 아는 하나님은 이스라엘이 어떻게 반응할지 알고 있다고 말할 수도 있을 것이다(예. 시 11:4; 33:13; 94:9-11 참조). 무슨 일이 일어날지 예상할 수 없기 때문에 하나님이 놀라는 일은 없을 것이다. 그러나 하나님의 말씀에 따르면 하나님은 결국 앞으로 어떤 일이 있을지 알지 못한다. 이러한 본문 모두가 지적하는 바는 이스라엘의 죄가 얼마나 깊은지 아는 하나님이 심판의 불가피성을 분명하게 선언했어야 한다는 것이다. 그러나 하나님은 그렇게 하지 않는다. 그리고 예언자들의 설교에 대한 백성의 즉각적인 응답은 마지막 순간에 이스라엘을 심판의 불에서 끌어낼 가능성이 남아 있다. 따라서 우리는 먼저 하나님이 이스라엘의 미래를 결정하는 데 관련된 모든 인과의 요인을 알고 있다고 하더라도, 그 모든 지식이 이스라엘의 미래를 구체적으로 예견하기 위한 충분한 근거가 될 수 없다고 말할 수 있다. 미래는 전적으로 그런 인과에 의해서만 형성되는 것이 아니며, 즉흥성의 여지가 있음을 알아야 한다. 그리고 하나님은 본질적으로 자신이 예측할 수 없는 일이 실제로 일어나기를 바라고 있다.

예레미야 3:7과 3:19-20 같은 구절에서도 하나님은 백성들이 어떻게 반응할지 실제로 확신하지 못한 것이 분명해 보인다.

> 그가 이 모든 일들을 행한 후에 내가 말하기를 그가 내게로 돌아오리라
> 하였으나 아직도 내게로 돌아오지 아니하였고 그의 반역한 자매 유다는
> 그것을 보았느니라

> 내가 말하기를
> 내가 어떻게 하든지 너를 자녀들 중에 두며
> 허다한 나라들 중에
> 아름다운 기업인 이 귀한 땅을 네게 주리라 하였고
> 내가 다시 말하기를 너희가 나를 나의 아버지라 하고
> 나를 떠나지 말 것이니라 하였노라
> 그런데 이스라엘 족속아 마치 아내가 그의 남편을 속이고 떠나감 같이
> 너희가 확실히 나를 속였느니라 여호와의 말씀이니라

여기서 하나님은 이스라엘이 하나님의 백성으로 처음 선택받은 것에 긍정적으로 반응하거나, 잠시 방황한 후에 돌아올 것이라고 실제로 생

각한 것으로 묘사된다. 그러나 이후의 사건들은 하나님의 미래 전망이 너무 낙관적이었다는 것을 드러낸다. 백성들은 하나님이 기대한 대로 응답하지 않았다. 따라서 인간이 미래에 어떻게 행동할지에 대한 하나님의 지식은 분명히 제한적인 것으로 나타난다.

이것은 예언자들에게 내린 하나님 명령의 **진실성**에 대해 말할 때 특히 중요한 문제다. 하나님이 이스라엘이 어떻게 반응할지 미리 알고 있었다면, 예언자들에게 내린 명령은 이스라엘이 긍정으로 반응할 가능성을 전제로 한 것이기 때문에 거짓이 된다. 하나님이 결국 무슨 일이 일어날지, 즉 이스라엘이 그렇게 반응하지 않을 것을 알고 있었다면 하나님의 "혹시"라는 표현은 예언자를 노골적으로 속인 것이 된다. 하나님은 분명히 알고 있었지만, 알 수 없는 이유로 인해 이런 식으로 문제를 처리할 필요가 있었다고 생각할 수도 있다. 그러나 이것은 본문 자체에 대한 아무런 타당성이 없는 무리한 독해일 뿐 아니라, 하나님의 모든 말씀의 **진실성**과 일관성을 위험에 빠뜨리는 대가로 절대적인 형태의 전능함을 곧이곧대로 받아들이는 것이 된다. 과연 이런 해석이 정말로 하나님이 말씀한 것을 의미하는 것인가? 이 본문들은 이스라엘의 미래가 진정으로 열려 있으며, 예정되어 있지 않음을 보여 준다. 이스라엘의 정해진 미래는 존재하지 않을 뿐만 아니라, 최종적으로 결정되지도 않았다. 따라서 이스라엘의 미래를 아는 분이 하나님이라 할지라도 미래는 하나님께 알려지기 위해 존재하지 않는다.

하나님은 인간과 세상을 향한 자신의 궁극적인 구원 목표가 어떤 식으로든 성취될 것이며, 그 목표를 향해 나아가는 하나님의 결심이 변함 없으리라는 것을 알고 있다고 말할 수 있다. 그러나 그 과정에서 인간이

하나님의 _ 고통

택할 수 있는 길은 무수히 많으며, 하나님은 이를 개연성 또는 가능성으로 이해한다. 나는 내 어린 딸과 체스를 둘 때, 내 딸이 어떤 수를 둘지, 어떻게 대응해야 할지, 그리고 결국에는 내가 게임에서 이기리라는 것을 알고 있다. (물론 딸과의 체스 대국에서 내가 더 이상 승리를 장담할 수 없게 되기까지는 그리 오랜 시간이 걸리지 않을 것이다!) 그러나 대국을 진행하면서, 게임이 어떻게 진행되다가 최종적으로 승리할지, 또 시간은 얼마나 걸릴지는 내 딸이 할 다양한 움직임에 따라 결정될 것이다.

물론 이 모든 것은 하나님의 미래가 어느 정도—앞으로 보게 되겠지만, 하나님이 미래에 무엇을 할지는 하나님도 안다—열려 있다는 것을 의미하며, 하나님이 앞으로 행할 일은 적어도 부분적으로는 이스라엘이 어떻게 하느냐에 달려 있다. 하나님이 하시는 일은 미리 정해져 있지 않다. 따라서 이스라엘의 응답은 이스라엘의 미래뿐만 아니라 하나님의 미래를 결정하는 분명한 요인이 될 것이다.

하나님의 만약 The Divine If

"혹시"라는 구절은 **하나님의** 발언에서 볼 수 있는 여러 조건문과 병행을 이룬다.[5] 히브리어에서 조건문은 다양한 방식으로 쓰이지만,[6] 여기서 우리의 관심사는 조건문 앞에 나오는 히브리어 관사 **임** '*im*, 즉 "만약"과 미완료 동사 형태를 사용하는 구조에 중점을 둔다. "너희가 만일 길과 행위를 참으로 바르게 하여 이웃들 사이에 정의를 행하며 … 아니하면 내가 너희를 이 곳에 살게 하리니…"(렘 7:5-7; 26:4-6의 부정문을 보라).

하나님의 백성들이 "이 곳에 살" 기회는 미래의 가능성, 즉 자신들의 길을 수정하는 데 달려 있다. 하나님의 약속이 진실성을 갖기 위해서는 하나님이 할 앞으로의 미래 행동도 일어날 수 있는 행동이어야 하며, 일어날 수 있는 행동뿐이어야 한다. 하나님이나 혹은 누구라도 가능성(또는 개연성)의 관점에서 말하는 것은 적어도 또하나의 다른 가능성에 대한 인식을 암시하지만, 실제로 어떤 일이 일어날지는 불확실하다. 만약 하나님이 예레미야에게 이 말씀을 전하여 백성에게 주었을 때, 실제로 나중에 어떤 일이 일어날지, 즉 백성들이 그들의 길을 수정하지 않아서 이곳에 살 수 없게 될 것을 알고 있었다면, 백성에게 주신 말씀은 무의미하며 속이는 것이 된다. 사실, 하나님의 관점에서 볼 때 이 곳에 사는 것은 가능성이 없기 때문에 하나님은 거짓 희망을 품고 있는 것이다. 따라서 예레미야 7:13-8:3은 심판의 신탁과 함께 더 가능성이 높은 미래를 가리키고 있지만, 이 경우 하나님의 미래는 확실성이 아닌 두 가지 가능성으로 구성되어 있다.

이 두 가능성은 예레미야 22:4-5에서 부정과 긍정의 선택이 모두 제시되어 있다.

> 너희가 참으로 이 말을 준행하면 다윗의 왕위에 앉을 왕들과 … 이 집 문으로 들어오게 되리라 그러나 너희가 이 말을 듣지 아니하면 … 이 집이 황폐하리라 여호와의 말씀이니라

주님의 명령에 따른 공의의 성취 여부에 따라 왕(과 백성, 8:2)에게는 두 가지 구체적인 미래의 가능성이 열려 있다(8:3). 이러한 각 선택이 진실성을 가지려면 하나님이 실제로 어떤 일이 일어날지, 즉 부정적인 심판이

내려질지에 관해 몰라야 한다. 예레미야 22:4b의 긍정적인 미래가 왕이 행할 진정한 가능성이라면, 그것은 하나님에게도 가능성이어야 한다.[7]

다시 한번 우리는 하나님이 인간의 상황 속에 얼마나 깊이 개입했는지 본다. 하나님도 이스라엘과 마찬가지로 사건의 진행 과정에 따른 성찰, 계획, 대안적 행동 방침에 대한 개방성의 측면에서 딜레마가 의미하는 모든 가능성에 직면해 있다. 하나님의 관점이 인간을 능가하는 부분은 과거와 현재에 대해 속속들이 아는 지식을 바탕으로 미래의 모든 가능성과 그 실현 가능성을 서술하는 능력에 있다고 할 수 있다. 따라서 구약의 전지전능에 대한 관점을 말하려면 그 관점이 제한적이라는 것을 먼저 고려해야 한다.[8] 사실, 더 일반적인 용어로 말하자면, 하나님과 진정으로 인격적인 관계를 맺기 위해서는 "하나님도 여러 가능성에 직면한다"와 같은 정의가 필요할 수 있다. 하나님에게 미래는 닫혀 있지 않았다. 하나님도 어느 정도는 알 수 없는 미래로 나아간다.

하나님의 의논 The Divine Consultation

앞에서 살펴본 바와 같이, 하나님은 자신의 계획을 실행하려고 결정할 때 인간의 생각과 행동을 고려하는 것이 분명하다. 다시 말해, 인간의 반응은 하나님과 이스라엘, 나아가 세상의 미래를 형성하는 진정한 원인이 된다. 이 그림을 완성하는 데 도움이 될 수 있는 다른 구절들, 특히 예언자적 지도자들과 하나님의 의논에 대한 구절들이 있다.

ⓐ **창 18:7-22**

여호와께서 이르시되 내가 하려는 것을 아브라함에게 숨기겠느냐 … 그
렇지 않다, 이는 내가 그를 선택했고[또는 알았고] … 왜냐하면 소돔과
고모라에 대한 부르짖음이 크고 그 죄악이 심히 무거우니 내가 이제 내
려가서 그들이 행한 모든 것이 과연 내게 들린 부르짖음과 같은지 그
렇지 않은지 내가 보고 알려 하노라 … 그리고 여호와는 아브라함 앞에
섰더니[9]

The Lord said, "Shall I hide from Abraham what I am about to do…? No,
for I have chosen [or known] him … Because the outcry against Sodom and
Gomorrah is great and their sin is very grave, I will go down to see whether they
have done altogether according to the outcry which has come to me; and if not,
I will know." … And the Lord stood before Abraham(저자 사역).

하나님이 "행하실" 일을 하기 전에 아브라함은 하나님의 의도를 알게
된다.[10] 사실 "내가 하려는 것을 아브라함에게 숨기겠느냐?"라는 하나님
의 질문은 아브라함과의 관계를 고려할 때, 그것이 부자연스러운 것임
을 시사한다. 하지만 하나님은 이런 질문 공유를 관계에 필수적인 것으
로 간주하는 것 같다. 21절은 하나님이 소돔을 파멸시키리라는 **최후** 결
정을 내리지 않았음을 "내려가서 보고 알려 하노라"는 표현으로 분명히
밝히고 있다.[11] 이러한 하나님의 **만약**[im]은 소돔이 어떤 상황에 있는지에
대한 하나님의 실제 지식과 관련한 것이 아니라, 소돔 거민들의 행위가

하나님의 _ 고통

과연 아브라함이 했던 "소돔에 대한 부르짖음"[12]에 부합하는지, 그리고 소돔을 심판하기에 합당한지와 관련이 있다. 이것이 바로 하나님의 관심사인 소돔에 대한 공의다.[13] 따라서 23절에 나오는 아브라함의 질문 "주께서 의인을 악인과 함께 멸하려 하시나이까?"는 하나님의 방문이 해결하고자 하는 바로 그 문제를 드러내고 있다. 그러나 이것은 아브라함의 사안이기 전에 하나님의 사안이다. 더욱이 하나님이 "그렇지 않은지 보려고"(21절) 왔다가 "아브라함 앞에 서려고"(22절)미주 9를 참조—옮긴이 한다면, 이것은 분명히 21절의 사안에 대해 아브라함이 심사숙고해 보도록 유도하려는 하나님의 의도를 의미한다. 하나님과 아브라함의 대화는 순조롭게 이어진다. 아브라함은 소돔에 대한 적합한 공의를 심사숙고하며 하나님이 구원하시는 방향으로 이끌려 간다.[14] 아브라함의 질문과 중보를 통해, 하나님과 아브라함은 하나님의 결정이 공의롭다는 것을 분명히 알게 된다.[15]

따라서 이 대화가 진정성을 가지려면 소돔의 멸망은 아직은 개연성이나 가능성일 뿐이어야 하며, 심판 결정이 최종적으로 '실행'되기 전에 먼저 하나님과 아브라함의 의논이 진행되는 것을 지켜볼 필요가 있어 보인다. 이를 통해 우리는 하나님이 미래를 만들어 가는 데 인간의 생각을 고려한다는 것을 알 수 있다.

ⓑ **출애굽기 32:7-14(참조. 신 9:13-29)**. 이 본문은 이스라엘 백성의 미래와 관련하여 하나님과 모세 사이의 유사한 관계를 나타낸다. 차일즈Childs가 지적하듯이,[16] 이 본문을 이해하기 위한 핵심 표현은 하나님이 모세에게 내린 특이한 명령이다. "그런즉 내가 하는 대로 두라 내가 그들

에게 진노하여 그들을 진멸하고…"(10절). 이 말씀이 앞뒤가 맞으려면 하나님이 진노를 내리기로 결정했지만(14절, "말씀하신 화를"), 그 결정이 아직 돌이킬 수 없는 지경까지 이르지는 않았음을 상정해야 한다. 그리고 모세는 하나님의 진노 외에 장차 이스라엘의 운명을 결정할 하나님의 구원을 이끌어 내기 위해, 어떻게든 가능한 의견을 제시할 기회가 있다. 따라서 하나님의 진노로 인한 이스라엘의 진멸은 모세가 하나님을 내버려 두어야만 비로소 가능하다. 앞서 언급한 특이한 하나님의 표현에 대해 누군가는 의아해할 수도 있지만—우리는 "나를 내버려 두라"고 할 때 이 말씀의 어조를 직접 들을 수는 없지만, 깊은 슬픔으로 인해 홀로 있고 싶은 하나님의 바람이 담긴 표현이라는 것은 짐작할 수 있다—오히려 그렇기 때문에 하나님이 이스라엘을 향해 여전히 미래의 문을 열어 두고 있음을 알 수 있다. 놀랍게도 모세는 하나님의 ("나를 내버려 두라"는) 요청을 귀담아 듣지 않는다. 모세의 담대함은 아브라함의 담대함과 같다. 그런 다음 모세는 진노로 심판을 집행해서는 안 되는 여러 가지 이유를 하나님께 제시하고(11-13절), 결정을 번복하도록 하나님을 설득한다(14절).

모세가 하는 설득의 특성이 주목할 만하다. 특히 하나님이 행동하도록 동기를 부여하기 위해 고안된 탄원 진술과 특정한 유사점을 지니고 있다(시 13:3-4; 79:9-10; 89:3-4, 19-37을 보라. 참조. 시 106:8; 겔 20:8b-22, 42-44; 36:22-23). 이 설득의 세 가지 요점은 다음과 같다. ⓐ 백성들이 이제 막 구원받았는데, 곧장 돌아서서 결정을 번복하는 것은 아무 의미가 없다(출 32:11), ⓑ 이집트인들 사이에서 하나님의 평판에 대한 우려(출 32:12, 또한 9:13-16, 29-30을 보라), ⓒ 조상들에게 했던 하나님의 약속을 상기시키는 것.

모세가 이런 내용으로 설득하리라고는 하나님이 미처 생각하지 못했을 것이라고 간주해서는 안된다. 사실은 이스라엘의 미래를 위한 구원에 초대받은 모세가 강력하게 설득하게 함으로써 이 설득에 새로운 지위를 부여하기 위함이다. 즉, 하나님은 모세가 제시한 의견을 매우 진지하게 받아들이고 있으며, 모세의 설득을 묵인한다는 것은 하나님이 모세와의 대화를 그만큼 진정성 있게 대하고 있다는 것이다. 결국 인간의 통찰력이 미래를 결정하는 데 중요한 요소로 작용할 만큼 존중받고 있다. 모세가 이런 사실을 미리 알고 대처하고 있는 거라면, 하나님이 홀로 고립된 채로 그분의 마음속에서만 이 문제를 다룰 때는 미처 끄집어내지 못할 결과를 이끌어낸다고 말할 수 있다. 따라서 모세의 설득에는 이스라엘의 미래뿐만 아니라 하나님의 미래에 대한 관심도 포함되어 있다.[17]

민수기 14:11-20은 거의 비슷한 유형의 본문인데, 심판 선포에 포함되는 하나님의 탄식이 더 분명하게 표현되어 있다는 점을 제외하면(11절; 참조. 27절), 위의 본문과 유사하다.[18] 이 민수기 본문은 하나님의 명성과 관련된 논증이 상대적으로 더 풍부하고(13-16절), 하나님의 은혜로운 성품에 호소한다(17-19절). 이와 관련하여 민수기 16:20-27도 주목해야 한다. 이 본문은 모세와 아론의 직접적인 호소를 담고 있으며, 이는 창세기 18:23-25과 매우 유사하다. "하나님이여 모든 육체의 생명의 하나님이여 한 사람이 범죄하였거늘 온 회중에게 진노하시나이까?"(민 16:22). 여기서 제기된 문제는 공의의 문제다. 하나님은 이 호소를 그대로 묵인하며 이 사안에 대해 공의롭게 판결할 것이다. 하나님은 모세로 하여금 회중을 죄인들로부터 분리시켜 죄인만 심판을 받게 한다(23-27절). 이를 통해, 하나님은 예언자적 지도자들이 의견을 내도록 권유할 뿐만 아니라, 앞으로 맞이할 회중의 운명을 고려함에 있어서 그들의 의견을 중요한 요소로 받아들이고 존중한다는 것을 알 수 있다. 하나님은 어떤 결정을 내릴 때, 신앙 공동체의 지도자와의 지속적인 대화를 반영한다. 이를 토대로 하나님은 자신의 원래 결정을 바꾸는 데 열려 있음을 볼 수 있다.

오경에서 신명기 역사서로 넘어가면 사무엘상 15장에 주목할 필요가 있다. 사울을 왕으로 세운 것을 후회하여 그를 폐위하기로 한 하나님의 결정을 듣고 "사무엘이 근심하여 온 밤을 여호와께 부르짖"는다(11절). 사무엘의 이런 행동에 대해서 유일하게 그럴듯한 설명은(참조. 35절, 16:1) 사무엘이 하나님 앞으로 나아가 미래에 사울을 폐위시키는 것이 아닌 다른 길을 택하도록 설득했다는 것이다. 따라서 적어도 사무엘이 생각하기에 사울을 왕으로 세웠던 하나님의 폐위 선포(11절)는 되돌리기 불가능한 것은 아니었다. 비록 사울을 위한 사무엘의 중보가 성공하지는 못했지만, 하나님이 사울을 버리기로 한 결정을 더 이상 번복할 수 없게 되기 전에 사무엘에게 그 결정을 설득할 기회가 주어졌다는 점은 여전히 유효하게 남아 있다.

앞선 본문들에서 심판 문제를 대하는 하나님의 접근 방식과 관련하여 한 가지 패턴이 나타나기 시작했다. 어떤 결정을 내리거나 계획을 세운 하나님은 그 결정을 실행에 옮기기 전에 현 상황에 대해 예언자적 지도자가 가지는 이해가 어떤지 그와 먼저 의논한다.

예언서를 살펴보면 이 패턴이 계속 사용되고 있음을 보여 주는 충분한 증거를 찾을 수 있다. 예를 들어, 하나님의 심판 결정은 환상을 통해 아모스에게 두 번이나 계시된다(암 7:1, 4). 그러나 두 번 모두 아모스의 반응(2, 5절)과 아모스를 향한 하나님의 응답(3, 6절)을 보면 이스라엘의 미래에 관한 하나님의 결정이 되돌리기 불가능한 것은 아님이 분명하다. 아모스에게 심판과 반대 사례를 진술할 기회가 주어질 뿐만 아니라, 두 번이나 하나님의 결정을 되돌리는 데 성공한다(3, 6절). 첫 번째 하나님의 심판 선포는 이스라엘에게 거의 결정된 미래임을 의미하지만, 아모스의 반응에 따라 움직이는 하나님의 개방성은 이스라엘과 마찬가지로 하나님에게도 미래에 대해서 현실을 반영한 또 다른 가능성이 있다는 것을 의미한다.[19]

아모스 3:7도 고려해 보자. "주 여호와께서는 자기의 비밀을 그 종 선지자들에게 보이지 아니하시고는 결코 행하심이 없으시리라"(참조. 렘 23:18, 22).[20] 이 구절은 마치 하나님이 예언자들에게 일련의 **기정 사실**faits accomplis을 선포하는 것처럼 들릴 수 있지만, 위에 인용된 예를 따라 또 다른 해석을 제시한다. 즉, 하나님은 자신의 비밀을 예언자에게 확실하게 나타냄으로써,[21] 예언자가 백성의 미래에 관한 의사 결정 과정에 참여하도록 끌어들인다. 하나님은 논의 없이는 아무것도 하지 않는다! J. L. 메이스Mays[22]는 이 구절의 의미에 특별히 집중하지는 않지만, "예언자의 존재는 하나님이 행동하는 **필수 조건**이 된다"는 그의 말은 옳다. 그리고 더 나아가 예언자와의 **의논** 역시 **필수 요소**가 된다. 이것은 "야웨의 주권적 자유를 제한"**한다**. 이는 하나님이 의사 결정 과정에서 예언자에게 중요한 역할을 부여하기로 선택했기 때문이다. 따라서 예언자와 나눈 대화의 결과에 따라 미래는 하나님에게도 어느 정도 열린 결말로 남아 있다. 아모스 7:1–9과 관련하여 방금 살펴본 바와 같이, 예언자들에게 주어진 하나님의 선포는 변경할 수 없는 칙령의 상태가 아니라 함께 고

민해 볼 수 있는 가능성의 상태다.[23]

마지막으로, 예레미야에게 이스라엘을 위하여 중보하지 말라는 하나님의 명령을 놓고 빈번하게 논쟁하는 부분을 생각해 보자. "그런즉 너는 이 백성을 위하여 기도하지 말라 그들을 위하여 부르짖어 구하지 말라 내게 간구하지 말라 내가 네게서 듣지 아니하리라"(렘 7:16; 참조. 11:14; 14:11; 15:1). 단적으로만 보면, 이 구절은 예언자의 역할이 중보하는 행동을 포함하며, 이러한 예언자의 중보가 백성을 향한 하나님의 행보에 영향을 미칠 수 있음을 나타낸다. 예레미야 18:20(참조. 15:11)은 예레미야가 하나님의 진노를 돌이키는 방식이 모세가 했던 방식(참조. 시 106:23)과 유사하게 효과적이었다는 점을 긍정적으로 보여 주고 있다. 더욱이 이런 중보기도의 금지는 출애굽기 32:10에서 모세에게 "내가 하는 대로 두라"고 한 하나님의 말씀과 유사하다. 그러나 예레미야의 중보의 수고가 이제 더는 소용이 없기 때문에, 예레미야서 본문에서의 중보 금지가 좀 더 날카롭게 강조되고 있다. 그런데 하나님은 왜 중보 금지를 그렇게 강요할까? 이는 예레미야가 무릎을 꿇는 시간을 절약하게 하려는 의도는 아닐 것이다! 아마도 예레미야의 의견을 하나님의 결정에 반영하여 실행해야 하기 때문일 것이다.

위의 구절에 대한 편집은 예레미야가 모세와 마찬가지로 하나님의 명령에도 불구하고(마지막 명령을 제외하고) 중보를 계속했음을 시사한다 (참조. 8:18-22; 14:1-9, 19-22, 예언자가 백성들의 애통함을 대변하는 장면).[24] 예레미야는 중보 금지령에도 불구하고 자신의 기도가 효과를 발휘하여 하나님의 결정이 취소될 수 있을 것이라 믿었다. 그러나 18:20-23과 20:11-12(참조. 11:20)에서 분명히 알 수 있듯이, 효과는 잠시뿐이었다.

예레미야는 비록 사소한 감정이나 변덕 때문은 아니지만(참조. 17:16), 중보자로서의 역할(참조. 15:5) 대신 마우저Mauser가 하나님의 진노에 대한 예레미야의 "순응"이라고 표현하는 태도로 방향을 바꾼다.[25] 결국 예레미야는 반복되는 중보의 금지를 하나님의 인내가 한계에 이르렀고(15:6을 보라), 이제 공격적인 심판이 불가피하다는 선언으로 인식한다(참조. 암 7:7-9 및 창 18장).[26] 그러나 이러한 금지 명령의 반복은 **하나님을 위해서도** 중요하다. 그리고 예언자는 이제 미래에 관한 하나님의 결정을 따르며 하나님 편에 서 있다. 이는 미래가 심판이라는 단 하나의 가능성만을 남겨 두고 있기 때문이다.

하나님의 질문 The Divine Question

마지막으로, 하나님의 발언에 나타난 질문들을 살펴보자. 하나님은 어떤 식으로 질문을 할까? 보통 하나님의 질문 모두는 하나님이 어떤 상황에서 영향을 끼치기 위해 던지는 수사적 질문이며, 대답을 이끌어 내기 위한 '진짜' 질문이 아니라고 가정하는 경우가 많다. 그러나 하나님의 질문에는 이렇게 언뜻 생각하는 것보다 더 많은 다양성을 담고 있다. 여기서는 하나님이 하는 다양한 유형의 질문을 자세히 살펴보는 것이 주된 목적이 아니다.[27] 그래서 우리는 간략하게 두 가지 유형만을 고려해 볼 것이다.

첫째, 어떤 특정 구절들은 이스라엘의 미래와 관련하여 하나님이 의사결정 과정 자체를 거론하는 것처럼 보인다.

에브라임아 내가 네게 어떻게 하랴

유다야 내가 네게 어떻게 하랴…

(호 6:4; 참조. 11:8a)

내가 어찌 너를 용서하겠느냐…

내 마음이 이런 나라에 보복하지 않겠느냐

(렘 5:7, 9; 참조. 5:29; 9:7, 9)

호세아서 구절과 관련하여 볼프Wolff는 하나님이 "자신과 씨름하고" 있으며, "자신에게 스스로−질문을 하고" 있다고 말한다.[28] 메이스는 "당혹스러운"이라는 단어를 사용하고,[29] 얀젠은 하나님이 "당황하고" 있다고 말하며,[30] 프리드먼과 앤더슨은 "하나님은 속으로 무엇을 해야 할지 찾고 있다", 하나님은 "우유부단함으로 인해 괴로워(격동)한다", 하나님은 "동요하고 있다"고 말한다.[31]

구약 신학에서 하나님의 이야기에 관한 일반적인 연구 진행 방향을 고려할 때, 이 학자들이 애초에 이러한 표현을 사용할 수 있다는 것이 놀랍다. 또한 얀젠을 제외하고 이런 예언서가 말하는 하나님의 본성에 관련해 이런 표현을 사용함으로써 어떤 결과를 초래할 수 있는지에 대한 고찰이 거의 없다. 이 학자들이 이러한 표현의 사용을 신중하게 고려했는지, 아니면 이들의 분석이 그저 실험적인 것인지는 의문으로 남는다. 아마도 이들은 자신의 표현이 '단지' 하나의 비유일 뿐이므로 문자 그대로 받아들여서는 안 된다고 주장할 것이다.[32] 그러나 앞서 우리가 살펴본 것처럼[33] 은유적 표현은 실재와 어느 정도 합리적인 관계가 있어

하나님의 _ 고통

야 하며, 그 표현은 "지속적인", "현명한" 또는 "결정적인"과 같은 표현만큼이나 하나님에 관한 많은 것을 보여 준다. 적어도 이런 학문적 표현으로는 성경 본문에 나타난 하나님이 어떤 분인지를 제대로 파악하기가 어렵다는 점은 인정해야 한다. 우리는 이러한 학자들의 평가를 통해 질문하시는 하나님의 지혜를 깨닫기에는 충분하지 않다는 결론을 내릴 수 있다. 또는 단순하게 하나님을 올바르게 알 수 있는 지식을 우리가 갖고 있지 않다고 생각할 수도 있다. 그것도 아니라면, 우유부단함과 요동침이 일반적으로 사람 및 세상과 관계를 맺으시는 하나님에게 나타나는 특징이라고 볼 경우, 하나님이 어려운 결정에 내려야 할 때마다 왜 이렇게 행동하지 않는지 의문이 생기게 만든다. 그러므로 이 경우는 다른 방향으로 생각하는 것이 더 바람직해 보인다.

나는 이러한 하나님의 질문들이 하나님과 예언자의 천상회의에서 펼쳐지는 심사숙고를 반영한다고 생각한다(본서 10장을 보라). 물론 대부분의 예언서에서는 이러한 심사숙고가 백성에게 직접적으로 전달되지 않는 반면, 호세아서(6:4 참조)와 예레미야서에서는 특히 천상회의에서의 대화가 보다 직접적으로 반영되어 있다. 이는 무슨 목적을 위한 것인가?

첫째, 회개를 이끌어 내기 위해서다.[34] 이스라엘을 회개로 이끌기 위한 하나님의 질문으로 인해 심판 선포가 '중단된다.' 그러나 어떻게 그런 일이 일어날 것으로 예상할 수 있을까? 하나님께서 이스라엘의 미래에 관한 질문을 이스라엘과 직접 나누어 나갈 때, 하나님의 질문은 이스라엘 자신들의 질문이 되고, 이스라엘은 그에 대한 대답을 찾아 나가는 과정으로 이끌려 간다.[35] 이제 백성들은 질문에 대한 답을 결정하는 역할을 맡게 된다. 이는 부모가 반항하는 자녀에게 "내가 너를 어떻게 해야 하니?"라는 질문을 할 때와 다르지 않다. 이 질문에 관한 대화가 이어져야 하고, 그 질문에 대해 하나님과 사람들이 서로 나누는 응답을 통해 해결의 실마리가 보이기 시작할 수 있다. 그러나 이 대화에서 중요한 것은 질문을 나눔으로써 드러나는 하나님의 모습이다. 하나님이 그런 질문을 나눈다는 사실 자체가 하나님에 관한 어떤 것을 드러내는데, 그렇게 함으로써 하나님이 스스로를 위험에 노출시키고 취약해지는 것이다. 자기 자신을 더 많이 공유하고 나눌수록 상처받을 가능성도 커지기 때문이다. 마지막으로, 이러한 고통받는 하나님이 그분의 자화상인 백성들에게 회개를 촉구할 것으로 기대할 수 있다. 사람들이 회개한다면, 하나님이 백성들에게 던진 질문은 해결된다. 만일 백성이 회개하지 않는다면, 그런 백성에 대한 하나님의 응답은 심판의 방향으로 결정될 것이다. 그러나 호세아 11:8-9은 백성이 회개하지 않음에도 불구하고 하나님께서 중간 강도의 응답인 진멸함은 없는 심판을 향해 나아갔음을 보여 준다.

둘째, 심판이 다가올 때 백성이 갖게 될 인식과 관련이 있다. 이러한 하나님의 질문을 나누는 가운데 백성들은 심판에 앞서 그 심판에 수반되는 하나님의 괴로움을 아주 분명하게 보게 된다. 따라서 백성들은 하나님께서 이 심판 문제를 놓고 지극히 인격적인 방식—법정적이지 않고, 성급하지 않고, 보복적이지 않고, 변덕스럽지 않은—으로 심사숙고했다고 확신할 수 있다. 실제로 하나님은 미래가 위태로운 백성들과 의사 결정 과정을 공유했다.

이 두 번째 목적을 강조할 필요가 있다. 그동안 하나님은 예언자적 지도자들과 의사 결정 과정을 공유했지만, 여기서는 그 과정을 백성 전

하나님의 _ 고통

체로 확대하여 진행한다. 심판 결정이 선포되었지만(예. 호 5:14), 하나님은 회개가 일어나기를 여전히 기대하며 "내가 내 곳으로 돌아가리라"(5:15)고 말씀한다. 이러한 맥락에서 호세아 6:4의 질문은 우리가 앞서 지적한 대로 기능하기 위해 언급된다. 미래는 여전히 열린 결말로 남아 있으며 심판 결정은 번복될 수 있다. 따라서 이러한 하나님의 질문을 통해 하나님조차 아직은 알 수 없는 미래로 나아가고 있으며, 하나님조차 이 새로운 방향을 추구할 때 앞으로 어떤 일이 일어날지에 대해서는 확신할 수 없음을 나타낸다. 하나님의 질문에 대한 분명한 함의는 미래는 하나님과 사람들에게 새로운 사실을 알려 줄 것이며, 이것은 하나님의 말씀과 행동에 영향을 미칠 것이다.

본문의 이러한 방향성은 "우유부단한", "동요하는"과 같은 단어를 사용하는 것에 대해 무엇을 말하고 있을까? 이 본문 자료의 탄원적인 성격에 대해서는 더 자세히 살펴볼 필요가 있지만, "우유부단한", "동요하는"과 같은 표현은 탄원의 성격에는 맞지 않는 것으로 보인다. 하나님의 질문은 앞서 언급된 목적에 따라 하나님이 심판을 결정하고 실행하는 사이에 백성에게 던지는 질문이다. 하나님은 무엇을 해야 할지를 미리 결정했고, 이제 문제는 그 결정을 실행하는 것이다. 이러한 결정과 실행 사이의 시차는 하나님의 우유부단함을 드러내는 것이 아니라, 의사 결정 과정을 백성과 공유하고 그들의 반응에 따라 결말이 바뀔 수 있다는 것을 보여 준다. 하나님이 최종 결정을 미루는 것은 하나님이 결단력이 없기 때문이 아니라, 그 결정이 공유되기를 원하기 때문이다. 더 나아가 이는 하나님과 백성이 함께 답을 찾아가는 과정에서 하나님이 배우게 될 진정한 질문이다.

그리고 하나님은 미래보다는 과거와 관련한 현재에 대해 더 많은 질문을 한다. 또한 이 질문들은 "논쟁의 말씀"(예. 사 40:21-31)에서 흔히 볼 수 있는 수사적 질문이나 반문counterquestion의 특징과는 차이가 있어 보인다.[36]

… 내가 이스라엘에게 광야가 되었었느냐

캄캄한 땅이 되었었느냐

무슨 이유로 내 백성이 말하기를 우리는 놓였으니

다시 주께로 가지 아니하겠다 하느냐(렘 2:31)

… 이 예루살렘 백성이 항상 나를 떠나

물러감은 어찌함이냐(렘 8:5)

… 그들이 어찌하여 그 조각한 신상과

이방의 헛된 것들로 나를 격노하게 하였는고(렘 8:19; 참조. 2:14b; 30:6;

사 5:4; 50:2)

이 질문들은 백성의 불신실함을 설명하고 있는 것으로써 하나님의 진정한 상실감을 암시하는 것처럼 보인다. 예레미야서의 다른 곳에서 백성(렘 14:19; 32:3; 26:9; 13:22; 참조. 14:8-9)과 예언자(8:23; 12:1; 22:28)가 "어찌(하여)"maddûa{마두아}를 사용한 것은 사건의 설명과 관련하여 진정한 질문을 하고 있음을 시사한다. "어찌(하여)"라는 표현은, 하나님의 지식(예. 36:29)에 관한 어떠한 함축적 의미가 없더라도 하나님의 말씀에서 고발 양식으로 틀림없이 사용되곤 하지만, 여기서는 그런 의미로 사용한 것

하나님의 _ 고통

같아 보이지는 않는다.[37] 이 본문들의 탄원적 성격은 고통과 좌절감을 염두에 두고 있음을 암시한다. 따라서 "어찌(하여)"라는 질문은 구체적인 답을 찾지 못한 채 탄식하는 가슴 아픈 외침일 것이다. 하지만 여기에는 또 다른 의미가 있을 수 있다. 무엇이 백성들의 삶을 이런 방향으로 이 끌어갔는지 오직 하나님은 알고 있으나, 우리는 여전히 이해할 수 없다. 따라서 간단히 말해, 앞으로도 이와 관련해 누구도 제대로 설명할 수 없을 것 같고, 탄식하는 하나님을 설명할 수 있는 방법도 없을 것 같다.

시편 139:1-6 또는 이사야 40-55장과 같은 구약의 다른 본문에서는 하나님의 예지에 관한 상반된 주장이 제기된 것으로 보인다.[38] 그러나 이러한 본문들이 미래를 아는 완전한 하나님의 지식을 뒷받침하는 데 사용될 수 있는지는 의심스럽다. 시편 139편은 이와 관련하여 제한된 주장만 하고 있다.[39] 하나님은 시편 기자를 "살펴보셨으므로 아시"며(1절; 참조. 23-24절), 그와 그의 모든 길에 대해 완전히 알고 있다(2-3절). 심지어 그의 생각이 말로 나오기 전에 알 정도다(4절). 이러한 하나님의 지식은 참으로 경이롭고 인간이 얻을 수 없는 것이지만(6절), 하나님의 지식이 미래와 관련하여 꼭 무한한 것만은 아니다. 제2이사야는 하나님의 지식이 측량할 수 없음을 증언하고(사 40:28), 장차 일어날 일에 대한 하나님의 예견을 말하며(예. 42:9; 46:10-11), 이스라엘의 하나님이 다른 신들과 구별되는 지점(예. 41:21-23; 44:7-8)에 대해 이야기한다. 그러나 이러한 본문들은 **하나님이** 미래에 자신이 무엇을 할지 알고 있으며, 자신의 목적을 이룰 것이라고 주장하는 것일 뿐이다. 따라서 그리스도인의 관점에서 볼 때, 하나님은 그분의 아들을 보낼 것이고, 하나님의 영을 부어 주실 것이며, 죽은 아들을 무덤에서 일으킬 것이다. 대부분의 미래지향적 예언 본문은 인간의 반응에 어떤 식으로든 좌우되기에 결말이 열려 있다. 따라서 하나님께도 미래는 불확실하다.

하나님의 예지에 관한 이러한 고찰을 통해 구약에서 하나님의 전지하심을 다룸에 있어서, 미래에 대한 이야기를 할 때에는 제한적이어야 한다는 결론을 내릴 수 있다. 하나님의 전지하심은 미래에 대해서 진정한 하나님의 개방성을 포함하는 방식으로 제한된다. 그리고 하나님의 개방성은 구원하려는 하나님의 의지에 계속해서 영향을 받는다.[40]

구약을 올바르게 정의한다면 구약이 하나님의 전지하심을 전혀 제한하지 않는다고 말할 수도 있다. 전통적인 전지하심의 공식은 하나님이 모순을 알 수 없다는 것을 항상 인식해 왔으며, 여기서 지적한 요점은 단순히 그 연장선상일 뿐이다. 즉, 하나님은 오직 인식 가능한 것만 알고, 아직 알려지지 않은 사실은 알 수 없다. 하나님은 알려진 모든 것만 알고 있다. 새로운 일이 일어나고 그것을 처음으로 알게 될 때, 하나님은 그 새로운 일에 대한 가능성뿐만 아니라 실제로도 아신다. 물론 이것은 하나님의 지식이 증가하여 하나님을 위한 변화를 수반한다는 것을 의미한다. 새로운 지식은 진정한 변화를 일으킨다. 다시 말하면, 우리는 시간과 역사 속에서 다른 사람들과 관계 맺으시는 하나님이 실제적이며 그 관계가 하나님의 삶 자체에 영향을 미친다는 것을 알 수 있다.

이제 우리는 지금까지 하나님과 세계에 대해서 논의해 온 함의가 무엇인지를 밝힐 필요가 있다. 이는 이어지는 논의에 많은 도움이 될 것이다. 유한성이 무한성을 가능하게 하는, 즉 피조물이 하나님의 내재성을 위한 수단이 될 수 있다는 것은 분명하며, 이러한 관점은 신현현 그리고 하나님과 관계 맺는 예언자를 고찰할 때도 도움이 될 것이다. 더욱이,

하나님의 _ 고통

하나님이 세상에 깃들고 세상에 전념한 것을 고려할 때, 하나님은 결코 다시는 세상을 떠나 완전히 독립적으로 행동할 수 없으며, 하나님이 존재하고 행하는 모든 이유는 관계를 위한 것이 된다. 또한 하나님의 자기-제한은 하나님과 세상의 관계에서 필수적인 측면임이 분명하다. 관계를 위해 하나님이 주도적으로 취한 이 전적으로 자유로운 자기-제한 행위는 하나님의 **케노시스**, 자기-비움, 자기-희생의 행위로 묘사될 수 있다. 따라서 창조 행위 자체가 하나님의 파토스의 시작이라고 할 수 있다. 하나님은 세상 안으로 들어왔기 때문에 피조물의 죄악된 삶을 포함한 세상의 삶에 영향을 받을 수밖에 없다. 이렇게 자신을 낮추는 하나님은 죄로 가득한 피조물과 온전히 그리고 가장 깊은 사랑으로 관계를 맺기 때문에 여러 가지 방식으로 고통을 겪을 수밖에 없다.

이러한 하나님과 세상의 관계는 세상에도 영향을 미친다. 이는 하나님에 대한 경험이 없이는 세상에 대한 경험이 없다는 것을 의미한다. 왜냐하면 세상이 있는 곳에는 하나님이 계시기 때문이다. 물론 경험의 정도와 종류에는 차이가 있을 것이며, 그것이 항상 실현되는 것은 아니다. 더욱이 하나님과의 관계가 세상으로부터의 도피를 의미하는 것도 아니다. 왜냐하면 세상 속에서 하나님을 만나고 하나님과 함께 사는 것이기 때문이다. 하나님과 함께하는 삶은 언제나 세상 속에서의 삶을 의미한다. 이 삶은 세상의 특정 부분이나 세상의 틈새가 아니라 세상 어디에 있든지 똑같다는 말이다.

그러나 하나님이 세상에 계신 **방식**과 관련하여 구별해야 할 것이 있다. 이제 우리는 임재라는 범주를 사용하여 그 문제를 살펴볼 것이다.

5장

하나님과 세계 :
임재와 권능

'임재'는 단일한 의미로 사용할 수 있다. 즉, 임재는 어떠한 장소에 있다는 뜻이다. 임재한다는 것은 여기 또는 저기에 있다는 것이다! 하지만 우리는 사람들에게 허용된 특정한 '임재'에 대해 말하고자 한다. 이 경우 '임재'는 다른 경우보다 더욱 인식이 용이하고 실제적인 효과를 가져다준다. 정신력, 집중력, 방향성 또는 주의력의 차이도 누군가의 임재를 인식하는 정도를 결정한다(예. "그녀는 오늘 정말로 우리와 함께 있지 않았다"). 또한 다른 사람과의 경쟁적인 임재도 고려해야 한다. 어떤 사람들의 존재는 다양한 요인으로 다른 사람들을 '주춤하게' 만들거나 영향력을 약화시킬 수 있다. 나는 이와 같이 신적 임재를 다루는 다양한 강화intensification에 대해 다룰 것이다.

나는 하나님의 임재에 관한 문제를 어떤 식으로든 길게 이야기할 생각이 없다.[1] 그것보다 나는 하나님과 세계의 관계에 있어 우리가 가지고 있는 이해의 간격을 좁히고, 특히 신현현과 그것에 뒤따르는 고려해야 할 사항의 발판을 마련하는 데에만 관심이 있다. 이와 관련하여 지금 시점에서는 다섯 가지 문제를 놓고 논의할 필요가 있다.

하나님 임재의 강화

임재라는 표현이 구약의 모든 곳에서 반드시 같은 의미로 쓰이는 것은 아니다.[2] 따라서 하나님은 나타나는 시간과 장소를 넘어서 말씀의 수령 자들과 함께하겠다고 약속한다(예를 들어, 창 26:24; 28:15). 요나는 "여호 와의 얼굴을 피하려고"(욘 1:3) 도망치지만, 여전히 창조주 하나님에 대한 믿음을 고백한다(욘 1:9). 성전에 거하시는 하나님이 성전에서 떠났다고 해서(겔 10:1-22; 11:22-25) 하나님의 동행하심을 더 이상 기대할 수 없다는 뜻은 아니다(겔 11:16). 시편 기자는 자신을 버린 하나님께 기도하지만(시 22:1), 그 기도 자체가 가리키는 것이 '버림받음'을 의미하는 임재의 상실이 아니라 특정한 임재 강화의 상실과 관련한 것이라고 할 수 있다 (또한 참조. 출 33:1-3).

모든 형태의 임재[3]의 근간에는 창조 질서 안에 있는 하나님의 임재, 즉 '구조적' 또는 일반적인 임재가 있다(왕상 8:27; 욥 38-41장; 시 139편; 렘 23:23-24;[4] 암 9:2-6을 보라). 이러한 임재에 대한 이해가 이스라엘의 초기부터 존재했다는 사실에는 의심의 여지가 없다.[5] 이러한 임재에 대한 이해는 적어도 부분적으로는 이스라엘의 바빌로니아/이집트 시절 유산에서 유래했으며, 무엇보다도 하나님의 구속 활동의 의미를 설명하는 데 중요한 개념적 자료를 제공한다(참조. 출 15장; 삼상 2장).[6] 따라서 보다 더 구체적인 하나님의 임재 방식은 창조 세계 모든 곳에 임하는 하나님의 임재라는 맥락 안에서만 신학적으로 제대로 다룰 수 있다. 하나님의 임재는 신앙 공동체에 보다 더 구체적인 임재의 형태로 임함으로써 현실적인 가능성을 제공한다. 왜냐하면 신앙 공동체가 창조 세계 안에 그리

하나님의 _ 고통

고 창조 세계와 관련하여 하나님을 제일 처음으로 두기 때문이다. 이런 인식이 없거나 무시하게 되면, 하나님이 임재한다는 개념을 자연 질서를 어지럽히는 것으로 인식하거나, 일반적인 창조 세계의 삶과는 근본적으로 불연속적인 것으로만 받아들여질 수 있다. 주의를 기울여 이 원리를 지키지 않는다면, 포로 기간 중 이스라엘이 그랬던 것처럼 어떤 신앙 공동체에서든 혼란이 발생할 수 있다. 포로기 당시 문헌에서 창조를 특별히 강조하는 이유도 여기에 있다. 이는 확실한 형태로의 하나님 임재라는 개념이 포로기 이스라엘 신앙 공동체에 분명하게 제시되지 않았고, 자신들이 의지할 수 있는 진정한 신적 임재가 사라지고 말았다고 인식했기 때문이다. 따라서 하나님의 구조적 임재는 신앙 공동체가 보다 더 분명하고 구체적인 하나님의 임재 방식을 발전시키고 이해하는 데 필수적인 맥락을 제공한다.

이 원리를 기본으로 삼아 보다 더 분명한 형태로 하나님의 임재를 묘사하기 위해 연쇄적인 연결체라는 관점으로 생각해 볼 수 있다. 한쪽 끝에는 하나님의 동행하는 임재를, 다른 쪽 끝에는 신현현의 임재(나타남)를, 중간 지점에는 하나님의 거하는 임재(와 아마도 다른 형태의 임재)를 배치할 수 있다. 이러한 연결체를 가로질러 점점 더 명확하고, 명료하고, 실재하며, 형태적인 것을 향해 나아갈수록 임재가 더욱 강화된다고 말할 수 있다. 시간과 공간의 창조 질서 안에서 하나님의 임재는 이러한 강화와 동시에 이루어진다. 따라서 하나님은 계속하여 임재하지만 특정 시간에도 특별히 임재하는 분이다. 하나님은 어디에나 임재하지만 특정 장소에도 특별히 임재하는 분이다.

하나님의 임재가 이렇게 다양하게 강화되는 이유는 무엇일까? 임재의 다양성을 하나님이 일관되지 못하거나 지속성이 없다는 개념으로 설명할 수 있는 것이 아니다. 오히려 이러한 임재의 다양성은 특정 시대와 장소에 있는 사람들의 구체적인 필요와 경험에 밀접하게 연관되어 있다. 하나님의 백성은 인간으로서 공간 및 시간과 뗄래야 뗄 수 없는 관계에 있으며, 삶의 상황에 따라 각각 다른 종류의 필요를 느끼고 경험을 한다. 예를 들어, 사람들은 각기 다른 시간과 공간에서 서로 다른 임재의 강화를 경험한다. 특별히 하나님의 임재가 충만하거나 집중되는 시간이 있으며, 그 결과 다른 시간에는 거의 경험할 수 없는 방식으로 그 임재가 모든 삶에 영향을 미친다(예. 회심 경험). 게다가 '뿌리 의식'에 관한 현시대의 논의에서는 특정 공간(예. 고향)이 다른 공간보다 더 중요한 의미를 지니고 있음을 인정한다. 그래서 하나님은 백성들이 그들 존재의 **총체성**totality 안에서 하나님의 임재를 필요로 한다는 것을 아시고, 시간과 공간 속으로 들어가서 다양한 임재의 강화로 그들의 경험 안에서 함께하며, 구체적이고, 실재하고, 개인적이고, 명료한 임재에 대한 백성의 필요를 충족시킨다. 이렇게 다양한 하나님 임재의 강화는 인간의 필요와 경험의 다양한 강화와 연관이 있다.

무엇보다도 이 의미는 하나님이 항상 임재하지만, 인간의 경험은 하나님의 임재에 큰 영향을 끼친다는 것을 뜻한다.

첫째, 우리는 인간과 하나님의 시공간적 상관관계가 이스라엘이 하나님의 임재를 경험하는 데 엄청난 영향을 끼쳤다는 사실에 주목한다. 이스라엘의 예배 생활은 시간과 장소에 주의를 기울여야 했다. 따라서 예배의 시간과 공간에 대한 백성들의 필요를 인식했을 뿐만 아니라, 하나님이 그들 가운데 임재할 수 있도록 하는 방식의 유형을 결정할 때 인

하나님의 _ 고통

간 실존의 구조 체계를 인정한 하나님도 고려하여 예배 규정이 만들어 졌다. 따라서 정규화된 예배의 기능 중 하나는 백성뿐만 아니라 하나님 을 위한 시간과 장소를 따로 마련하는 것이었다. 하나님은 자신의 백성 을 위해 행동할 뿐만 아니라 하나님의 이름(출 20:24; 레 21:6; 22:2)과 영광 (레 10:3)을 위해서도 행동한다. 그렇게 함으로써 하나님은 자신이 사랑 하는 백성들에게 가능한 한 친밀하고 효과적으로 임재할 수 있다.

여기서 임재에 대한 다양한 강화를 자세히 살펴보는 것은 순서상 적 절하지 않지만, 나중에 다룰 신현현의 논의를 위한 배경 지식을 제공하 려면 몇 가지 중요한 언급을 지금 하는 것이 불가피하다. 하나님의 **동 행하는 임재**는 하나님이 백성의 모든 여정에서 함께한다는 것을 의미한 다. 족장 시대에 뿌리를 두고 있는[7] 하나님의 동행 임재는 방랑하는 족 장의 모든 가족과 하나님 자신을 함께 결속시킨다(참조. 창 28:15). 이는 특히 광야 방랑기 동안에 두드러지게 나타나는데, 이와 관련하여 이름 (출 23:21), 구름기둥과 불기둥(13:21-22), 사자(23:20-21), 얼굴/임재(33:14) 개역개정에는 히브리어 명사 '파네'를 "내가 친히"로 표현했다—옮긴이)의 표현이 사용되었다. 이러한 하 나님의 임재 방식은 이스라엘의 경험에 계속하여 스며들었으며(예. 수 1:5-9; 삼하 7:5-7; 시 23편), 특히 포로기 때 중요해진다(예. 렘 29:12-14).

하나님의 **거하는 임재**는 백성 가운데 거할 특정 장소(예. 언약궤, 성전) 를 하나님이 선택한 것을 말한다.[8] 이렇게 더욱 강화된 형태의 임재는 하나님이 공동체 가운데 거할 뿐만 아니라 하나님의 임재가 특정 장소 에 집중되어 있다고 확신을 가지고 말할 수 있다는 점에서 앞서 언급한 임재와는 다르다. 이는 구체적이고 집중된 관심을 원하는 인간의 필요 에 따라 하나님이 은혜롭게 자기 자신을 낮춘 것임을 보여 준다. 하나님이 장소를 선택하는 이유는 장소를 중요하게 여기는 백성과 함께하기 위해 역사 안으로 들어왔기 때문이다. 백성에게 장소가 중요하다면 하나님에게도 장소가 중요하다. 또한 장소와 관련지어 임재를 말하는 것은 사람이 항상 장소와 연관되어 있기 때문에 하나님 임재의 인격적 특성을 보존하는 데 도움이 된다.

하나님은 백성들이 더욱 강화된 형태의 임재에 정기적으로 접근할 수 있도록 했는데, 이는 가능한 한 백성들에게 강력하게 임재하려는 하나님의 의지다. 따라서 우리는 그렇게 강력하게 임재하려는 하나님의 '바람'을 강조하는 본문을 찾아볼 수 있다(참조. 시 132:13-14; 78:68; 87:2; 참조. 호 6:6). 그러나 하나님 편에서 움직인다는 것은 백성들을 위한 것이기도 하지만 오히려 하나님 자신을 위한 것이기도 해 보인다. 즉, 하나님은 자신을 위한 장소를 원한다! 이것은 더욱 강화된 형태의 임재가 하나님에게 어떤 의미인지를 보여 준다. 그러한 임재의 친밀함은 하나님이 사랑하는 백성들과의 관계의 친밀성을 향상시킬 것이다. 친밀한 임재는 하나님과 사람 모두에게 변화를 가져온다.

그러나 이렇게 장소를 강조하는 것은 자칫 어려움을 초래할 수 있다. 이는 하나님의 거처를 고정시키고 한낱 협소한 지역으로 제한할 수 있다는 것을 암시할 수 있으며, '영원한 안전'을 위해 그 장소를 부적처럼 사용하여 하나님을 통제할 수 있다는 관념으로 이어질 수 있기 때문이다. 특히 하나님이 거하는 장소가 더 이상 공동체와 함께 움직이지 않고(삼하 7:5-7) 시온산에 고정되어 있던 시절에 더욱 그러한 생각이 강하게 나타났다. 이러한 위험성은 특히 하나님과 백성 사이의 접촉이 가장 친밀한 지점에서 존재한다(참조. 예. 그리스도교 전통에서 주님의 만찬). 만약 어떤 사람들이 서로 관계를 맺을 때 서로 간의 거리를 좁힐수록, 그리고 자신을 상대방에게 더 많이 공유할수록 그 사람은 더욱 취약해진다. 하나님이 이스라엘과 관계를 맺음에 있어서 그들 가운데 '거한다'homing는 것은 하나님에게 있어서 자신의 취약성이 더 커지는 것을 의미하며, 하나님은 사람이 확보한 관계의 편리함과 적정선을 넘어서는 사람의 건방진 태도로 인해 더 쉽게 상처받을 수 있다. 그러나 하나님은 사람과의 친밀감을 위해 기꺼이 이러한 상처를 감수할 각오가 되어 있다.

예언자들은 이러한 관계의 남용이 일어날 때 목소리를 높였다(예. 렘 7:3-12을 보라). 그러나 관계에 대한 문제를 일으킨 '근본 원인'은 성전 신학을 고집했기 때문에 발생한 것이 아니라는 점을 기억하는 것이 중요하다(참조. 겔 40-48장). 가나안의 지속적인 거대한 영향력 아래(왕하 21장을 보라), 이스라엘의 예배에 혼합되어버린 우상 숭배적인 관습이 문제의 가장 근본적인 원인이었다. 이 우상 숭배적인 관습은 예루살렘뿐만 아니라 모든 성소에서 수행된 다양한 개혁에서 실질적인 걸림돌이 되었다(참조. 왕하 23장).[9]

한편, 신명기 12장은 성전에 거하는 하나님 임재의 본질에 대한 새로운 이해가 7세기에, 특히 소위 '이름 신학'(참조. 5, 11절)으로 형성되었음을 시사한다.[10] 이것으로 인해 임재의 강화가 줄어든 것처럼 보일 수 있다. 그러나 신명기의 모든 방향이 신앙의 개인화 및 영성화로 향하고 있음에도 불구하고 하나님의 임재는 여전히 특정한 장소와 연관되어 있다. 따라서 인간의 인격이나 때와 장소를 초월한 공동체가 지상에서 마치 하나님의 임재에 적합한 유일한 장소인 것처럼, 하나님의 임재는 영성으로 환원되지 않는다. 장소는 백성과 자신들 간의 관계에 중요하기 때문에 하나님께도 여전히 중요하다.

그러나 이름 신학과 함께 주님의 영광을 말하는 더 오래된 전통이 있다. 특별히 강화된 신적 임재를 나타내는 이 표현은 다양한 전통에 존재하며(예. 왕상 8:11; 겔 9:3; 출 24:15-17), 하나님의 거하는 임재와 신현현 모두에 사용된다.[11] '영광'은 우리가 앞서 고찰한 다른 유형의 임재와 구별하기 위해 이러한 강화된 임재에 사용되었을 수 있다. 따라서 이런 표현을 사용함으로써 예루살렘 도시의 멸망과 함께 주님의 영광이 떠난 후에도 예루살렘에 계속되는 하나님의 임재가 있었다고 생각하는 것이 이 개념화의 어려움을 더는 데 도움이 될 것이다(겔 10:1-22; 11:22-25). 백성들의 악으로 인해 영광이 한번 떠나가면(겔 8:6), 더 이상 예루살렘에서 하나님의 거하는 임재에 대해 말할 수 없다. 하나님 영광의 귀환은 여전히 미래에 대한 기대로 남아 있지만(예. 말 3:1), 포로기(렘 29:12-15)와 그 이후(사 57:15)에도 여전히 하나님의 임재를 확신하는 것이 가능하다. 따라서 하나님의 임재에 대한 이해가 유동적일 때 공동체는 비록 더 강화된 형태의 임재가 미래의 순간을 기다리고 있더라도 지금 그들 가운데 임한 하나님의 임재를 확신할 수 있다. 그러나 이 공동체는 하나님이 가능한 한 친밀하게 임재하기를 바라신다는 것을 알기 때문에 그 희망은 이제 단순한 확신이 아닌 확실함이 된다(참조. 신약의 성취 형태에 대해서는 요 1:14).

마지막으로, 거하는 임재와 관련하여, 하나님이 백성 가운데 거하는 것은 약속에 근거한 은혜의 행위라고 말할 필요가 있다. 초창기부터(예. 창 17:8) 이스라엘은 스스로를 그러한 약속의 수혜자라고 믿었고, 그 모든 것이 관계 속에서 충만한 임재를 의미한다고 믿었다. 하나님이 늘 그들에게 가까이 다가오고 그분에게 접근할 수 있으며, 백성들의 구체적인 필요를 공급해 주고, 하나님이 항상 그들과 함께하고 그들을 위해 계신다는 것을 가시적인 방식으로 확신시켜 주시는 행동은 하나님의 은혜로운 낮아지심이다. 그리고 하나님은 그들을 사랑하기에 그보다 더 나은 것을 바라지 않는다.

하나님의 임재와 하나님의 부재

하나님의 부재와 관련된 사안은 다양한 임재 강화의 맥락에서 가장 잘 이해할 수 있다. 임재 강화와 대응하는 것이 하나님의 부재라는 유형일 것이다. 하나님의 부재는 한 임재의 강화가 상실된 것 그 이상을 의미하지는 않는 것처럼 보인다. 그러나 구약 성경에서 하나님의 구조적 부재는 결코 이런 한 가지 가능성으로만 간주되지는 않는 것 같다. 부재에 대한 구약의 표현(예. "숨기다", "물러가다", "버리다" 등)은, 비록 약화되기는 했지만, 여전히 어느 정도 강화된 수준의 임재를 의미한다. 이에 관하여 여기서 자세히는 다룰 수 없지만, 몇 가지 일반적인 경향을 도표화할 수 있다.

인간의 경험, 특히 인간의 수용력이나 인간의 죄가 하나님 임재의 강도에 영향을 미칠 수 있음은 분명하다. 따라서 백성들이 "그들의 행위를 악하게 만들었으므로" 하나님은 "그들 앞에 얼굴을 가리시리라"(미 3:4; 참조. 신 32:19-20)는 결과를 맞이한다. 마찬가지로, "오직 너희 죄악이 너희와 너희 하나님 사이를 갈라 놓았고 너희 죄가 그의 얼굴을 가리어서 듣지 않으시게 함이니라"(사 59:2; 참조. 54:6-8; 57:17). 역대하 15:2(참조.

12:5; 24:20)은 하나님이 자신의 백성을 버리심이 인간이 하나님을 버린 것에 대한 반영임을 나타낸다. 에스겔 8:6은 이스라엘의 가증한 행위로 인해 하나님이 성소에서 멀리 "떠났다"라고까지 말한다. 하나님의 임재는 "강제로 들어오는 것"이 아니다. 사실은 인간의 반응으로 인해 하나님의 임재가 연속하여 뒤로 밀려 그 강도가 약해지고, 따라서 임재가 덜 느껴지고 임재의 긍정적인 효과가 떨어지게 되는 것이다.

이렇게 관계가 멀어지면 신적 임재의 다른 종류, 즉 진노가 강화되는 것처럼 보일 수 있다(렘 33:5을 보라). 그러나 진노의 이미지는 다르게 기능하는 것처럼 보인다. 오히려 멀어지는 움직임은[15] 진노의 움직임이고(사 54:8), 진노가 멀어진 사이로 공간을 만든다. 그 결과 이스라엘의 적들은 하나님의 떠나심으로 인해 남겨진 빈 '공간'으로 몰려들고, 이스라엘은 그들의 손에 넘겨진다(사 64:7; 렘 12:7; 겔 39:23). 은폐의 저편, 종말론적 비전에서는 하나님 임재의 강렬함이 다시 이스라엘의 삶에 쏟아져 내린다(겔 39:29).

이런 하나님 임재 현상에 대한 모든 예언서의 언급(사 45:15는 제외하고)[12]은 분명히 이 관점으로 해석되어야 한다. 여기서 중요한 점은 하나님을 아는 것이 아니라, 하나님과 함께하는 것, 특히 강렬한 방식으로 임재하는 하나님과 함께하는 것이다. 이는 하나님을 아는 것에 영향을 미치지만, 구별 가능한 사안이다.[13]

특히 시편은 죄로 인해 발생한 하나님 부재의 결과인 괴로움을 말하며(시 44:23; 74:1, 10; 89:46; 참조. 애 5:20), 부재의 기간과 결말에 대해 궁금해한다. 몇몇 본문들(예. 욥 13:24; 시 22:1)은 알 수 없는 원인으로 인해 맞닥뜨리게 된 하나님의 부재에 질문을 제기하는 반면, 역대하 32:31은

하나님의 _ 고통

하나님이 "그의 심중에 있는 것을 다 알고자 하사 시험하셨더라"라고 히스기야로부터 떠나시는 이유를 분명히 언급한다(참조. 욥기). 이 마지막 본문(그리고 다른 본문들, 예. 호 5:15)은 하나님이 특정한 강도의 임재로부터 떠나실 때 작용하는 신적 합목적성purposefulness에 대해 말한다. 이렇게 하나님이 떠나가는 가운데서도 자기 백성의 구원을 향한 그분의 뜻은 그대로 남아 있다. 따라서 이스라엘을 **향한** 하나님의 임재는 그 강도가 약해지지만, 이스라엘을 **위한** 하나님의 임재는 비록 백성의 눈에는 숨겨져 보이지 않을지라도 세상 속에 여전히 살아 숨 쉬고 있다.

여기서 한 가지 더 다루어야 할 문제는 구조적 또는 인식론적 거리에 대한 질문인데, 이는 아마도 "하나님을 보고 살 수 없다"는 진술에서 가장 잘 드러난다. '은폐'라는 특정 언어나 표현은 인식론적 거리와는 관련이 없는 것 같다. 이것은 인간의 자유를 보존하기 위해 피조물의 질서로 구축되어 있는 거리다. 하나님이 완전히 임재하는 것은 인간에게 강압적일 것이고, 그로 인해 인간의 믿음은 시각적으로 바뀌고 인간은 믿는 것 외에는 할 수 있는 것이 없게 된다. 하나님은 사람들에게 자신을 받아들이도록 강요하지 않으면서, 그들에게 사랑받기 위해 인간에게 어느 정도 자율성을 허용해야 한다. 너무 직접적인 하나님의 임재는 마치 불빛이 나비를 죽이듯 인간의 존재를 소멸시킬 수 있다. 하나님은 사람들을 자신으로부터 일정한 거리를 두고 떨어뜨려 놓아야 하며, 임재의 강도가 어느 정도이든 일정 부분 모호함의 요소가 있어야 한다. 하나님의 임재가 당연한 것으로 받아들여져서는 안되지만, 친밀한 임재를 위해서 하나님의 뜻이 작용하는 창조의 선물이라는 점도 기억하는 것이 중요하다.

이 모든 것은 하나님에 관하여 더욱 심층적으로 보여 준다. 자기 백성을 향한 하나님의 구원 의지는 분명하고, 친밀한 임재를 향한 하나님의 바람은 변함없지만, 하나님은 인간의 결정과 피조물의 체계를 존중하며 때로는 하나님이 원하시는 방식으로 임재하지 않거나 임재하지 못할 때도 있다. 이것은 피조 세계에 모든 적색 경고등이 켜진 것처럼 보일 때조차 하나님의 임재가 특별한 강화로 피조물의 체계를 '침범'하지 않는다는 말이 아니다. 심지어 이런 상황마저도 세상에서 일어나는 일, 특히 상황 자체의 개연성, 그리고 사람들의 준비와 반응에 따라 하나님은 그에 맞추어 행동할 수 있다. 그러나 하나님은 열린 상황에 곧바로 개입하기보다는 잠잠이 지켜 보는 데 있어 타의 추종을 불허한다. 그는 온 세상이 잠들어 있는 것처럼 보일 때에 '때가 찼음'을 알고 비로소 움직이는 분이다.

하나님의 자유와 접근 가능성[14]

사람들은 이 한 쌍의 사안이 종종 양극성을 띠고 있다고 말한다. 하나님은 사람들이 자신에게 접근할 수 있다고 약속했지만, 하나님의 임재는 소유할 수 없다. 하나님은 현존하고 그분의 임재는 실제이지만, 어떤 것도 파악할 수 없는 애매함이 있다. 이에 대해 임재에 관한 중요한 원칙이 제시되고 있다. 하지만 일부 논의는 하나님의 자유에 과도하게 치우쳐서 양극성의 균형을 위협한다.[15]

　이 문제에 대해서 우리가 논의하는 것에는 다소 일반적인 원칙이 적용되어야 할 것 같다. 하나님은 모든 시간과 장소에서 가능한 한 효과적으로 임재하기를 **갈망한다**. "여호와께서 시온을 택하시고 자기 거처를 삼고자 하여 이르시기를 이는 내가 영원히 쉴 곳이라 내가 여기 거주할 것은 이를 원하였음이로다"(시 132:13-14. 또한 삼상 6:10-12을 보라).**16** 하나님은 그의 백성에게서 멀어지거나 부재하기를 원하지 않는다. 하나님은 임재하기를 간절히 원한다. 우리가 살펴본 바와 같이, 인간의 입장에서 보면 하나님이 원하는 방식으로 백성 가운데 임재할 수 없거나 임재하지 않을 수도 있다. 그러나 이것은 하나님이 회피하거나 인간으로 하여금 자신에게 접근할 수 없게 하려는 어떤 의중 때문이 아니라, 궁극적으로 백성들을 위한 것이다.

동시에, 이런저런 상황에서 하나님이 (강제적으로) 떠나는 것을 하나님의 자유라는 관점에서 해석해서는 안된다. 예를 들어, 출애굽기 33:3에서 하나님이 백성과 함께 올라가지 않겠다고 말씀할 때, 그 이유는 "내가 길에서 너희를 진멸할까 염려"하기 때문이다. 하나님이 더욱 강화된 임재로부터 '물러나는' 동기는 백성들의 안녕well-being을 위해서다. 또는 에스겔 43:7-9에서 하나님의 영광이 예루살렘에서 떠난 것은 하나님의 이름이 모독받고 더럽혀졌기 때문임을 분명히 한다. 이는 자신의 이름을 위한 하나님의 행함에는, 적어도 부분적으로는 신뢰성과 변증과 관련한 사안을 포함하며, 하나님이 특정 행동을 취하지 않을 경우 이스라엘뿐만 아니라 세상과의 관계에서 하나님에게 어떤 일이 일어날지 모른다는 우려를 포함한다. 궁극적으로 이러한 하나님의 행동은 이기적인 우려에서 비롯된 것이 아니라 세상과 맺는 하나님의 관계가 틀어질 수 있다는 염려에서 비롯된 것이다. 그리고 에스겔의 종말론적 환상에서 하나님의 영광이 예루살렘으로 돌아온다는 사실은 그 출발이 더 큰 구원의 목적을 위한 것이라는 표징이다. 따라서 하나님의 강요받은 떠나심은 하나님의 자유를 보여 주는 것이 아니라 하나님의 약속과 구원 목적, 즉 접근성과 친밀성을 위한 하나님의 뜻이 궁극적으로 실현될 수 있는 유일한 방법이라는 사실을 결정적으로 알려 준다.

임재에 관한 하나님의 변함없는 뜻은 더 이상 거리가 하나님과 백성 간 관계를 규정하는 특징이 되지 않을 미래를 바라보는 다른 종말론적 본문들에서도 볼 수 있다. 그러므로 이사야 52:8(인간의 처지를 보려면 렘 32:4 참조)은 이렇게 말한다. "네 파수꾼들의 소리로다 그들이 소리를 높여 일제히 노래하니 이는 여호와께서 시온으로 돌아오실 때에 그들의 눈이 마주 보리로다"(참조. 사 40:5). 따라서 이 구약 본문은 고린도전서 13:12의 "우리가 지금은 거울로 보는 것 같이 희미하나 그 때에는 얼굴과 얼굴을 대하여 볼 것이요…"와 근본적인 연속성을 갖는다.

전반적으로 접근 가능성과 친밀성을 향한 하나님의 갈망은 더욱 결정적으로 하나님의 약속과 연결해야 할 필요가 있다. 이러한 내용은 학개 2:4-5에 나와 있다. "너희가 애굽에서 나올 때에 내가 너희와 언약한 말과 나의 영이 계속하여 너희 가운데에 머물러 있나니 너희는 두려워하지 말지어다." 임재의 강화 중 적어도 세 가지(동행, 거함, 신현현)가 약속과 관련이 있다.

내가 너와 함께 있어 네가 어디로 가든지 너를 지키며…(창 28:15; 참조. 수 1:1-9)

내가 이스라엘 자손 중에 거하여 그들의 하나님이 되리니(출 29:45)

… 내가 내 이름을 기념하게 하는 모든 곳에서 네게 임하여 복을 주리라
(출 20:24)

하나님의 약속, 즉 하나님이 애초에 이스라엘을 선택한 것은 하나님의 자유와 관련된 모든 이야기에 결정적인 제한을 두는 것이다. 하나님이 이러한 약속을 할 때 자신의 자유를 행사했지만, 자유롭게 약속을 한 후에는 그 약속으로 인해 하나님의 자유가 적법하게 제한받는다. 하나님은 자신이 하겠다고 말씀한 것을 행할 것이며, 하나님 자신의 약속에 신실할 것이다. 그러므로 어떤 의미에서 하나님의 임재가 가능한 한 최대한의 강화로 나아가는 것은 **하나님의 필연**divine necessity이다. 비록 그것이 실현되지 못하더라도 약속의 하나님은 그것이 실현되도록 끝까지 노력할 것이다.[17]

더욱이 모든 예배 체계가 하나님이 백성에게 선물로 준 것으로 이해된다는 사실은 하나님이 은혜롭게도 예배를 통해 약속한 친밀함을 섭리했다는 것을 의미한다. 레위기 9:4에 "오늘 여호와께서 너희에게 나타나실 것임이니라"라고 담대하게 표현되어 있듯이 말이다. 하나님은 자신의 백성과 함께 그리고 그들을 위해 임재하기를 원하며 이를 위한 수단을 마련해 주셨다. 하나님의 약속이 오용될 수 있고, 하나님의 임재가 당연시되거나 양도할 수 없는 독점적 권리로 여겨질 수 있다는 것은 사실이다(미 3:11; 렘 7:4을 보라). 이것은 잊지 말아야 할 중요한 점이다. 그러나 그렇다고 해서 하나님의 임재에 대한 하나님의 뜻을 훼손하지는 못한다. 이런 주제넘은 행동의 결과로, 하나님은 실제로 성전에서 강제로 쫓겨날 수도 있고 혹은 삶의 이런저런 상황에서 강제로 쫓겨날 수도

있다. 그로 인해 하나님은 임재할 수 없거나 임재하지 않을 수도 있고, 하나님의 이름을 위해 행동해야 할 수도 있다. 그러나 이는 마치 하나님의 자유가 정말로 위태로운 상황에 처한 것처럼, 하나님이 "내가 얼마나 자유로운지 이 백성에게 보여 주고야 말겠다!"라고 말씀하며 자신이 어떤 자유를 가지고 있는지 보여 주기 위한 것이 아니다. 결국 위태로운 것은 하나님의 구원 목적을 위한다고 하면서, 모든 수단을 동원해 하나님의 이름을 모독하는 행동에 있다.

만약 상황이 이렇게 된다면 자유 그리고 접근 가능성이라는 표현은 너무 문제가 많아서, 별로 도움이 되지 않는 것처럼 보일 수 있는데, 진정 무엇이 위태로운지를 포착하지 못하는 것처럼 보일 수 있기 때문이다. 자유 및 접근 가능성이라는 표현은 하나님의 임재에 대한 하나님의 뜻을 명확하게 묘사하지 못한다. 또한 하나님이 약속을 성취하기 위해 자유를 어디까지 포기했는지도 충분히 보여 주지 못한다. 따라서 나는 하나님의 임재를, 전제되지는 않지만 소유할 수 있는 선물로서, 거부할 수도 있지만 신뢰할 수 있는 약속으로 표현하는 것이 우리의 취지에 좀 더 적합하다고 생각한다.

내재성과 초월성[18]

여기서 초월성에 대한 몇몇 단어가 중요해 보인다. 흔히 내재성과 임재를 동일시함으로써 초월성을 거리감, 즉 '전적인 타자성' 또는 비-임재에 관한 이해와 동일시된다고 잘못 이해하는 경우가 많다. 내재성은 임재에 중요한 구성 요소인 '관계성'의 관점에서 더 넓게 이해되어야 하는

하나님의 _ 고통

반면, 초월성은 협소한 공간적 연관성을 제거하고 하나님의 신성이 이 '관계성' 속에서 나타나는 방식, 즉 하나님의 영속적인 활동 상태에 대해 말할 때 사용되어야 한다.

"이스라엘의 거룩하신 이가 너희 중에서"(사 12:6; 호 11:9; 참조. 겔 20:41; 28:22)라는 문구가 도움이 될 수 있을 것이다.[19] 이 문구는 성경에서 초월성에 대해 말하는 중요한 단어 중 하나로써, 거룩함과 임재가 서로 대립되는 개념이 아님을 시사한다.[20] 마치 거룩함과 임재가 서로 긴장 상태에 있는 것처럼 말하는 이 상반되는 표현으로는 의미를 충분히 담아내지 못하는 것도 사실이다. 오히려 하나님은 거룩한 분**으로서** 임재한다. 이사야 12:6에 "이스라엘의 거룩하신 이가 너희 중에서 크심이니라"라는 말씀이 있다. 따라서 하나님의 초월성은 하나님이 그의 백성 가운데 임재하는 **방식으로** 나타난다.[21] 이는 단순히 아무 하나님이나 어떤 미약한 모습의 하나님이 백성들 가운데 임재하는 것이 아니라, 거룩한 하나님, 위대한 일을 행하는 하나님, 호세아 11:9이 말하는 이스라엘에게 모든 면에서 자비와 긍휼을 베푸시는 하나님이 임재하는 것이다.[22] 거룩함은 호세아 11:9이 말하듯이(신성과 인격성은 구별되는 범주다), 종종 하나님과 인간 사이의 절대적인 차이를 말하지만, 정확히는 특정한 방식으로 임재하는 하나님이 **거룩한 분**이라는 사실과 관련이 있다. 하나님의 거룩함은 어떤 범주적 차이를 드러내는 것이 아니라 하나님이 임재하는 방식을 드러내는 것이다. 그리고 거룩한 하나님은 하나님의 어떤 발산이나 하나님의 일부가 아니라 모든 신성 안에 계신 하나님이 임재하는 것이다. 이 모든 것은 "하나님의 인격적 본성"이 "거룩함에 관한 진술의 초점"이라는 취지의 일반적인 진술과 잘 들어맞는다.[23]

때때로 하나님의 거룩함은 하나님의 접근 불가능성을 강조하는 데 사용된다고 제안된다.[24] 그러나 이런 강조를 하려면 주의를 기울여야 한다. "제의에서 거룩함을 강조하는 것"은 부분적으로는 "거룩함이라는 예측할 수 없는 힘에 의해 해를 입지 않을까 하는 우려"에서 비롯된 것이라고 말할 수 있다.[25] 그러나 이것은 아마도 인지적 거리와 관련된 경우를 제외하고는, 하나님의 거룩함 자체로 인한 것이 아니라 죄로 가득한 사람들로 인한 것이었다. 출애굽기 19:21, 24 또는 민수기 1:51-53과 같은 구절의 사전 경고는 죄로 가득한 백성을 위해 하나님이 준 것이다. 모세와 많은 장로들(참조. 출 24:9-11)과 제사장들이 하나님께 특별히 가까이 다가갈 **수 있었다**는 사실은 거룩함 자체가 접근 불가능성을 의미하지는 않는 것처럼 보인다. 동시에 여기에는 하나님에 대한 관심도 표현되어 있다. 레위기 10:3은 그러한 규정과 범법에 따른 결과가 하나님이 모든 백성 앞에서 "내 거룩함을 나타내겠고", "내 영광을 나타내"기 위한 것임을 보여 준다. 이것이 하나님의 미래에 대한 관심사이기는 하지만, 하나님만을 위한 것이 아니라 하나님의 백성과의 미래 관계를 위한 것이기도 하다.

그러므로 나는 내재성과 초월성의 양극성으로 하나님의 임재를 다루기에는 적절하지 않다고 제안한다. 임재하는 하나님은 내재적이며 초월적인 속성 모두를 갖고 있으며, 두 속성 모두 영속적인 하나님의 활동 상태에 대한 적절한 단어가 된다. 하나님은 "관계에서 초월하는 분"이다.[26] "하나님은 그분의 내재성 안에서 초월하시며, 그분의 초월성 안에서 관계를 맺는 분이시다."[27]

하나님의 _ 고통

임재, 관계, 권능

하나님의 권능, 즉 영향력을 행사하는 권능에 대한 구약의 이해는 참으로 복잡하지만, 여기서는 몇 가지 의견만을 제시하고자 한다.[28]

애초에 시계에 입력된 법칙 안에서만 현재에 영향력을 행사하는 시계 제조자로서의 하나님의 이미지인 이신론과, 모든 일이 발생하는 원인으로서의 하나님을 말하는 결정론, 이 두 가지 극단적인 가능성은 즉시 제거하면 된다.[29] 문제는 이 두 양극단 사이에서 이스라엘의 이해를 어느 지점에 두어야 하는지를 결정하는 데 있다.

• W. 브루그만Brueggemann은 창세기 18:14의 "여호와께 능하지 못한 일이 있겠느냐"라는 표현의 '궤적' 아래에 있는 구약과 신약의 구절들을 두고 논했다(참조. 삿 13:18-20; 렘 32:17, 27).[30] 그는 이러한 구절들이 "문화가 정해 놓은 기준에 따라 무엇이 가능한지 판단하는 주요한 정의"를 거부한다고 지적한다. 하나님의 권능은 "세상이 평가할 수 있는 최상의 가능성에 포함되지 않는다"는 것이다.[31] 브루그만은 "하나님과 일치하는 것만이 가능성이다"는 중요한 관찰을 하지만,[32] 이렇게 하나님과 일치하는 것이 무엇을 내포하는지는 탐구하지 않는다. 이는 하나님의 권능에 대한 현대의 논의에서 핵심적인 사안이다. 구약은 이 문제에 대한 우리의 사고에 특정한 방향을 제시하며, 동시에 하나님과 세상의 관계에 대한 우리의 사고에 더 깊은 방향을 제시한다.

1. 권능을 사용함에 있어서 하나님의 자기-제한은 하나님이 한 약속에 내포되어 있다. 하나님은 약속을 할 때마다 관련된 모든 문제에 대해 취할 수 있는 선택권을 제한한다. 하나님은 자신이 했던 약속을 위반하

는 방식으로 권능을 사용할 수 없으며, 만약 그렇게 된다면 하나님이 불신실한 분이 된다.

위에서 언급한 약속 외에도 주의가 필요한 약속이 하나 더 있다.[33] 창세기 8-9장의 홍수 이야기가 끝날 무렵, 하나님은 다시는 홍수와 같은 방식으로 악에 대응하지 않겠다고 약속한다(9:11). 이것이 하나님의 자유와 권능에 대한 자기-제한이다. 하나님은 세상의 악에 대처하기 위해 권능을 사용할 때도 영원히 자기-제한적이다.[34]

2. 권능의 문제는 하나님 임재의 강화와 밀접한 관련이 있다. 앞서 우리는 하나님 임재의 강도가 인간의 죄성이나 수용성에 의해 영향을 받을 수 있다는 점에 주목했다. 사람들이 하는 행동의 결과로 하나님은 쫓겨나거나 강제로 은폐될 수 있으며, 그 결과 하나님은 자신이 원하는 방식으로 임재할 수 없거나 임재하지 않을 수 있다. 따라서 하나님의 가능성은 사람들의 반응 및 상황의 개방성과 밀접한 관련이 있다. 하나님이 모든 경우에 동일한 강도로 임재할 수 없기 때문에, 각 경우에 발휘될 수 있는 하나님의 권능은 다를 것이다. 동시에 하나님의 임재는 역사 안에서와 다르게 창조 질서 안에서는 이의가 제기되지 않기 때문에, 창조 질서 안에서의 하나님 임재의 영향력이 역사 안에서보다 더욱 두드러질 것이다.[35]

3. 모든 진실한 관계에는 권능의 공유가 수반된다. 하나님은 세상과 개인, 이스라엘, 피조물과의 관계를 위해 권능의 독점을 포기했다. 이것은 주인-노예 또는 왕-신하와 같은 일반적인 이미지를 가지고 우월한 자만이 권능을 가진다는 식으로 해석할 수 없음을 의미한다.

이제 우리는 영원히 임재하는 하나님이 세상에서 어떻게 권능을 행사하는지, 그리고 하나님의 영향력이 어떤 영향을 끼칠 수 있는지에 대한 질문을 제기할 필요가 있다. 권능-공유라는 표현은 특별히 유용한 접근 방법 중 하나로 보인다. 적어도 두 가지 유형의 자료, 하나님과 세상이 권능을 공유하는 상황과 권능의 충돌이 발생하는 상황을 구분할 수 있을 것 같다.

ⓐ 권능의 공유는 하나님의 창조를 위해 의도된 공동의 목표를 달성하기 위한 협력으로 이어질 수 있다. 이는 자연 질서와 역사 질서 모두에서 마찬가지다.

창조된 순서와 관련하여 다음과 같은 대표적인 예로 충분하다.[36] 창세기 1장의 창조 활동은 종종 주권적이고 일방적인 하나님의 창조 행위, 즉 명령의 수행이라는 관점에서만 묘사되는 경우가 많다.[37] 예를 들어, 구약 성경에서 하나님의 창조 활동에만 사용되는 동사 **바라**bārā', "창조하다"는 지나치게 강조되어 하나님과 인간의 창조성 사이의 연관성이 폄하되거나 심지어 부정된다. 그 결과 피조성을 의존성과 겸손, 심지어 무능함의 관점에서만 바라보는 경향이 있다.

그러나 창세기 1장을 그렇게 해석해서는 안된다. **아사**āsāh', "만들다"가 인간 영역에서 많이 사용되는 것은 하나님의 창조 사역에 유비가 없는 것이 아니라는 것을 분명히 보여 준다. 게다가 창세기 1장은 창조를 간접적이면서도 동시에 직접적으로 말하고 있다. 11절에서 땅은 나무를 내라는 명령을 받고 그렇게 했고, 24절에서는 땅의 짐승을 종류대로 내라는 명령을 받고 그렇게 했다. 25절은 하나님이 땅의 짐승들을 만들었다고 말하지만, 여기서 비-신적 개입은 설명될 수 없다. 때때로 하나님의 말씀과 '어머니 땅'을 분리하는 것은 적절하지 않다. 여기서 전체적으로 강조하고 있는 것은 하나님의 주도권이지만, 피조물의 창조 능력은 분명히 증명된다.

이런 창조의 **이중 작용**dual agency은 구약의 다른 곳에서 목격되는 지속적인 창조 활동에서도 분명하게 드러난다. 따라서 시편 104:14은 하나님이 풀과 채소를 자라게 했다고 증언한다. 학개 1:10-11은 땅 자체가 그러한 채소를 내고 땅이 그 산물을 내는 것에 대해 말한다. 또한 후자의 구절은 **하늘**이 이슬을 그쳤다고 이야기하고 있는 반면에, 욥기 37:6은 하나님이 적은 비나 큰 비와 같은 **모든 날씨**에도 책임을 지는 분임을 분명히 하고 있다. 다른 구절들(예. 신 28:4; 시 65:9-11, 12-13)에서도 축복은 하나님의 활동에서만 기인하는 것이 아니라 창조 질서 자체와 그 창조적 능력을 공유하는 데에 따른 것임을 분명히 하고 있다.

그러므로 자연 질서에서는 하나님 편에서만 피조물을 "내는" 일도 없고, 그러한 모든 권능을 하나님께만 두는 것도 아니다. 본문은 창조 능력이 공유된다는 것을 드러내며, 문맥에 따라 강조해야 할 부분이 결정된다.**38** 하나님과 피조물 **모두** 그러한 모든 지속적인 창조 행위에 관여하지만, 하나님은 항상 그 본질에 적합한 방식으로 이 질서와 관계를 맺는다. 따라서 하나님의 지속적인 창조 활동은 유효하지만 불확실한 요소가 상당 부분 존재하는 것이 분명하다. 인간의 죄로 인해 땅의 창조 능력이 근본적으로 부정적인 영향을 받는다면(창 3:17-19, 신 20:19-20, 호 4:1-3을 보라), 땅에 대한 하나님의 가능성도 그로 인해 영향을 받고 실제로 제한된다.

하나님과 인간 이외의 피조물 사이의 관계는 하나님과 인간의 관계

하나님의 _ 고통

로 인해 더욱 강화된다. 생육하고 번성하라는 명령(창 1:28; 참조. 1:22)은 창조의 권능을 인간과 결정적으로 공유함을 나타내며, 창세기 9:1, 7은 이 명령이 창조 질서 안에서 계속해서 이루어지고 있음을 나타낸다. 다른 구절들(예. 시 139:13-16; 욥 10:8-12)은 계속되는 이러한 창조 과정이 잉태 과정의 복잡함 속에서도 하나님의 지속적인 개입이 없이는 이루어지지 않음을 나타낸다. 모든 탄생과 모든 생명의 출현은 창조 질서 **안**에서 계속되고 있는 창조 과정에 하나님이 참여하고 있음을 증거한다.

다시 한번, 우리는 창조의 이중 작용에 대한 이해와 만나게 된다. 하나님과 인간은 모두 창조의 이중 과정에 효과적으로 관여하며, 하나님의 개입은 인간의 본성에 적합하며 하나님이 모든 것을 결정하지는 않는다. 인간의 결정과 행동은 선행 원인에 기여하고 그 과정에서 혼란을 초래할 수 있다.

이러한 다양한 본문들은 하나님과 피조물 사이의 연속성, 즉 하나님의 의도대로 창조가 이루어지려면 반드시 동반되어야 하는 창조적 능력의 상호 공유를 증거한다. 하나님은 분명히 창조의 능력으로 임재하고 있지만, 그것은 인과적 연결 고리 안에 있으며, 따라서 창조의 능력은 통제하는 능력보다 더 많은 것을 가능하게 하는 능력이다. 하나님의 말씀과 행동은 분명 필수불가결한 것이지만, 창조 질서의 미래는 피조물이 가진 능력을 어떻게 사용하느냐에 따라 크게 좌우된다. 물론 여기에는 하나님의 주권과 관련하여 자기-제한을 전제한다. 왜냐하면 하나님의 주권은 피조물의 미래, 그리고 실제로 하나님의 미래는 피조물이 가진 능력으로 어떻게 반응하는지에 따라 중요한 방식으로 의존하기 때문이다. 따라서 창조부터 시작하여 하나님의 위험 **그리고** 하나님의 취약성에 대해 다뤄야 한다.

하나님의 권능 공유에 대한 비슷한 이해는 역사적 질서에서 분명하다. M. 노트Noth는 이를 올바르게 인식했다. "만약 우리가 하나님이 단순히 첫 번째 원인으로서가 아니라, 원인과 결과의 표면적인 상호 작용 **안에서** 일하는 영원히 임재하는 주님으로서 역사 속에서 실제로 활동한다고 믿는다면, 역사는 단순히 원인과 결과의 복잡한 연결의 끊임없는 반복이 아니다."[39] 이렇게 역사에 들어온 하나님은 모든 경우에 임재하며, 간섭이나 개입을 통해서가 아니라 다른 원인과 함께 일하면서 모든 사건에 관여한다. 따라서 하나님의 영향력은 모든 사건에 어느 정도 효과적이지만 일부 사건에서는 더 크게 작용한다. 최악의 상황(예. 히틀러 시대)에서조차 하나님은 어느 정도 영향력을 행사할 것이다. 동시에 어떤 역사적 사건에서도 하나님의 영향력이 완전히 결정적으로 작용하는 것은 아니다. 모든 사건에는 다양한 선행 원인이 있을 뿐만 아니라,[40] 하나님이 권능을 공유하는 맥락에서 피조물이 자유롭게 행동할 수 있는 하나님의 권능 이양 또는 권한 양도가 있다.

이스라엘의 땅 정착에 관한 본문이 대표적이다.

여호와의 사자의 말씀에 메로스를 저주하라
너희가 거듭거듭 그 주민들을 저주할 것은
그들이 와서 여호와를 돕지 아니하며
여호와를 도와 용사를 치지 아니함이니라 하시도다(삿 5:23)

사사기 1-3장과 마찬가지로 5장에서도 하나님이 땅 정착에서 원하시는 모든 것을 이루지 못한 것은 받은 능력을 제대로 사용하지 못한 이스라엘의 실패 때문이었음을 분명히 한다. 이러한 특정 본문들에서는 하나님의 권능이 모든 것을 결정짓는 것처럼 보이지만(참조. 수 6장), 인간의 역할이 완전히 무시되는 것은 아니며 실제로는 일반적으로 인식되는 것보다 더 중요한 위치를 차지한다.[41] 이러한 권능 공유는 다윗 전통에서도 긍정적인 의미로 볼 수 있다(시 132:1-5을 보라).[42]

이 본문들에서는 하나님이 모든 상황에서 항상 최선을 지향하지만, 종종 그보다 더 안좋은 상황에 만족해야 하는 이유를 특히 분명하게 드러내고 있다. 특정 상황에서 하나님이 할 수 있는 일은 상당 부분 그 상황의 본질과 선행 원인 그리고 권능의 공유에 의해 결정된다. 하나님은 세상에서 하나님의 일을 수행함에 있어 인간에게 의존하기로 선택했고, 하나님이 함께 일해야 하는 상황은 아무리 좋게 말해도 최선이 아닌 경우가 많다. 하나님은 종종 인간 스스로가 가진 힘으로 행하는 일들을 그대로 받아들여야 한다. 따라서 인간의 힘이라는 수단을 통해 일한 하나님의 효용성은 항상 엇갈린 결과를 가져오며, 하나님의 권능만을 사용하기로 선택했다면 일어나지 않을 수 있었던 결과를 가져온다. 그러므로 예를 들어, 힘과 폭력은 어느 정도까지는 그 일을 행하는 사람들에게 주어진 수단의 특징이기 때문에 세상에서 행할 하나님의 사역과 연관이 있다.[43] 하나님은 목적을 달성하기 위해 사실상 '자신의 손을 더럽힌다'고 할 수 있다. 하나님은 자신의 구원 목표를 향해 나아가기 위해 타협의 상황 속으로 들어가서 잠재력이 있는 모든 것을 가지고 일해야만 한다. 그러나 하나님도 그러한 상황 안에서 폭력으로 인해 고통받을 것이다. 하나님은 인간이 행한 권력 오용의 영향으로 발생한 결과를 받아들인다. 또한 하나님의 가능성이 그렇게 제한되어서는 안 된다고 생각하는 모든 사람들의 눈에는 이 모든 결과가 "미련해 보일" 것이다(고전 1:26-31을 보라).

ⓑ 앞서 말한 내용에서 알 수 있듯이, 권능의 공유는 하나님과 세상의 관계를 권력의 충돌 가능성으로까지 열어 둔다. 피조물에게는 하나님을 거부할 수 있는 힘, 하나님이 바라는 것과는 다른 세상을 만들 수 있는 능력이 주어진다. 따라서 인간의 능력은 세상에 미치는 하나님의 영향력에 부정적 영향을 끼칠 수 있다. 하나님은 항상 그러한 오용된 능력의 영향을 극복하기 위해 일하지만, 동시에 이미 확립된 인간과의 관계의 온전함을 깨뜨리지 않기 위해 절대적인 권능마저 포기한다.

특히 호세아서와 예레미야서에서 우리가 관찰한 몇 가지 하나님의 질문에서 구약이 증거하는 어떤 하나님의 무력감을 발견할 수 있다. 하나님은 이스라엘을 돌이키기 위해 가능한 모든 것을 시도하지만(왕하 17:13-16을 보라), 결국 인간 부모처럼 이스라엘이 파멸로 치닫는 것을 지켜 보며 "내가 너희를 위해 무엇을 더 할 수 있겠느냐"라고 외치는 방법밖에 없다. 하나님은 할 수 있는 모든 일을 다 하지만, 이스라엘이 회개하도록 강요할 수는 없다. 이스라엘의 계속되는 거절에 직면하여 하나님이 인간과의 관계를 깨뜨리지 않고서는 이스라엘이 하나님을 거부하는 것을 제압할 수 없다.

그러나 구약은 이스라엘의 죄의 상황[44]과 그에 따른 심판에 하나님이 개입했음을 증언하기 때문에 하나님은 결국 무력하지 않다. 따라서 이스라엘은 원래도 완고하지만(호 4:16), 하나님이 예언자들을 보낸 것으로 인해서도 이스라엘이 완고하게 되었다고 할 수 있다(왕하 17:13-20). 죄를 짓는 사람들의 삶 속에 역사하는 하나님의 일하심은 회개로 이어질 수도 있지만, 백성들이 죄악된 길로 가도록 마음을 강퍅하게 할 수도 있다(참조. 출 8:15 및 9:12). 하나님은 죄악과 관련한 모든 사건에 하나님으로서 관여하며, 동시에 사람들의 죄악을 더욱 강화하기도 한다. 비록 생명은 죽음을 통해서만 가능할지라도 하나님의 은혜로운 목적은 동일하게 유지된다. 그런 다음에 하나님의 권능은 "그들의 무력함과 갇힌 자나 놓인 자가 없음을 보시는 때에"(신 32:36) 이 목적을 위해 효력을 발휘할 수 있다.

심판 문제에 있어서 이스라엘 자신의 죄악은 눈덩이처럼 불어나는 행위-결과 도식의 심판을 초래하지만(호 8:7; 10:13-15), 하나님은 그 심판을 직접 집행하는 분으로 보이고(호 13:7-9), 아시리아는 그 집행자의 도구로써 이스라엘에게 칼을 휘두른다(13:16). 따라서 하나님과 백성들의 죄악된 행동, 그리고 실제로 구체적인 방식으로 심판을 집행하는 도구들(땅에서부터[창 4:12] 아시리아인들까지)에게 모두 효과적인 힘이 부여된다. 하나님은 인간의 행동과 그 결과 사이의 상호 작용에 적극적으로 개입한다. 세상의 원인과 신적 원인의 요소가 하나의 복합적인 원인과 결과 안에서 서로 얽혀 심판이라는 결과를 낳는다. 우리 자신의 죄와 선조들의 죄가 우리를 압박하지만, 하나님의 손도 결코 적지 않은 힘으로 우리를 짓누른다. 이는 역사는 우리에 대한 심판이지만, 하나님은 기계적인 방식이 아니라 인격적인 섬세함으로 세상을 이끌고 역사를 이루어 가기 때문이다. 하나님의 구원하고자 하는 의지는 모든 것에 온전하게 남아 있으며, 하나님의 은혜로운 관심은 항상 최선을 위한 것이다. 그러나 주어진 상황에서 "하나님이 베푸실 수 있는 최선은 쭉정이를 태우고 밭에 거름을 주어 새로운 작물이 자라게 하는 것"이다.[45]

이제 구약은 하나님이 세상과 관계를 맺기 위해 선택한 방식과 일관성을 유지하기 위해 하나님의 권능을 어떤 면에서는 제한된 것으로 이해한다는 것이 분명해 보인다. 이러한 이해는 하나님께 가능한 일이 무엇인지 정확하게 말할 수 있을 정도로 정교하게 다듬어질 수는 없지만, 하나님의 가능성에 관한 특정한 한계를 설정한다. 그렇다고 해서 전능함이라는 표현을 더 이상 구약의 하나님에 대한 이야기에 사용할 수 없음을 의미하지는 않는다. 전능함에 대한 전통적인 이해는 하나님이 모순되는 일을 할 수 있다거나(예. 돌을 너무 크게 만들어서 그 돌을 들어 올릴 수 없음), 하나님이 하나님 되심에 부합하지 않는 방식으로 권능을 사용할 수 있다거나(예. 사랑이 없는 방식으로 행동한다) 하는 것을 의미하지 않는다. 이러한 제안을 통해 우리는 하나님이 세상과 관계를 맺기 위해 선택한 방식과 일관성을 유지하면서 하나님에게 가능한 것이 무엇인지 정의할 수 있다.[46]

다른 관점들을 추가해서 다양한 관점을 제시해 보면,[47] 이 고찰은 구약 성경이 하나님과 세상의 근본적인 연속성을 드러낸다는 점을 시사한다. 하나님은 은혜롭게도 피조물의 모든 세부적인 것들 안에, 함께, 아래에 임재하며, 피조물과 하나님은 서로 호혜의 관계에 있다. 이스라엘의 내재적이고 초월적인 하나님은 이 세상의 공간과 시간 속에 깃들어 있으며, 이 하나님은 모든 사람이 접근할 수 있고, 모든 경우에 효과적이며 불확실한 미래를 향해 그들과 함께 움직인다. 이러한 관점은 하나님이 진정한 관계에 수반되는 모든 위험을 감수하기 때문에 하나님의

하나님의 _ 고통

취약성을 드러낸다고 할 수 있다. 하나님은 사랑하는 이들과의 관계에서 일어나는 일 때문에 고통받는다.

6장

인간의 모습을 가진
하나님

신현현

지금까지 우리는 하나님과 세상의 관계를 살펴보았다. 이제 하나님이 세상에 임재하는 가장 강렬한 방식인 신현현에 주목해 보자.

W. 아이히로트의 의견에 따르면, "하나님이 세상과 맺는 관계를 가장 분명하게 관찰할 수 있는 것은 신현현의 장면에서다."[1] 신현현을 통해서 하나님은 세상의 삶 속에서 매우 구체적이고, 명료하고, 실체적이며, 형태화되고, 하나님의 취약성을 드러내는 방식으로 나타난다.[2] 우리는 모든 신현현이 인간의 형태를 띠고 있으며, 신현현의 경험적 요소가 하나님의 의도를 성취하는 데 실제로 매우 중요하다는 것을 보여 주려고 노력할 것이다. 이로써 하나님의 말씀은 구체화되고, 가시화되며, 다른 방법으로는 가능하지 않았을 지식, 삶으로 담아냄, 확실함, 생활을 가능하게 만든다. 여기에는 또한 윤리, 창조 신학, 신약 신학적 관점의 뿌리, 특히 성육신과 성찬과 관련한 중요한 함의를 갖는다.

레이저 광선 비유는 예리한 집중과 아주 강렬한 하나님의 나타남의 순간을 설명하는 데 적절하다. 하나님의 나타남은 하나님이 개개인이나 신앙 공동체에 최절정으로 임재하는 순간을 말한다. 하나님과의 만남은 일반적으로 "얼굴과 얼굴을 마주 보는" 것으로 이루어지며, 신현현을 경험한 사람들이 항상 대면한 실체를 인식하는 것은 아니지만, 적어도 만남의 순간을 전통으로 보존하고 전승해 온 사람들은 그렇게 인식했다. 이러한 하나님의 나타남은 구약 전체와 이스라엘 역사의 대부분 시기에 걸쳐 발견되며, 족장 시대에서 예언자 시대로 넘어가면서 연속성과 발전의 모습을 보인다.

신현현은 일반적으로 개인이나 공동체의 삶에서 분수령이 되는 순간과 관련이 있으며, 하나님과 백성의 관계에서 미래의 중요한 방향을 제시한다. 실제로 많은 경우 신현현은 이스라엘의 역사를 지배할 만한 순간을 만들어 낸다(예. 출 3장에서 하나님이 모세에게 나타난 사건).

'신현현'이라는 단어는 하나님의 나타남을 의미한다.[3] 일부 학자들은 모든 신현현을 하나의 기본 유형으로 묶기도 하지만,[4] 대부분의 학자들은 신현현을 두 가지 이상의 유형,[5] 즉 하나님이 신적 전사로 나타나 필요할 때 도움을 주는 신현현과 하나님이 말씀을 전하는 분으로 나타나는 신현현으로 구분하고 있다. 나는 후자의 범주를 더 다양한 유형으로 나눈다.

'전사로 나타난 하나님이라는 신현현'은 우리의 목적상 그다지 중요하지 않으므로 간략하게만 언급하려고 한다. 대표적인 본문으로는 사사기 5장, 하박국 3장, 시편 18편, 29편, 77편, 97편이 있다. 이 본문들에 나타난 신현현에서 하나님은 자신의 백성에게 도움이 필요할 때 그들을 돕기 위해 나타난다. 하나님이 나타나는 때와 장소는 전투와 같이 백성들이 곤경에 처한 역사적 맥락에서다. 사용된 이미지는 주로 신적 전사

하나님의 _ 고통

의 이미지와 기상 이변, 특히 뇌우thunderstorm의 이미지와 관련이 있다(시 18:7–15을 보라). 이런 현상을 경험한 사람에게 나타나는 반응은 공포다. 그러나 하나님의 어떤 형태도 보이지 않고 어떤 말씀도 들리지 않는다. '나타남'이라는 표현이 문제가 되기는 하지만, 이 언어를 사용하는 시인들은 하나님이 특별히 강력한 방식으로 임재한 것으로 간주하는 것이 분명하기 때문에 나타남이라는 표현만이 이를 표현하는 적절한 용어가 될 것이다.

신현현 이미지의 궁극적인 기원은 특별히 가나안 바알의 신현현에서 찾을 수 있지만,[6] 이 이미지에는 이스라엘의 수정도 있다.[7] 출애굽 사건(예. 합 3장)이나 거룩한 전쟁 전통(참조. 삿 5장)에서 이스라엘의 독특한 뿌리가 특히 드러난다. 예언자들은 하나님의 심판(미 1장)이나 이스라엘의 구원(합 3장)에 대해 이야기할 때 이 신현현 전통을 가져와 사용한다. 이 이미지는 묵시적 본문에서 보편적인 의미로 사용되며(참조. 사 26:21), 신약에서 사용하는 '재림' 언어의 대부분은 이 전통에 뿌리를 두고 있다(예. 요한계시록). 마지막으로, 시편에서 신현현은 찬양이나 감사의 노래에서 중요한 위치를 차지한다(시 18, 29, 77, 97, 114편). 이 시편들이 전투를 제의적으로 재현하는 데 사용되었다는 증거는 없지만, 하나님의 도래에 대한 묘사의 웅장함이 실제 구원을 기념하며, 신적 임재의 현실을 매우 효과적으로 매개하는 것이 분명하다. 시편 97편(특히 시 96, 98편과 연결될 때)에서는 과거, 현재, 미래가 합쳐져 그 결과로 하나님의 종말론적 추진력을 가속화하고 그러한 방식으로 공동체의 삶에 대한 하나님의 지속적인 개입을 확신시켜 준다.

이러한 유형의 소재를 다음에 나오는 소재와 구분하는 것은 도움이 되지만, 상호 연관성을 잊어서는 안 된다. 각 본문에 나오는 신현현이라는 표현이 서로 비교 가능하다는 것은 이러한 소재를 사용하고 들은 사람들의 반응이 비슷하다는 것을 의미했을 것이다. 어떠한 말씀을 듣지도 보지도 못했기 때문에 이 소재를 받아들이는 방식은 어떤 식으로든 하나님의 말씀이 담긴 신현현 자체에만 의존해야 했을 것이다. 이런 강렬한 임재의 순간은 그 이후 어떤 말도 들리지 않고 시각도 마비돼 볼 수 없는 순간을 해석하는 단서를 제공한다.

'말씀의 담지자로서 하나님의 신현현'에서 하나님은 말씀을 말하고 구현해 내기 위해 나타나며 여기서는 일반적으로 호의적으로 나타난다.[8] 이 범주에 속하는 다양한 신현현을 구분하는 학자들의 합의는 거의 이루어지지 않았다.[9] 이제 차이점과 유사점에 대해 살펴보자.

하나님의 나타남에 대한 보도는 단순한 선언(예. 창 12:7)에서 복잡한 내러티브(예. 출 19장)에 이르기까지 다양하다. 나타남에 대한 보도는 때때로 예전적 언어(예. 출 19장; 참조. 시 50:1-7)로 표현되어 종교적 관습을 반영하기도 하지만, 어떤 경우에는 그러한 표현이 드러나지 않는다(예. 창 18장).[10] 하나님은 개인(예. 창 17장), 두 명 이상의 소그룹(예. 민 12:4-5), 공동체 전체(예. 출 19장; 민 16:19; 참조. 삿 2:4)에 나타난다.[11] 하나님의 나타남에 수반되는 현상은 구름/연기 기둥(예. 출 33:7-11; 민 11:25; 12:5; 참조. 레 16장; 사 6:4), 불꽃(출 3:2; 참조. 창 15:17), 영광(민 14:10), 다양한 기상 이변과 기타 현상(참조. 출 19장; 사 6장)에서부터 아무런 일도 일어나지 않는 것(예. 창 12:7)에 이르기까지 다양하다.

하나님의 나타남은 '개인적으로'(예. 창 35:9; 삼상 3:10), 환상으로(창 15:1), 꿈으로(창 28:12; 왕상 3:5), "사람"의 모습으로(창 32:24; 삿 13:6; 수

하나님의 _ 고통

5:13) 또는 사자(예. 삿 6:11)로 나타났다고 기록되어 있다. 어떤 때는 하나님이 나타났다는 것을 즉시 인식할 수 있지만(예. 창 35:9), 어떤 때는 만남 중이나 만남 후에야 하나님이 나타났다는 것이 분명해질 때도 있다(삿 13장). 하나님의 현현은 종종 자연스럽게 나타나기도 하지만(예. 창 26:24-25), 때때로 예상되고 규칙적으로 보고되기도 한다(예. 레 9:4-6; 출 33:7-11). 하나님은 모든 장소(예. 창 12:7)에 또는 어떤 특별한 장소(예. 출 33:7-11)에 나타날 수 있지만, 나타나는 장소는 비록 정기적이지는 않더라도 항상 나타날 것이라 기대할 수 있는 장소에다가 특별한 지위를 부여함으로써 정한다(출 20:24). 하나님의 강림은 나타나는 그 때(예. 출 3:6; 19:16)에나 그 이후(예. 창 28:16-17; 참조. 삿 13:22)에 말씀의 수령자들에게 두려움이나 공포를 불러일으키기도 하고, 경건한 반응을 일으키기도 한다(예. 출 33:10; 창 26:25). 또한 인간의 반응은 보다 평범할 수도 있다(예. 창 18장).

이런 수많은 변수는 학자들이 그동안 왜 이 논의에 일관된 입장을 취하기 어려웠는지 이유를 설명하기에 충분하다. 자료 비평이 이러한 다양한 자료 중 일부를 설명하는 데 도움이 될 수 있지만, 이는 아마도 하나님의 나타남 현상이 복잡하고 실제로 어떤 일이 일어나는지 파악하기 어렵기 때문일 것이다. 그러나 비록 많은 혼란이 예상되기는 하지만, 다른 방법으로는 설명할 수 없는 어떤 명확함을 얻을 수도 있다. 이 주제에 대해 이런 역사적 관점에서 접근하려는 노력은 분명 필요하지만, 이 논의는 보다 더 공시적으로 이루어져야 한다.

첫째, 하나님은 항상 말씀한다는 사실 외에도 다양한 신현현적 나타남에서 몇 가지 **유사성들**similarities을 구별할 수 있다. 한 가지 경우, 신현현은 항상 **일시적**이다. 어떤 신현현은 순간적인 반면(예. 창 26:24-25), 다른 신현현은 최소한 식사 시간 동안은 머무른다(예. 창 18:9, 16; 출 24:11; 참조. 34:28!). 그러나 이러한 제한은 친밀하게 임재하려는 하나님의 바람에 대한 한계로 볼 것이 아니라 하나님이 인간 체계를 존중한다는 관점에서 보아야 할 것이다.

둘째, 하나님의 나타남은 항상 어떤 단계에서든 하나님에 의해 **시작된다**. 이것은 개인에게 나타난 경우에 일어나거나, 출애굽기 20:24에서 "내가 내 이름을 기념하게 하는 모든 곳에서 네게 임하여 복을 주리라"(출 29:42-43을 보라)와 같이 하나님이 나타나겠다고 하는 약속의 (처음에는) 값없는 선물을 통해 일어난다. 하나님의 오심은 또한 도움이 필요한 때에 백성들의 기도를 통해 이루어질 수도 있다(사 64:1-4을 보라). 하나님은 그분의 백성에게 오겠다고 약속한 상황을 위해 예배와 기도의 체계를 마련했다. 그러나 이런 상황을 만들었음에도 백성의 악이 너무 커서 하나님이 올 수 없거나 하나님 자신의 이름을 위해 오지 않을 수도 있고, 궁극적으로 하나님의 구원 목적을 위해 오거나 심판을 위해 올 수도 있다(시 50:1-7; 암 4:4-12을 보라). 무슨 상황이든 하나님은 인위적으로 오지 않는다. 하나님의 강림은 언제나 약속에 근거한 은혜로운 행동이며, 하나님은 언제나 은혜로울 **것이므로** 백성들은 이를 확신할 수 있다. 따라서 하나님이 그의 백성에게 오심은 결코 변덕스럽지 않다.

셋째, 하나님의 나타남은 언제나 **효과적이다**. 하나님의 오심은 관련된 개인과 공동체에게 결코 작은 순간이 아니며, 개인과 공동체의 변화를 가져온다. 하나님의 오심과 관련하여 두려움이나 경건한 반응을 짚을 수도 있지만, 하나님의 목적은 다른 효과를 일으키는 것이다. 하나님

하나님의 _ 고통

은 인간이 두려움을 느끼는 장소에 나타나 그 두려움을 잠재우려 한다 (참조. 창 21:17; 26:24). 하나님이 원하는 효과는 대개 약속의 말씀에 집중되어 있다. 따라서 하나님은 땅(창 12:7), 자녀/후손(창 16:10-11; 18:10), 지혜(왕상 3:10-11), 큰 민족(창 21:18), 구속(출 3:7-10), 임재와 복(창 26:2, 24; 28:15)을 준다. 특히 마지막 임재와 복에 관한 본문들은 비-신현현적 임재에 대한 확신이 신현현에 대한 효과임을 보여 준다. 하나님은 또한 신현현의 기회를 이용하여 탄식하거나(민 14:10-11) 심판을 선포할 수도 있다(민 14:12; 16:19-20; 참조. 시 50:1-7). 또는 하나님이 실제로 영을 임하게 하거나(민 11:25), 율법을 주거나(출 19-20장), 사람이나 지명의 이름을 지어 주거나(창 16:11; 17:5; 32:28; 35:15), 하나님 자신의 이름을 줄 수도 있다(창 35:11; 출 3:14-15). 혹은 하나님은 사명(삼상 3장; 왕상 19장; 사 6장)을 위해 부르거나 순종(창 17:1; 왕상 9:2)을 요구하거나 어려운 문제를 명확히 해결하기 위해(민 12:1-8) 사람을 부를 수도 있다. 이처럼 하나님은 나타남을 통해 백성들 사이에서 폭넓은 영역에서 활동을 하고, 삶의 변화를 가져오는 말씀과 행동을 한다.

하나님의 나타남에 대한 효과에 관해서는 훨씬 더 구체적으로 말할 수 있다. 한 가지 중요한 효과는 확실한 **새로운 차원의 지식**new level of knowing, 즉 참된 삶을 살기 위해 필요한 지식이다. 이 새로운 차원의 지식을 통해 이전에는 알지 못했던 약속이 명시되고, 책임을 설명하고, 문제가 명확하게 해결되고, 판단을 내리게 된다. 여기에는 하나님과 그분의 목적에 대한 새로운 지식이 수반된다. 출애굽기 33:12-17(참조. 출 3:7)에서 지식에 대한 강조는 새로운 지식을 소유한 사람과 그러한 사람을 아는 하나님과 관계의 본질에 영향을 미친다는 것을 보여 준다.[12]

즉, 신현현은 **새로운 차원의 존재**new level of being, 적어도 어떤 면에서는 이전과는 다른 존재가 되는 것을 가능하게 한다. 아마도 이것이 새로운 자녀와 새로운 이름이 신현현에서 나타나는 흔한 주제인 이유일 것이다. 이는 새로운 지위와 새롭게 형성된 관계, 새로운 사람과 새로운 세계가 되는 것을 반영하기 때문이다. 이것은 이와 관련된 개인뿐만 아니라 하나님에게도 마찬가지다. 하나님의 이름이라는 선물 또한 하나님에 대한 새로운 차원의 지식을 의미하며(출 33:12c를 보라), 이는 결국 새로운 약속을 수반하므로(출 33:17c; 3:16-17; 창 17:5-8을 보라), 새 약속의 말씀은 적어도 어떤 의미에서 하나님 되심을 말하는 것이다. 이것은 또한 하나님이 자신의 이름을 선물로 주심을 수반한다(창 35:11; 출 3:14-15). 여기서 주목해야 할 것은 하나님이 자신의 이름을 알려 줌으로써 이제 그 이름을 알고 부를 수 있는 사람들과의 관계에 새로운 차원을 열어 주며, 그 결과 하나님의 삶 자체에 영원히 변화를 가져올 것이라는 점이다.

신현현이 관계에 미치는 영향과 함께 하나님의 오심은 구속을 가져오고(출 3:7-10), 개인 간의 화해(참조. 창 32:30와 함께 33:10-11)뿐만 아니라 하나님과 사람과의 화해에도 영향을 미친다(참조. 레 16:2, 12-13, 21). 그리고 하나님과 관계를 맺는 당사자들을 사명으로 부른다(예. 삼상 3장; 사 6장). 우리는 하나님의 오심이 지식을 가져오고 존재가 됨을 가능하게 할 뿐만 아니라 순종도 이끌어 낸다는 것을 알 수 있다.

가시화된 말씀

신현현은 어떻게 그렇게 엄청난 역사를 일으킬 수 있을까? 그것은 말씀

하나님의 _ 고통

을 통해 그리고 관련한 경험적 현상을 통해서 가능하다. 흔히 신현현은 말씀에 초점을 맞춘다고 말한다. 그러나 하나님의 나타남과 관련한 구체적이고 실재적인 경험적 현상이 항상 존재한다는 사실은 충분히 인식하지 못했다.[13] 시각보다 들리는 말씀(또는 행해진 행위)이 나타남의 중심에 있지만, 경험적 현상 역시 신현현에서 적지 않은 의미를 갖는다. 말씀이 항상 '육화되어' 전달되는 가시적 수단의 결속에는 일종의 성례주의sacramentalism가 분명하게 드러난다.

사실 이스라엘의 신앙에 있어서 신현현의 중요성은 무엇일까? 모든 구약 시대에 걸쳐 하나님이 일반적으로 행한 것처럼 말씀만 전하는 것으로도 충분하지 않았을까?(예. 창 12:1-3; 출 17:5; 삿 7:2) 왜 하나님이 나타나서 말씀하는 것이 필요한가? 신현현에서 말씀만이 유일하게 중요하다고 말하는 사람들은 신현현과 다른 하나님의 말씀 사이의 구분을 참으로 무너뜨린다. 예를 들어 열왕기상 11:9-10에서와 같이, '육화되지 않은 말씀'에 부여된 의미와는 다른 중요성을 신현현에 부여하는 것이 분명해 보인다.

> 솔로몬이 마음을 돌려 이스라엘의 하나님 여호와를 떠나므로 여호와께서 그에게 진노하시니라 여호와께서 일찍이 두 번이나 그에게 나타나시고(왕상 3:5; 9:2)

하나님의 나타남이 특별한 의미가 없다면 왜 밑줄 친 구절에 신경을 쓰는 것일까? 하나님은 솔로몬에게 명령했을 뿐만 아니라 실제로 나타나서 명령했기 때문에 솔로몬이 하나님으로부터 돌아선 것은 말씀만 들었을 때보다 훨씬 더 특별한 일이 된다. 따라서 꿈에까지 나타나서 내린 명령은 나타남이 없는 명령보다 더 큰 무게감을 가질 것으로 예상된다. 말씀 그 자체가 중요한 것이 아니라, 하나님의 나타남이 솔로몬에게 말씀만으로는 지닐 수 없는 방식으로 말씀을 각인시킨 것이 더 중요하다. 하나님은 다른 때(예. 왕상 6:11)에도 솔로몬에게 말씀하지만, 신현현의 때에 주신 말씀과 크게 다르지 않은 말씀으로 말씀하신다(12-13절), 11:9 에서 회상하는 하나님의 말씀은 솔로몬이 불순종할 것을 내다보는 의심의 계기가 되는 신현현적 말씀이다. 따라서 신현현적 말씀이 더 순종을 이끌어 내고 있는 말씀으로 이해되었을 것이다.

하나님이 야곱에게 나타나지 않을 때에도 말씀했지만(예. 창 31:11-13), 나중에 성경이 상기시킬 때는 하나님이 야곱에게 나타났다고 말하며(창 35:1, 9; 48:3), 이 나타남이 특별히 중요하게 간주된다. 이는 단순히 하나님이 어떤 인물에게 약속을 주었다는 것이 아니라 하나님이 그 인물에게 나타났다는 것을 상기시킨다. 그러한 나타남 자체가 야곱에게 말로는 표현할 수 없는 특별한 무게를 지니고 있었을 것이다. 출애굽기 3:16에서의 신현현의 중요성에 주목할 수도 있다. 여기서 모세가 이스라엘 장로들에게 보고할 때, 하나님이 말씀했다는 것뿐만 아니라 하나님이 나타났다는 것을 짚는 것이 중요하다.

이러한 사례는 말씀에 수반되는 나타남을 단순히 '부차적'으로 간주해서는 안 된다는 것을 강력하게 시사한다.[14] 이러한 설명에 상당한 양의 본문 자료가 할애되어 있다는 점을 무시해서는 안 된다.

아마도 우리는 이스라엘 하나님의 말씀 신학에 대한 이해를 넓힐 필요가 있다. 하나님의 말씀에 대한 성경적 이해에는 구전적 요소와 가시적 요소가 모두 포함되어 있다. 예언자들의 상징적 행위에서 예배의 성례전적 행위에 이르기까지 하나님의 말씀은 단순히 구전되는 것이 아니라 어떤 의미에서 가시화되거나 상연되며, 문자적으로나 상징적으로나 살과 피를 입는다. 말씀하기 위해 나타나는 하나님은 이스라엘의 삶과 예배에서 하나님의 말씀에 대한 이러한 다른 광범위한 이해와 근본적인 연속성을 가지고 있다. '가시화된 말씀'에는 단순히 구두로 하는 말씀에는 없는 일종의 의미가 있다.

이러한 현상은 하나님의 말씀이 마음이나 영혼만을 위한 것이 아니라 전인을 위한 것임을 확인시켜 준다. 몸은 마음만큼이나 관계에 관여한다. 따라서 몸과 마음은 하나님의 말씀 선포에서 인격적인 요소를 더 분명하게 만든다. 전인적 존재인 사람이 만남에 사로잡혀 있기 때문에 구두로 전달하는 말씀도 더 설득력이 있을 수 있다. 또한, 육체적인 임재가 개입될 때 발화자와 청자 간의 관계의 강도는 더욱 높아진다. 발화자의 임재가 강할수록 말하는 말씀의 직접성이 높아지고 청자의 주의를 더 집중시킬 수 있다. 따라서 구두 말씀의 설득력이 높아진다. 또한 연속성과 인식가능성의 문제가 해결되어 항상 누구의 말씀인지 더 명확해지고, 시간이 지나도 해당 말씀의 기원과 근본 형태에 대한 안정성이 더 높아진다. 마지막으로, 하나님의 나타남은 하나님의 내재성과 초월성 모두에 대한 통찰을 제공한다. 초월성은 말씀의 근원이 "자기 마음"(렘 23:16)이 아니라 자신 밖에 있다. 이는 하나님이 말씀하기 위해 **나타난다**는 것이 분명해지기 때문이다. 내재성은 말씀하는 하나님이 세상 안에서 직접 '얼굴을 맞대고' 말씀하신다.

우리는 이 논의를 통해 본문에서 언급한 수신자나 전통을 전승한 사람들, 또는 둘 다에 의해 하나님과의 만남이 실재한다고 믿을 뿐만 아니라, 하나님의 실재는 내면의 시각 이상의 방식으로 경험할 수 있다고 생각한다.

ⓐ 첫 번째 유형의 신현현에서는 개인이 상대하고 있는 분이 하나님이라는 것이 즉시 드러나지 않고, 숙고한 후에야 비로소 인식하게 된다(예. 삿 13:21-23; 창 16:13; 32:30; 참조. 삿 6:22). 그럼에도 불구하고 그러한 인식의 장면에는 항상 하나님을 실제로 보았음을 알리는 언급이 뒤따른다. 따라서 숙고의 영역은 단순히 구두로 전한 말씀에만 국한되지 않고, 보았던 광경에도 집중된다. 실제로 위의 세 본문에서는 구두로 전한 말씀보다 눈으로 목격한 광경이 이들에게 더 많은 숙고를 불러일으킨다. 창세기 16장과 32장에서는 그 광경이 만남의 장소인 브엘라해로이와 브니엘을 통해 기념되고 있다. 신현현의 만남을 기억하는 사람들과 그것을 경험한 사람들은 그 광경을 최고로 중요하게 여긴다. 하나님이 말씀했을 뿐만 아니라 나타났다는 것은 이스라엘의 기억에 있어 중요한 사건으로 간주된다. 따라서 하나님에 대한 이스라엘의 믿음과 이해에 중요하다.

ⓑ 두 번째 유형에서는 신현현의 신적 본질이 즉시 인식되지는 않지만, 만남이 끝나기 전에 인식이 이루어진다(예. 출 3:1-6; 수 5:13-15; 참조. 삼상 3장). 여기서 하나님이 나타난 장소가 거룩한 땅이 되었기 때문에 '육화된 말씀'에 대한 현현의 효과가 인식되는 것이다(참조. 출 20:24). 임재의 특별한 강렬함은 구두로 하는 말씀에는 없는 영향이 세상에 미치

하나님의 _ 고통

며, 그 영향을 받는 개인뿐만 아니라 특정한 장소의 창조 질서에도 영향을 미친다. 나타남은 차이를 만들며, 더 효과적인 임재가 된다. 사무엘상 3장이 특히 인상적인 이유는, 3:8-9에서 엘리가 보여 준 열린 자세와 믿음으로 인해 목소리가 임함으로 전환된 것처럼 보이기 때문이다(3:10). 마치 엘리가 요구한 열린 자세가 하나님이 임재하도록 문을 여는 것처럼, 인간의 반응은 하나님이 세상에 임재하실 수 있는 방식에 영향을 미친다(참조. 겔 8:6). 더욱이 사무엘의 긍정적인 반응은 엘리의 충고를 들었기 때문만이 아니라, 하나님이 "임하여 서서" 계셨다는 사실에 기인한다는 점도 주목할 만하다.

ⓒ 세 번째 유형에서는 나타남의 어떤 측면에 의문을 제기하는 신현현의 수신자에게 표징이 주어진다(삿 6:15-24; 출 3:11-12; 렘 1:11-19). 이 경우 영적 또는 정신적 통찰이 아니라 경험적 정보가 주어진다는 점이 주목할 만하다. 여기에는 순종시킴, 설득함, 일종의 보호에 대한 분명한 배려가 있다. 수신자가 믿음이 부족하다고 꾸짖는 곳은 어디에도 없다.[15]

앞의 각각의 경우에서 나타남은 확실하게 신현현적이라고 할 수 없다. 눈에 보이는 광경에는 어떤 인상주의적 표현이 있다. 동시에 구두로 전한 말씀도 명백하게 신적인 것이라고 할 수 없다. 따라서 사자가 기드온에게 형식적으로나 내용적으로나 선한 이스라엘 사람이라면 하나님의 말씀이라고 인식했을 말을 한 후에도(삿 6:12, 14, 16), 기드온은 그것이 하나님의 말씀이라는 것을 확신하지 못한다(17절). 구두로 전한 것이나 눈으로 본 것이나 두 경우 모두 하나님으로부터 온 것이 아닐 수 있다는 모호함은 사라지지 않는다. 그러나 이 모든 경우에서 경험한 것이 신적인 것임을 기대할 수 있도록 확실하게 구분할 수 없기 때문에, **결국** 실제로 일어난 일의 본질이 무엇인지에 대한 의심이 남게 된다. 하나님이 말씀하고 하나님이 나타난다는 것은 그 어디에서도 특별하거나 '기적적인' 것으로 여겨지지 않으며, 단지 하나님을 본 사람들이 생존하여 그 경험에 대해 이야기하고 있다는 사실만이 경이로움으로 표현될 뿐이다. 이러한 효과는 특히 하나님의 나타남이 명백하게 드러나는 경우에서 두드러진다(창 12:7; 17:1; 26:2, 24; 35:9). 적어도 몇몇 개인들은 그러한 가능성을 기대했던 것으로 보이지만, 인간의 모습으로 나타난 흔적은 수신자들에게 그 모습이 절대적으로 모호하지 않았음을 시사한다.

ⓓ 꿈이나 환상에서 나타나는 신현현은 이 주제에 대한 네 번째 유형으로 볼 수 있다(창 28:12-13; 왕상 3:5; 9:2; 참조. 창 3:11-13; 15:1). 이러한 하나님의 나타남이 꿈에서 일어났다는 사실을 전혀 언급하지 않고 나중에 각각의 내러티브에서 언급되고 있다는 점은 놀랍다(창 35:1, 9; 48:3; 왕상 11:9을 보라). 이러한 종류의 나타남은 분명히 깨어 있는 동안에 일어나는 것과 다르지 않은 것으로 인식된다. 그러나 민수기 12:6-8은 약간의 차이를 시사한다(참조. 렘 23:25-29).

이르시되 내 말을 들으라 너희 중에 예언자가 있으면 나 여호와가 환상으로 나를 그에게 알리기도 하고 꿈으로 그와 말하기도 하거니와 내 종모세와는 그렇지 아니하니 그는 내 온 집에 충성함이라 그와는 내가 대면하여 명백히 말하고 은밀한 말로 하지 아니하며 그는 또 여호와의 형상을 보거늘 너희가 어찌하여 내 종 모세 비방하기를 두려워하지 아니

하나님의 _ 고통

하느냐

이 본문의 이슈는 보이는 부분("여호와의 형상")뿐만 아니라 들리는 부분("명백히 말하고 은밀한 말로 하지 아니하며")과도 관련이 있다는 것을 인식하는 것이 중요하다. 따라서 차이점은 종류의 성격에 있지 않고 명료함에 있다. 꿈에서는 모든 감각이 작동하는 전인적 존재인 인간이 특히 신체적 관점에서 신현현의 경험에 관여하지 않기 때문에 문제가 될 수 있다. 따라서 눈뿐만 아니라 전인의 완전한 참여가 경험에 있어서 어떤 차이를 만드는 것으로 보인다. 실제적인 나타남이 최고의 효과를 만들어 낸다. 그럼에도 불구하고, 꿈 속에서의 나타남에서조차 하나님의 **모습**form이 제거되지 않는다는 J. 바의 관찰은 확실히 옳다(참조. 창 28:13; 15:5).[16] 이 경우 꿈의 맥락으로 인해 하나님의 모습은 확실히 신인동형론적이다.[17]

기상 현상

이러한 나타남과 관련한 두 가지 유형의 경험적 현상, 즉 인간의 형태와 기상 현상을 자세히 살펴볼 필요가 있다. 첫째, 기상 현상. 이 현상에는 구름, 불꽃(번개), 영광 및 다양한 기상 현상이 포함된다.[18] 이 현상이 문자 그대로의 사건인 것인지 시적 이미지를 반영하는 것인지 판단하기는 어렵다. 레위기 16:2과 16:12-13을 비교하면 알 수 있듯이, 현재의 본문적 전통은 부분적으로는 기상 현상(예. 연기/구름, 불/번개, 나팔소리/천둥)의 재현을 포함한 예전적 관례에 따라 형성된 것이 분명하다. 이러한 현상은 주로 하나님을 감추기보다는 드러내는 역할을 했다. 이러한 기상 현상에 대한 경험뿐만 아니라 이 현상을 묘사하는 언어는 그 자체로 하나님의 임재를 집약적으로 드러내 보인다. 또한 이스라엘에게 나타난 하나님의 모습을 창조 세계 안에 임한 하나님의 편만한 임재라는 맥락 안에 놓을 수 있다. 이스라엘은 하나님의 현현을 (많이 오용되는 용어인) '개입'이나 창조 안에서 하나님의 정상적인 부재를 중단하는 것으로 해석해서는 안 되며, 폭풍이 창조 질서의 규칙적인 날씨 구조 안에 있는 것처럼 특별한 강화로 해석해야 한다는 것을 알고 있다.

영광, 구름기둥, 불기둥[19]과 같은 현상들은 하나님과의 동행 임재(출 13:21-22; 14:19-20, 24; 민 14:14)[20]뿐만 아니라 하나님의 거하는 임재(왕상 8:10-12; 참조. 출 40:34-38)와도 연관되어 사용되었다. 이것이 신현현적 임재와는 다르다는 것을 구름, 불기둥이 이스라엘에서 "떠나지 아니하니라"(출 13:22; 40:38)는 사실에서 분명하게 보여 준다(참조. 출 33:9). 더욱이, 구두로 하신 말씀이 부재한 상황에서 경험적 차원은 신적 임재의 실재와 접촉하는 중요하고 참으로 유일한 지점이 된다.

인도와 보호의 임무를 수행하기 위해 경험적 현상이 절대적으로 필요한 것은 아니었다는 것은 분명하다. 여호와는 기둥 "가운데" 계셨고 (출 13:21; 14:24), 하나님은 기둥 없이도 동일한 목적을 달성할 수 있었다 (참조. 창 28:15).

이러한 경험적 현상은 무엇보다도 하나님이 실제로 그들 가운데 임재하고 활동한다는 것을 사람들에게 가시적으로 확신시키는 데 중요하다. 경험적 현상은 순종을 이끌어 낸다. 신앙의 눈으로 볼 때, 경험적 현상은 하나님이 백성들 가운데 임재한다는 실재를 체감하게 한다. 또

하나님의 _ 고통

한 백성의 마음이나 영혼뿐만 아니라 모든 감각에 그 사실을 각인시킨다. 따라서 **전인**whole person**이 하나님의 임재를 경험하게 된다.** 폭풍우 현상의 특징은 관련된 사람들이 정상적인 날씨와는 다른 방식으로 경험한다는 것이다. 하나님은 사람들을 사랑하기 때문에 하나님 자신을 위해서도, 사람들의 필요와 경험을 위해서도 사람들이 그분의 임재를 더 강하게 깨닫기를 원한다.

그럼에도 불구하고 경험적 현상의 일차적 기능은 하나님을 드러내는 것이지 감추는 것이 아니라고 말할 수 있는 반면, 통제되거나 담길 수 없는 하나님의 임재에 관한 것임을 시사하기도 한다. 하나님의 오심은 마음이나 눈으로 온전히 파악할 수 있는 성격의 것이 아니다. 두 가지 의미의 감각 모두 최종적인 명확한 시야를 확보할 수 없다. 이러한 경험적 현상들, 특히 구름은 문자 그대로 하나님을 숨길 수 있는 능력을 가지고 있다. 그러나 구름 속의 불(빛)은 수신자들이 투명도나 불투명도가 아닌 반투명도를 인식한다는 것을 의미한다. 이 말은 하나님을 '뚫어지게 보지만' 거울처럼 희미하게 보는 것을 뜻한다.

경험적 현상의 다양성을 고려할 때, 신현현 내에서도 어느 정도 심화되는 경향이 있는 것 같다.[21] 모든 구름이 폭풍우인 것은 아니며, 사자는 좀 더 명확하게 표현된다. 신현현의 경험적 측면은 상황의 필요성 및 환경과 어떤 방식으로든 중요하게 관련되어 있는 것으로 보인다. 따라서 **직접적인** 인간 형태로의 나타남은 항상 개개인에게 일어나며 일반적으로 공동체의 지도자에게 발생한다. 보다 가려진 형태(구름, 불, 영광)로 나타나는 신현현은 일반적으로 공동체의 또는 제도화된 환경에서 발생한다.[22] 따라서 공동체의 상황에는 하나님의 임재가 덜 직접적인 방식으로 나타나는 경우가 많다.

특히 출애굽기 32장의 금송아지 숭배의 패착에 이어 출애굽기 33:1-3의 논의를 고려할 때, 이러한 소리 없는 직접성은 백성들의 죄와 관련이 있다고 제안된다.[23] 여기에는 진실의 요소가 있을 수 있지만, 출애굽기 13장, 14장, 19장(참조. 16:10)에도 비슷한 현상이 이미 존재한다. 물론 개개인에도 죄가 있다. 부분적으로는 이러한 초기 본문을 다시 읽은 후대의 제의적 재현에서 나타난 현상 때문일 수도 있다. 그러나 민수기 12:6-8에 암시된 것처럼, 개개인이 하나님과 특별한 관계를 누리는 지도자라는 사실이 더 근본적인 요인일 수 있다. 게다가 하나님이 공동체 전체에 나타날 때(예. 민 14:10; 16:19; 출 33:7-11) 백성들은 구름을 보지만 모세와 아론만이 하나님과 직접 "대면하여" 말씀하는 것을 듣는다. 이러한 불일치는 개인과 공동체를 구분하는 근본적인 이유가 해석적 통제와 인간의 자유 문제와 관련한 사실상 구조적인 것임을 시사한다.

이 중 첫 번째와 관련하여, 하나님은 핵심 인물들이 말씀을 이해하여 듣고 다른 사람들에게 적절한 방법으로 전달할 수 있도록 그들에게 맡긴다. 민수기 12:6-8에서는 듣는 것과 보는 것 모두에 대한 하나님의 관심이 강조되어 있다. 본질적으로 한 개인은 공동체의 모든 구성원과 동등하게 공유할 수 없는 의사소통 능력을 갖고 있다. 신학적으로나 경험적으로나 하나님과 세상과의 관계에서 지도자의 특별한 역할은 여전히 중요하다.

인간의 자유와 관련하여, 구름 속에 나타난 하나님의 모습은 우려와 거리감을 포함한 인간의 선택과 관점 모두를 보존한다. 이 경우 개인 목격자는 하나님의 말씀을 공동체에 전달하는 모세와 같은 지도자에게조

하나님의 _ 고통

차 허용되지 않는 범위를 넘어서까지 자유롭다. 그럼에도 불구하고, 신현현의 본질적인 모호성(예. 출 33:18-23을 보라)은 목격자에게 하나님의 신비를 느끼게 한다. 불신은 항상 가능성으로 남아 있다.

이와 관련하여 우리는 "나[즉, 내 얼굴]를 보고 살 자가 없음이니라"(출 33:20; 삿 13:22)라는 자주 반복되는 염려로 돌아갈 필요가 있다.[24] 우리는 세상적 현실이 신현현을 경험할 수는 있지만 그것을 만들어 낼 수는 없으며, 하나님과 세상의 관계는 하나님이 그 어떤 것에도 방해받지 않고 나타날 수 있는 성격을 지니고 있다는 점에 주목하는 것으로 시작한다. 특정한 신현현과 관련된 심화는 하나님이 세상과 어떤 근본적인 단절 속에 서 있기 때문에 발생하는 것이 아니며, 하나님의 깨어 있음으로 인하여 많은 '소리와 분노'가 발생하는 것이다. 가장 특별한 하나님의 '얼굴과 얼굴을 맞대는' 오심 중 일부는 매우 조용하며 심지어 어린아이와 같이 임하는 것으로 기억된다. 여기에는 부정할 수 없는 어떤 '연결고리'가 있다. 하나님과 세상은 절대적으로 다르지만, 자석의 양극이나 물이 기름을 밀어내는 것만큼 양립할 수 없는 관계는 아니다.

그러나 하나님을 보지 못하고 살아간다는 진술은 이러한 기본적인 이해와 모순되거나 적어도 중요한 방식으로 그 이해를 수정하는 것으로 보인다. 성경은 하나님을 볼 수 없다고 말하지 않는다는 점이 자주 지적되어 왔다. 오히려 하나님을 볼 수 있지만 그런 일이 발생하게 되면 살수 없다고 가정한다. 문제는 언제나 가시성의 문제가 아니라 생명의 문제인 것이다. 그럼에도 불구하고, 하나님은 살아서 신현현의 경험에 대해 이야기하는 특정 개인에게 하나님을 볼 수 있도록 허락하는 것으로 보인다(삿 6:22-23; 13:22-23; 창 16:13; 32:30; 출 24:10-11; 34:29; 민 12:8을 보

라. 참조. 출 33:11; 신 34:10). 출애굽기 33:20-23에서 부분적으로 하나님을 볼 수 있도록 허용된 것은 앞선 다른 구절들과 모순되는 것처럼 보이지만, 이러한 본문들이 반드시 하나님의 충만함을 모두 볼 수 있었다는 것을 암시하지는 않는다. 어쨌든, 신현현을 인식하고 볼 수 있도록 충분한 시각적인 봄이 허용되었다.

이 일반적인 공식의 이유가 인간이 하나님의 거룩함에 직면했을 때 인간의 죄 때문에 살 수 없는 것이라고 제안되기도 하지만, 그 예외를 보면 꼭 그렇지만은 않다는 것을 알 수 있다. 이런 내러티브에는 마치 인간이 시각적인 봄으로 인해 하나님의 주권이 과도하게 손상될 수 있으므로 하나님을 두려워해야 한다는 직접적인 언급은 없다.[25] 여기서 **하나님**이 보호받고 있다는 암시는 어디에도 없다. 출애굽기 33:12-23과 같은 본문에서도 모세가 건방지다거나 하나님이 모세를 불쾌하게 여긴다는 말은 나오지 않으며, 실제로 하나님은 모세와 끊임없이 대화를 나눈다.[26] 이 본문에는 다른 모든 본문에서와 마찬가지로 인간의 생명에 대한 관심이 표현되어 있다(20절). 하나님이 부분적으로 환상을 보도록 허락한 것은 모세를 책망하기 위해서가 아니라 하나님의 자비를 보여 주기 위해서이며, 이것이 본문이 부분적인 환상을 허락한 유일한 이유다. 따라서 하나님의 자유는 곧 모세를 **위한** 자유다. 이러한 맥락에서 우리는 인식론적 거리와 인간의 자유라는 개념을 기억할 필요가 있는데, 이 경우에는 특히 인간 생명의 보존과 동일시된다. 진정한 인간의 생명 보존은 하나님의 환상을 봄으로써 불신을 믿음의 성격으로 변화시킬 때만 가능하다. 이러한 관심은 사람들을 무지의 상태에 머물게 하지 않고, 보호하기 위한 것이다.

하나님의 _ 고통

요약하면 경험적 현상, 특히 하나님이 인간의 모습으로 나타남은 하나님이 이 세상에 방해받지 않고 나타난다는 것을 보여 준다. 이것은 유한한 존재가 무한한 존재를 드러내는 것이 가능하다는 것을 말한다. 하나님은 오셔서 불기둥과 구름기둥 가운데 임재할 수 있다. 하나님은 사자messenger라는 인간의 모습으로 나타날 수 있다. 세상은 하나님께 인간의 모습을 입히는 임무를 수행할 수 있다. 이러한 신현현에서 하나님은 창조 질서에서 선별한 측면을 취하고 인간의 모습을 '입음'으로써, 가능한 한 구체적이고 설득력 있고 강렬하게 사람들에게 임재할 수 있다. 신현현은 하나님이 세상과 동일하지 않다는 것을 보여 줄 뿐만 아니라, 하나님이 피조물의 모습을 취함으로써 인류가 세상 안에 구현된 하나님을 발견할 수 있음을 드러낸다.

인간의 모습

모든 신현현이 인간의 모습을 하고 있었을 가능성이 높지만, 인간의 모습으로 나타나는 것과 양립할 수 없는 신현현은 없다고 말하는 것이 증거에 더 충실할 것이다. 이 점에 관해 매우 확연한 형태로 나타난 대적(예. 창 18장)이 많다. 다른 모습은 좀 더 암시적인 모습도 있고(예. 출 24:10-11), 또 다른 모습은 겉모습과 말하는 신인동형론적 언급만 포함된 경우도 있다(예. 민 14:10-11). 후자의 본문에는 인간의 모습에 대한 명확한 언급은 없지만, 이 본문을 근거로 반대되는 결론을 도출하는 것도 불가능하다. 우리는 여기서 하나님이 인간의 모습을 한 본문상의 증거에 관심을 갖고 그것이 무엇을 의미하는지, 그리고 그것이 어떤 지속적인 의미를 가질 수 있는지를 결정하려고 노력해 볼 것이다.

1. 이와 관련하여 가장 명백한 신현현은 **하나님이 익명의 인간 모습으로 나타난**, 즉 "사람"ʾîsh(이쉬) 또는 "천사/사자"mal'āk(말라크)로 나타나는 경우다.[27] 이러한 사건은 짧고 직접적이며 인격적일 뿐만 아니라 일반적으로 개인에게 발생하지만 사사기 2:1-5은 예외다. 하나님은 어떤 특별한 방식으로 오는 것이 아니라 일상과 경험의 틀 안에서 평범한 삶의 사건들 속에서 그리고 그 사건들을 통해 온다.[28]

이러한 구절들과 관련하여 가장 흔히 관찰할 수 있는 것 중 하나는 사람/사자와 하나님 또는 여호와 사이에 분명한 진자운동이 있다는 것이다. 일반적인 하나의 패턴은 사자가 나타난 다음 이야기의 어느 지점에서 갑자기 하나님이 나타나거나 말씀한다는 것이다. 예를 들어 창세기 16:7을 보면, 사자가 샘물 곁에서 하갈을 발견하고 8-12절에서 하갈과 대화를 나누다가 13절에서 갑자기 "하갈이 자기에게 이르신 여호와의 이름을 나를 살피시는 하나님이라 하였으니 이는 내가 어떻게 여기서 나를 살피시는 하나님을 뵈었는고 함이라"라고 말한다. 발화자와 하갈 자신도 인식한 것처럼, 하나님 자신이 인간의 모습으로 나타났음이 분명하다. 사사기 6장에서 사자는 기드온을 만나고(11-12절, 기드온이 "나타나기" 전에 "이르러, 앉았다"는 점에 주목하라) 그와 대화를 시작하고(12-13절), 갑자기 여호와로 전환되어 기드온에게 말씀했다고 기록되어 있다(14, 16절). 그 후 기드온은 하나님의 신분을 증명하는 표징을 요청한다(17절). 여호와는 기드온이 예물을 가지고 돌아올 때까지 머물겠다고 약속하지만(18절), 기드온이 돌아왔을 때 응답하는 것은 사자이며(20-21절),

그 사자는 사라진다(21절). 기드온은 이제 이 사자를 "대면하여" 보았다고 확신하고(22절), 하나님은 그가 죽지 않을 것이라고 보증한다(23절). 이 마지막 대화는 사자를 "대면하여" 보는 것이 하나님을 보는 것과 같다고 가정하는데, 이는 하나님을 보고 죽는다는 생각이 분명히 문제가 되는 작동 원리임을 보여 준다(출 33:20; 삿 13:22).[29]

하나님이 취하신 형태가 인간의 형태라는 것은 일부 구절에서 *'ish*이쉬와 *mal'āk*말라크 사이의 진자운동으로 특히 분명해진다. 창세기 18-19장은 "사람들"(18:2)에서 단수 대명사와 복수 대명사의 사용(3-8절) 그리고 "여호와"(10, 13절)로, 다시 "사람"(16, 22절)에서 "두 천사"(19:1)로, 마지막으로 "주"(19:2; 참조. 18:3)로 이동하기 때문에 이 문맥 중 가장 복잡한 본문이다. 여기서 하나님은 인간의 모습으로만 나타나지 않고 세 가지 형태로 모두 나타나기 때문에 폰 라트는 "하나님의 단일하면서도 인격적으로 구별된 활동"이라고 말한다.[30] 사사기 13장에서는 전체 장이 "사람", "사자", "하나님의 사람", "하나님" 사이를 반복해서 오간다. 그러나 두 본문에서 "사람"은 "사자"에 대한 언급 없이 등장한다(창 32:24;[31] 수 5:13).

"사람" 또는 "사자"를 명시적으로 언급하지는 않지만 같은 의미로 이해해야 하는 본문도 있다. 예를 들어 창세기 35:9은 단순히 하나님이 "나타나사"라고 말하고 있지만, 35:13은 하나님이 그와 말씀하시던 곳에서 그를 떠나 "올라가시는지라"*'ālāh*(알라)고 보고한다. 창세기 17:1, 22에서도 정확히 같은 단어가 사용되었기 때문에, 특히 자연스러운 묘사 방식을 고려할 때 인간의 모습이 유일하게 가능한 언급인 것 같다. 여기에는 초자연적 요소라고 할 수 있는 것들이 빠져 있다. 또 다른 구절들은 "나타남"이라는 표현만을 포함하고 있지만, 그와 반대되는 다른 언급 없이 이

말씀만으로 인간에 대한 언급을 암시한다(창 12:7; 26:24; 왕상 3:5; 9:2).[32]

사자가 언급되는 특정 상황에서는 실제 모습이 아니라 하늘에서 또는 꿈속에서 인간에게 하는 말만 언급된다. 이러한 상황은 사자와 하나님 사이의 관계를 드러내는 데 중요한 역할을 한다. 창세기 31:11-13에 따르면, "꿈에 하나님의 사자가 내게 말씀하시기를 야곱아 … 나는 벧엘의 하나님이라."(참조. 16절).[33] 창세기 22장에서 사자는 아브라함이 아들을 죽이는 것을 막기 위해 개입한다(11-12절). 아브라함의 표현은 사자를 하나님과 구별하지 않는다. "네가 네 아들 네 독자까지도 내게 …." 15-16절은 사자가 불러서 말하는 것으로 되어 있지만, 16절의 말에는 "여호와께서 이르시기를"이라는 구절이 포함되어 있다(참조. 창 21:17-20과 18절의 "나"의 사용). 하늘에서 말씀하실 때(창 22장)에도 하나님과 사자는 상호 교차가 가능하다. 신현현에서는 하늘과 땅 사이에 연속성이 있다.[34]

사자가 출현하는 다른 구절들은 우리가 발전시키고자 하는 한 가지 점에서는 도움이 되지만, 다른 점에서는 도움이 되지 않는다. 이 관점은 사자를 인간의 모습으로 보지만(예. 단 8:13; 10:16-18; 참조. 7:13), 일반적으로 사자와 하나님 자신 사이의 말씀과 모양을 구분하는 것으로 가정한다. 예를 들어, 출애굽기 33:2-3(참조. 32:34; 민 20:16)은 사자가 하나님의 충만한 임재로부터 어느 정도 떨어져 있다는 점을 지적하는 것 같다. 다른 구절들은 하나님의 종속적 존재 또는 하나님을 중개하는 존재로 나아가는 것처럼 보인다.[35] 이 구절들은 특정한 모습으로 나타나는 하나님의 자기-현현, 즉 인간의 모습에 대해 말하고 있다는 데는 의심의 여지가 없는 것 같다.[36]

2. 신현현의 두 번째 기본 유형은 다음과 같이 설명할 수 있다. **하나님은 인간의 모습으로 나타나지만, 불, 구름/연기 또는 빛으로 가려져 있다.** 이러한 유형의 신현현은 일반적으로 공동체의 상황에서 나타나지만, 개인이나 소그룹만이 하나님의 말씀을 들을 수도 있다.

우선, 첫 번째 유형에서 두 번째 유형으로 넘어가는 과도기라고 할 수 있는 특정 신현현이 있다는 점에 유의해야 한다. 따라서 출애굽기 3:2은 "여호와의 사자"가 불꽃 "안에서" 나타나는 것에 대해 말한다.[37] 본문은 이어서 떨기나무 가운데서 부르시는 하나님에 대해 말하며, 발화자를 조상들의 하나님과 동일시한다. 그런 다음 모세는 "하나님 뵈옵기를 두려워하여" 얼굴을 숨긴다. 여기서 사자 언어의 사용은 불꽃이 하나님의 자기-현현의 형태로 식별되는 것뿐만 아니라 하나님이 나타날 때 취하는 인간적인 모습을 가리려는 가림막 또는 덮개도 된다는 것을 분명히 한다(또한 출 19:18; 신 4:12, 15을 보라). 에스겔 1:26-28은 "주위가" 불 같은 모양과 "사람의 모양" 사이의 관계에 대해 비슷한 방식으로 이야기한다.

구름기둥/불기둥에서 신현현적 임재와 동행하는 임재 사이의 연속성을 보았듯이, 사자 언어의 사용에서도 연속성을 볼 수 있다. 따라서 출애굽기 14:19은 기둥과 사자 사이의 적절한 관계를 증언한다. 이 구절을 출애굽기 14:24(또한 출 13:21; 민 14:14; 신 1:33을 보라)과 결속할 때, 여호와께서 기둥 "가운데" 있다고 말씀하신다면, 사자 역시 기둥 "가운데" 있다고 이해해야 한다. 따라서 신현현적 임재와 마찬가지로 기둥 자체는 신적 현현의 한 형태[38]가 아니라 하나님의 모습을 감싸는 역할이다.

이 구절들은 사자 언어가 사용되지 않을 때 가려진 상태로 오시는 하나님의 나타남에 대한 적절한 해석의 길을 제시한다. 결과적으로, 불기둥이나 연기/구름 기둥이 하나님이 말씀하는 모습으로 여겨지는 것이 아니라, 인간의 모습을 한 하나님이 기둥으로 가려진 환경 속에서 말씀하는 것으로 해석할 수 있다.

다양한 전통의 구절들은 여호와가 구름(출 19:9; 34:5; 레 16:2; 민 11:25; 12:5; 신 31:15; 참조. 출 20:21; 사 6:4) 또는 불(출 19:18; 신 4:12, 15) "가운데" 나타났다고 말한다. 따라서 구름/불은 말씀하는 하나님을 감싸는 역할을 한다. 일부 제사장 문헌에서 영광과 불이 사실상 동일시되고(참조. 출 40:34-35; 40:38), 영광이 구름 "속에" 있는 것으로 이해되는 것을 고려할 때(출 16:10을 보라. 참조. 왕상 8:10-11), 영광의 나타남만을 언급하는 구절들(예. 민 14:10; 16:19; 20:6)은 아마도 불/빛이 그 안에 보이는 반투명한 구름 모양으로 이해해야 할 것이다(참조. 레 16:13). 따라서 하나님의 현현을 위한 이 복합적 외피(참조. 레 16:2)는 결국 우리가 출애굽기 13-14장의 동행하는 구름기둥/불 기둥과 하나님의 관계로 보았던 것과 매우 유사하다.[39]

백성들은 일반적으로 구름을 본다고 말하지만, 출애굽기 19:9에서만 백성들이 하나님의 음성을 듣는다고 말한다. 다른 곳(예. 출 33:7-11; 민 14:10; 16:20)에서는 모세와 아론만이 음성을 들었다고 말한다. 모세는 아마도 음성을 듣기 위한 한 가지 목적을 가지고 정기적으로 성막의 구름 속으로 들어갔을 것이다(참조. 출 24:18; 33:9; 신 31:14-15).

이 구절들 중 일부는 구름/불 가운데 나타난 하나님이 인간의 모습으로 나타난다는 것을 강력하게 암시한다. 가장 구체적인 구절은 출애굽기 24:9-11로, 모세와 다른 사람들이 하나님을 뵈었다고 두 번 언급

하나님의 _ 고통

하는데, 이 구절에서는 발과 손이 모두 언급하고 있다(10-11절). 민수기 12:8은 모세가 "여호와의 형상"을 보았다고 말하는데, 문맥상 인간 이외의 다른 형상은 거의 인정할 수 없다. 신명기 4:15의—시내산에서 "너희가 어떤 형상도 보지 못하였은즉"이라는—말씀은 이 결론과 모순되지 않는다. 이 구절은 모세가 아니라 백성들이 어떤 형상도 **보지 못했다고 말하며,** 특히 형상이 아예 없을 가능성에 대해서는 아무런 언급도 하지 않는다. 앞에서 살펴본 바와 같이, 하나님이 서 있다는 묘사는 이러한 문맥들 중 일부에서 나타난다(예. 출 34:5-6; 민 12:5). "대면하여"라는 어구는 비문자적 해석이 가능하고, '얼굴'이 '임재'의 일반적 단어로 사용된다는 점에서 이것을 이해해야 하지만(예. 출 33:14), 인간의 모습에 대한 언급은 '단순한' 은유로 치부할 수 없다.[40] 출애굽기 33:11의 "사람이 자기의 친구와 이야기함 같이"라는 '불필요한'[41] 설명은 하나님이 가려져 있지만 분명히 인간적인 모습인 것에 대한 구약의 많은 언급을 강조하는 기능을 한다.

이처럼 베일에 싸인 하나님의 모든 모습은 결국 베일이 벗겨지면 인간의 모습으로 나타난다고 결론을 내리는 것이 합리적이다. 사실, 이러한 유형의 신현현을 첫 번째 유형과 비교하기 위해 '베일에 쌓인'이라는 표현을 사용하는 것은 오해의 소지가 있다. 분명히 인간의 모습을 한 사자의 모습에도 베일이 있으며, 때때로 그 모습에서 하나님이 즉시 드러나는 경우도 있다. 그러나 두 번째 유형의 신현현은 적어도 더 분명하게 가려져 있거나 적어도 공동체가 보지 못하도록 가리기 위해 추가 베일이 있다고 말할 수 있다. 우리의 목적 때문에, 보이는 대상의 정확한 윤곽이나 하나님의 충만함 가운데 얼마나 많이 감지되거나 파악되었는지를 결정할 필요는 없다. 단지 하나님이 자신을 볼 수 있도록 허용했고, 보여주신 모습이 적어도 인간의 모습과 유사하다는 것만 확인하면 된다.[42]

또한 이러한 맥락에서 특정 예언자적 구절은 지금까지 논의한 구절과 중요한 연속성을 지니고 있다는 점에 주목해야 한다. 바Barr는 "직접적이고 신인동형론적인 신현현의 더 오래된 전통이 예언자적 운동에서 계속 이어지고 있다"라고 말한다.[43] 아모스 7:7과 9:1은 "서 계신" 하나님에 대해 말한다. 이사야 6:1은 이사야가 "앉아 계신" 하나님을 "보았다"라고 말한다.[44] 예레미야 1:9은 "여호와께서 손을 내밀어 내 입에 대시며"라고 말하고, 에스겔 1:26은 "보좌의 형상 위에 한 형상이 있어 사람의 모양 같더라"라고 말한다. 후대 종말론적 환상(단 7:9; 슥 14:4)에서도 하나님을 인간의 모습으로 묘사하는 것이 지속된다. 따라서 가장 이른 시기의 전통부터 후대까지 하나님에 대해 말할 때 인간의 모습으로 묘사하는 방식에는 일관성이 있다.

이제 우리는 이 다양한 신현현적 본문에 존재하는 몇 가지 구성 요소에 대해 논의할 차례다. 취약성이라는 주제는 특별한 방식으로 나타난다.

하나님의 취약성

신현현적 본문에 대한 양식 비평 연구는 많은 구절에서 공통된 특정 요소를 분리했다.[45] 창세기 26:24-25은 때때로 편리한 기준점으로 인용된다.

그 밤에 여호와께서 그에게 나타나 이르시되 나는 네 아버지 아브라함의 하나님이니 두려워하지 말라 내 종 아브라함을 위하여 내가 너와 함께 있어 네게 복을 주어 네 자손이 번성하게 하리라 하신지라. 이삭이 그 곳에 제단을 쌓고, 여호와의 이름을 부르며 거기 장막을 쳤더니 이삭의 종들이 거기서도 우물을 팠더라

하나님의 나타남에 대한 도입 설명 후에는 일반적으로 "나는 네 조상의 하나님이니" 또는 "나는 네 아버지 아브라함의 하나님이니"(출 3:6; 창 26:24)와 같은 자기−신원 증명과 같은 소개 공식이 있다.[46] 보다 덜 흔한 것은 두려움을 가라앉히기 위해 고안된 진술이다(예. 창 21:17; 26:24). 지속하는 임재에 대한 확신이 더 빈번하다(예. 창 26:24; 28:15; 출 3:12; 렘 1:8), 이는 신현현적 임재와 동행하는 임재를 구분하는 것을 암시한다.[47] 그런 다음 특정한 나타남에 초점을 맞춘 말씀이 이어진다(예. 창 16:9−12; 35:11−12). 그리고 설명하는 진술로 이야기 구성을 마무리한다.

따라서 여러 신현현이 갖고 있는 물리적 개념에 공통적으로 사용되는 요소는 이름을 알려 주고, 안심시키고, 임재를 약속하고, 대화하는 역할을 한다. 신현현에는 대화에 초점이 맞춰져 있지만, 다른 말씀들은 중요한 방식으로 초점을 맞추는 역할을 한다. 대화하기가 기대하는 효과를 내기 전에 가능한 한 강력하고, 개인적이며, 신뢰할 수 있는 대화를 하는 데 도움이 되는 말씀이 사용된다.

하나님의 안심시킴은 가장 기억할 만한 순간이라고 할 수 있다. 이는 특히 하나님의 신원 증명과 관련이 있으므로, 신현현 당시에 말씀을 듣는 사람이 누가 말씀하는지 모른다는 어떠한 두려움으로 인해 구체적인 말씀을 올바르게 듣지 못하게 방해받는 것을 방지한다. 또한 임재에 대한 약속이 안심시킴에 도움이 되지만 그것에만 그치지 않고, 더 나아가

말씀이 성취되는 맥락에서 지속하는 하나님의 임재를 더욱 명확하게 한다. 현현하는 하나님은 현현이 아무리 중요할지라도 하나님의 목적을 달성하기에는 그 나타남 자체로 불충분하다고 생각한다. 그러므로 이와 관련된 사람들의 세상에서 하나님의 임재가 지속되는 것이 그들을 위해서뿐만 아니라 말씀을 위해서도 필요하다. 말씀을 주는 하나님은 말씀이 아무리 강력한 힘을 가지고 있더라도 말씀 스스로 일을 하도록 내버려 두지 않는다.[48] 하나님의 말씀과 하나님의 임재는 항상 함께 있어야 한다. 말씀은 결국 임재에 의존한다. 말씀이 하나님이 의도하신 목적을 이루려면, 하나님은 세상 속에서 계속 일해야 한다. 하나님은 말씀만을 남기고 떠날 수 없다.

하나님은 말씀을 위해 계속 일하고 있는 반면, 이제 말씀은 하나님의 손안에만 있는 것이 아니다. 말씀은 이제 세상 안에 있다. 이는 말씀을 받은 자들이 말씀을 오용할 수 있고, 하나님의 목적과 일치하지 않는 방향으로 말씀을 왜곡할 수 있으며, 말씀이 의도한 효과를 발휘하지 못하게 할 수 있다는 뜻이다. 말씀이 세상에 주어짐으로써 말씀은 취약성을 갖게 된다. 예를 들어 출애굽기 32장은 시내산에서 주어진 말씀에 어떤 일이 일어났는지를 증언한다. 말씀을 받은 사람들이 그 말씀을 가지고 자신들이 그동안 걸어온 길을 바로잡거나 더 과감한 조치를 취하기 위해서는 지속적인 임재를 넘어선 더 깊은 신적인 현현이 필요하다(출 34:1-7; 민 14:10; 16:19을 보라).

게다가 출애굽기 33장에서 볼 수 있듯이 말씀이 주어질 때 일어난 일이 하나님의 임재에 영향을 미친다. 이를 통해 세상에 선포되는 하나님의 말씀만 취약해지는 것이 아니라 하나님의 임재에 대한 약속도 취약해진다는 것을 알 수 있다. 말씀이 자신들에게 주어질 때 사람들의 반응은 하나님을 덜 강렬하고 덜 바람직한 모습의 임재로 여겨 하나님을 사실상 후순위로 제쳐 놓을 수 있다. 그렇기 때문에 하나님은 그분이 원하는 방식으로 자신의 백성과 함께 임재할 수 없고 하나님의 말씀을 백성이 제대로 보게 할 수 없다(삼상 3:1을 보라). 세상이 이렇게 하나님께 반응하는 방식으로는 하나님이 세상의 삶 속으로 충분히 들어올 수 없다. 결국 이로 인하여 하나님 임재의 취약성을 말한 앞의 내용으로 되돌아가게 된다.

지금까지 신현현의 일부로 여겨졌던 이 취약성은 하나님이 이름을 알려 줌으로써 더더욱 강화된다.[49] 하나님의 이름을 보호하기 위해 특별히 주어진 계명이 있다는 사실은 놀랍다. "너는 네 하나님 여호와의 이름을 망령되게 부르지 말라 여호와는 그의 이름을 망령되게 부르는 자를 죄 없다 하지 아니하리라"(출 20:7; 신 5:11). 이 계명에서 우려하는 바는 레위기 19:12에 "너희는 내 이름으로 거짓 맹세함으로 네 하나님의 이름을 욕되게 하지 말라 나는 여호와이니라"에 더 충분하게 표현된다.[50] 여기서 특별히 흥미로운 점은 이 계명에서 하나님은 자신에 대해 그리고 하나님 자신의 미래에 대해 염려하고 있다는 점이다. 이것은 하나님의 이름을 부르는 것이 하나님에게 어떤 의미를 가져다주는지, 매우 중요한 시사점을 보여 준다.

이름을 알려 주는 것에 어떤 의미가 담겨 있기에 하나님에게도 영향이 미칠까?[51] 이름 알려 주기에는 생명이라는 의미가 담겨 있다. 이름은 살아 있는 사람에게 주어지며, 그 이름이 후손에게 영속된다고 하는 중요성을 가진다. 또한 그 사람 삶의 모습을 일부분 지속하게 하는 것과 관련이 있는 것으로 이해된다. 이름 알려 주기는 고유한 성격을 부여함으로써 다른 이름을 가진 신들과 차별 짓는다. 하나님은 자신에게 직접 이름을 부여함으로써 사람들로부터 이름이 지어져 불리는 다른 신들과 구별된다. 항상 그런 것은 아니지만,[52] 이름은 그 사람의 기원(창 4:1)이나 삶의 경험(창 32:26) 혹은 성격(삼상 25:25) 등 삶의 일부 요소를 반영하는 경우가 종종 있다. 어떤 이름에는 적어도 자아가 어느 정도 담겨 있다. 다른 사람에게 이름을 공개하는 것은 일반적으로 그 이름을 알린 자에 대한 통찰을 **일정 부분** 의미하기도 한다. 그것은 자기-공개 행위, 계시 행위가 될 수 있다. 하나님이 "나는 네 아버지 아브라함의 하나님이니"(창 26:24)라고 말씀한 것은 그 이름을 특정한 역사와 결속시키고, 자신의 이름을 주신 하나님에 관해 무언가를 드러내 보이는 것이다. 이는 하나님의 이름이 선물이라는 사실에서도 알 수 있는데, 하나님은 다른 사람이 이름을 지어 준 것이 아니라 하나님 자신으로부터 온 이름이며 따라서 초월성을 드러낸다.

게다가 이름 알려 주기는 특별한 종류의 관계를 수반한다. 이름을 알려 주는 것은 관계에서 어떤 친밀감을 형성할 수 있는 가능성을 열어 주고, 실제로 그러한 바람을 받아들이는 것이다. 서로의 이름을 모르는 관계는 필연적으로 어느 정도의 거리가 있음을 의미한다. 이름을 부르는 것은 친밀감을 위해 필요한 요소다. 하나님의 이름을 부름으로써 존재감이 더 강해지고 다른 방법으로는 얻을 수 없는 어떤 구체성을 만들어 낸다. 이름을 부름으로써 진정한 만남과 소통을 가능하게 한다. 이제 하나님과 사람들은 친밀감과 깊이를 더할 수 있는 수준에서 서로를 만나고 부를 수 있다. 이름 부름은 접근 가능성을 수반한다. 하나님이 사람

하나님의 _ 고통

들에게 자신의 이름을 알려 줌으로 인해 사람들은 비로소 하나님께 접근할 수 있게 된다. 하나님을 이름으로 부를 수 있고, 사람이 하나님을 부를 수 있다고 하는 것은 하나님이 접근 가능성에 대해 특별한 자기-헌신을 한다는 것을 의미한다. 이름을 알려 주는 것은 역사성을 수반한다. 누구든지 이름이 알려진 사람은 그 이름을 알게 된 공동체의 일원이 된다. 따라서 하나님 자신의 역사는 특히 하나님 백성의 세계와 밀접하게 통합되어 있다. 하나님은 하나님 백성의 이야기에 참여자가 되어 삶을 공유하며 동일화의 깊이를 더 깊게 한다.

마지막으로, 이름 알려 주기는 취약성을 수반한다. 이름을 알려 줌으로써 하나님은 세상에 공개되고 그 이름을 부를 수 있는 사람들이 하나님의 이름을 마음대로 사용할 수 있게 된다.[53] 이것은 하나님의 이름이 영광을 받을 수도 있지만 오용되고 남용될 수도 있다는 것을 의미하기 때문에, 적지 않은 위험을 감수해야 하는 자기-내어 줌의 행위다. 따라서 이름을 알려 주는 것은 항상 고통의 가능성을 수반하며, 하나님의 생명 자체에 악영향을 미친다. 이름을 알려 주는 데 따르는 상처에 대해 말하자면 더 친밀한 관계일수록 상처를 줄 가능성도 더 커진다. 하나님에게 있어서 자신의 이름을 알려 준다는 것은 고통받을 가능성을 감수하는 일이다. 실제로 하나님이 사람과 세상에 대해 알고 있는 것과 그 이름에 일어날 수 있는 일을 고려할 때, 하나님은 고통을 감수하기로 선택한다.

하나님의 이름은 생명, 구별성, 구체성, 친밀성, 접근 가능성, 소통, 역사성, 동일화, 취약성을 의미한다. 이스라엘이 하나님의 이름을 부르는 것이 어떻게 하나님 자신을 부르는 것이 되었는지 쉽게 알 수 있다

(시 20:1; 54:1; 124:8을 보라). 하나님의 이름이라는 선물은 하나님 자신이라는 선물을 포함한 것이다. 따라서 백성에게 "내 이름으로 (이스라엘 자손에게) 축복할지니"(민 6:27)라고 한 말씀은 가장 친근한 의미로 이스라엘 자손이 하나님의 백성이라는 것을 표현한 것이며, 이제 그들은 하나님의 이름을 가진 백성으로 알려지고, 하나님이 진정으로 그들 가운데 임재하는 백성이며, 취약성을 가진 하나님의 이름을 부를 수 있게 된 백성이라는 것을 의미한다.

인간의 모습을 가진 하나님

신현현의 불가피한 경험적 요소에 관해 위에서 언급한 맥락 안에서 이 논의를 이해하는 것이 중요하다. 구체적이고 실재하는 것에 대한 관심은 분명하며, 하나님이 전인whole person에 말씀하는 것이 더욱 분명해짐에 따라 인격적 요소는 더욱 선명해진다. 임재의 강도가 더 강해짐에 따라 말씀의 방향성과 잠재적 효과도 더 커진다. 우리는 때때로 특별한 '임재'를 경험한 개인에 대해 이야기한다. 특별한 임재를 경험한 개인은 단순히 자신이 표현하는 말씀뿐만 아니라 자신이 구현하는 말씀을 전할 때 주의와 존경 등을 요구받는다. 그 결과, 임재를 경험한 개인의 말은 일반적으로 직접 글을 쓰거나 기록했을 때보다 더 큰 영향력을 발휘한다. '직접' 전하는 말에는 종이나 기록으로 적힌 말에는 없는 특별한 잠재적인 힘과 생명이 있다. 하나님의 나타남은 그것을 경험한 자가 하는 말의 질적인 차이를 만든다. 가령 '나타나시는 하나님'이라고 말하는 것은 '말씀하시는 하나님'이라고 말하는 것보다 하나님과 하나님-사람의 관계

하나님의 _ 고통

에 대해 더 많은 의미를 담고 있다. 더욱이 우리와 같은 인간의 모습으로 육신을 입고 나타나는 하나님에 대해 말하는 것은 하나님과 세상의 관계에 대해 더 많은 의미를 담고 있다. 인간의 반응은 단순히 믿거나 말하는 것에 그칠 수 없으며, 세상 속에서 말씀을 닮아 행하는 반응이어야 한다는 점에서 인간의 삶에도 더 분명한 함의가 있다. 보는 것은 듣는 것에 무언가를 더하는 것이다.[54]

게다가 하나님이 인간의 모습으로 나타남이 구약 전반에 걸쳐 일정하다는 사실은 다른 경험적 현상과는 비교할 수 없는 수준의 중요성을 부여한다. 인간의 형태는 하나님에 관한 것뿐만 아니라 하나님과 세상/사람과의 관계에 관해서도 무언가를 말하고 있다고 할 수 있다.

하나님과 관련하여 인간의 형태는 어떤 방식으로 보아도 하나님의 신성과 이질적이지 않다고 분명하게 말할 수 있다. 하나님과 인간의 모습 사이의 관계를 어떻게 보든, 유한한 형태는 무한한 형태를 수용할 수 있다. 신약의 이해를 굳이 통합하지 않는다 해도, 아이히로트는 하나님을 "일시적으로 자신을 성육신할 수 있는 분"으로 보는 것이 가능하다고 말한다.[55] 하나님은 자신의 초월성을 손상시키지 않으면서도 인간의 모습을 취할 수 있다.[56] 구약 본문들이 이 문제에 대해 거의 있는 그대로 말하는 방식은 발화자들이 이 문제를 다루는 데 있어서 아무런 어려움을 느끼지 않았으며, 이러한 언급이 매우 자연스럽고 적절하다고 느꼈다는 것을 분명히 보여 준다.[57] 이런 인간의 모습을 한 하나님을 묘사하는 발화자의 표현은 하나님의 신성에 대한 타협이나 '경외감 없는 친밀함'을 암시하는 것으로 생각되지 않았다.[58] 동시에, 이러한 구약 본문들에는 이와 관련한 추측이 없는 것이 분명하다. 형태가 있다는 것과 그 모습이 인간이라는 것은 분명하지만, 그 모습의 생김새에 대해서는 아무런 관심을 보이지 않는다(단 7:9 후반부는 이러한 입장에 대한 다소 놀라운 부분적 예외다). 특히 더 베일에 싸여 있는 하나님의 모습이 부분적으로만 언급되는 것(손이나 발)은 하나님의 생김새를 추측하는 것에 무관심하다는 것뿐만 아니라 다소 인상적인 그림을 만들기 위한 관심을 암시하는 것이다.

다음 질문은 좀 더 어려운 질문이다. 인간의 모습은 단지 외적인 모양을 위해 하나님이 **취한** 것인가, 아니면 인간의 모습과 원래의 하나님 사이에 본질적인 연속성이 있는 것인가, 아니면 둘 다인가? 이와 관련하여 하나님을 영으로 간주하는 방향으로 나아가는 것은 실수다. 구약은 물론 신약에서도 하나님에 대해 말할 때 그러한 표현을 거의 사용하지 않는다는 것은 놀랍다. 이사야 31:3이 이와 관련하여 자주 인용된다.

애굽은 사람이요 신이 아니며 그들의 말들은 육체요 영이 아니라

그러나 아이히로트가 지적했듯이,[59] 이 구절은 영이 물질에 반대되는 개념이 아니라 "본질적으로 일시적인 것"과 반대되는 "하나님의 생명에 대한 영구적인 능력"을 제시하는 역할을 한다. 영적인 것과 육체적/물질적인 것은 상호 배타적인 범주가 아니다. 하나님을 영이라고 말하는 것이 반드시 형태가 없는 것을 수반하는 것은 아니다.

이 사안에 대한 한 관점은 하나님 자아의 모습을 직접적으로 말하기를 피하는 표현을 사용한다. 그렇지만 적합한 언어에 대한 합의가 이루어지지 않았다. 예를 들어, 쾰러Koehler는 '위격', '발산', '대체'와 같은 표현

하나님의 _ 고통

을 배제하고 "표상"representaion을 사용하기로 결정했다.[60] 제이콥Jacob은 "외형적 영혼" 또는 "이중성"을 가진 야웨라는 개념에 끌린다.[61] 또 다른 곳에서는 '분신'alter ego이라는 표현이 자주 등장하는 반면, A. R. 존슨Johnson은 인격의 "외연"extension이라는 용어를 사용한다.[62] 이러한 한정적인 시도들은 어떤 우려에 의해 촉발된 것으로 보이는데, 이 우려는 하나님의 실제 임재를 말하는 나타남이 다른 곳에서는 하나님의 임재를 불가능하게 만들었다는 데 있다.[63] 그러나 이 문제는 다음과 같은 수식 없이 언급되어야 한다. '**하나님**은 나타나신다.' 결국 자기-현현의 표현을 사용하는 사람들이 옳다.[64]

그러나 '사자'라는 언어의 사용은 이러한 수식을 도입하려는 시도라고 주장할 수도 있다. 이는 일종의 수식이지만, 그러한 표현의 사용에 대해 일반적으로 주장하는 것과는 다른 순서의 수식이다.

몇몇 본문은 하나님의 나타남에 대해 명백하게 직접적인 방식으로 말하고 있지만(창 12:7; 17:1; 26:2, 24; 35:9), 인간의 모습은 그 흔적만 보이는 모호함이 있을 수 있다. 그러나 이러한 나타남에는 하나님의 모습이 더 가려져 있거나 더 모호하게 나타나는 다른 모습과 차별화되는 특별함은 없다. 보다 직접적인 하나님의 나타남, 즉 사자에서 하나님으로 전환되고 또 그 반대로 전환되는 진자운동은 매우 불규칙적이어서 궁극적인 기원이 다를지라도 그 사용의 임의성은 분명해 보인다. 우리의 주장은 이것에 의존하고 있지는 않지만, 이러한 방식의 말하기는 서로에 비추어 해석되도록 의도된 것일 수 있다.[65] 하나님은 나타나지만 직접 보이거나 분명하게 나타나지는 않는다. 이 진술의 양면을 모두 확인해야 한다. 신인동형론적인 대화를 피하기 위해 사자의 언어가 사용되지 않은 것은 분명해 보인다. 그것보다는 오히려 인간의 모습에 대한 언급으로 인해 모호함이 강화된다고 할 수 있다. 꿈에서와 마찬가지로 여기서 이슈가 되는 것은 간접적인 나타남이라는 모호한 개념이다. 그러나 이것이 실제로 나타나고 말씀하는 존재가 하나님이 아니라는 뜻은 아니다. **인간의 모습을 취하여 나타나고 말씀하는 분은 하나님 자신이다.** 인간의 모습은 하나님의 자기-현현의 모습이다. 이것은 결코 하나님이 세상의 다른 곳에서는 하나님이 아니라는 것을 의미하지 않으며, 단지 나타나는 순간에 하나님의 임재가 특별히 강화된다는 것을 말하는 것이다.

동시에, 하나님과 사자를 '식별하는' 시도는 오해의 소지를 불러 일으킬 수 있다. 이는 사자가 **하나님**의 **임재**보다 더 적게 나타나기 때문이 아니라, 오히려 하나님의 임재보다 사자의 임재가 **더 많이** 나타나기 때문이다. 하나님이 취하는 모습에는 하나님 이외의 모습이 존재하며, 무한한 분이 나타남을 위해 유한한 모습을 취한다. 따라서 분리나 동일시하는 표현보다는 구별의 표현, 즉 하나님과 인간의 모습을 입은 하나님 사이를 구별하는 표현으로 사용하는 게 좋다. 따라서 이 논의는 '누가' 나타났는지를 설명할 적합한 표현이나 중간 표현을 찾으려는 노력은 도움이 되지 않음을 시사한다. 결국 이렇게 밖에는 달리 표현할 방법이 없다. 인간의 모습을 입고 나타난 분은 **하나님**이다.[66]

지금까지 우리는 한 부분만을 집중적으로 질문했다. 하지만 신인동형론적인 표현을 기능적인 측면, 즉 하나님의 자기-현현의 수단으로만 말하는 것이 충분할까? 아니면 하나님 자신의 형상과 함께 본질적인 연속성에 대해서도 말할 수 있을까? 이에 대한 증거가 매우 애매하기 때문에 이 영역에 집중한 학자는 거의 없다. 이전 세대의 학자들이 취한

한 가지 관점은 아마도 점진적 계시로 이해하는 것이었다. 초기 이스라엘은 하나님이 본질적으로 인간의 모습을 하고 있다고 생각했을지 모르지만, 점점 더 영적인 방향으로 사상을 발전시키면서 결국 그러한 개념을 벗어나게 되었다는 이해다.[67] 그러나 구약 전반에 걸친 신인동형론적 언급이 때로는 모호하더라도 일관되게 나타나고 있다는 점은 이러한 결론을 약화시킨다.[68] 따라서 오늘날에는 신인동형론적 표현의 사용은 하나님이 어떠한 형태로 존재할 것이라고 추정하는 특정한 관계보다는 인간의 필요, 의사소통 또는 신학적 강조의 문제와 관련이 있다고 보는 것이 더 일반적이다. 한 가지 예를 들어, 아이히로트는 "우리에게 영적인 개념으로 너무 쉽게 가려지는 하나님의 즉각적인 근접성과 실재성이야말로 신적 계시의 두드러진 특징이며, 사람들로 하여금 하나님의 임재가 인간의 모습을 띠도록 **강요한다**"(강조는 저자의 것)라고 말한다.[69]

몇몇 학자들은 이와 관련하여 더 대담하게도 위에서 논의한 본문뿐만 아니라 창세기 1:26 "우리의 형상을 따라 우리의 모양대로 우리가 사람을 만들고"라는 구절에 근거하여 잠정적인 결론을 도출하려고 노력한다. 예를 들어 폰 라트는 수식하는 표현을 사용하지 않고 "실제로 이스라엘은 야웨, 그분 스스로가 인간의 모습을 가진 것으로 생각했다"라고 대담하게 말한다.[70] 그러나 폰 라트가 지적하듯이 이 구절은 하나님이 신인동형론화 된 것이 아니라, 인간을 '신형론화'theomorphic한 것으로 간주함으로써 일반적인 의문을 뒤집는다. 제사장 문헌 저자는 "인간이 창조된 패턴은 피조물의 영역 밖에서 찾아야 한다는 사실을 주장한다"라고 말한다.[71] 폰 라트는 하나님과 인간 사이에, 특히 성별에 관해서는 '무한한' 차이가 있다는 점을 분명히 하는데, 다음과 같은 그의 기본적인 주장은 참으로 놀랍다. 즉, 이것이 초기 이스라엘의 단순한 개념이 아니라 비교적 후대에 형성된 것으로, 그 특징을 제대로 반영하는 자료에서 나온 것이라고 본다. 또한 이스라엘 종교의 신상금지aniconic라는 특징의 최소한의 뿌리는 여기에서 찾을 수 있다. 즉, 하나님은 살아 있는 인간의 모습으로만 '형상화'될 수 있다는 주장도 제기되었다.[72] 이 점에서 우리가 가진 증거에 근거하여 최종적으로 명확한 답을 얻을 수는 없지만, 이스라엘은 하나님이 형태가 없다고 생각하지 않고 오히려 **인간의 모습을 가진 하나님의 나타남으로 인해 하나님이 형태를 가졌을 것이라는 믿음과 더불어 본질적인 연속성을 담지한 육화**enfleshment**로 이해했을 가능성이 높다.**

이러한 개념이 하나님과 세상/사람과의 관계를 파악하기 위한 이스라엘의 이해에 어떤 함의가 담겨 있을까? 예를 들어, W. 비셔Vischer는 하나님은 "자신을 비우시고 신성의 모양을 취하시며, 자신을 낮추시고 사람의 형태를 취하신다"라고 하며, "그는 인간에게 먼 개념이나 고상한 관념, 절대자, 불가해한 분, 무한자가 아니라, 모든 사람에게 진정으로 가장 가까운 분으로, 지극히 개인적인 친구 또는 적과 같은 인간성을 나타내어 자신을 드러낸다"라고 말한다.[73] 이 인용문은 신약의 실재와 쉽게 연관 지을 수 있지만(빌 2:6-7을 보라), 그렇게 쉽사리 내버려둘 수 없는 세상을 향한 하나님의 결단을 고양시킨다. 인간의 모습을 한 신현현은 세상과 하나님의 백성에게 그렇게 강화된 방식으로 임재하기로 결정한 하나님을 증거한다. 이 하나님은 사람들과 소통하기 위해 가능한 한 인격적인 방식으로 사람들을 만난다.

더 나아가, 하나님은 이런 방식으로 자신을 사람들과 동일시하는 방법을 보여 주려고 한다. 하나님이 일시적으로 나타날지라도, 여기에는 하나님이 인간의 상황을 하나님 자신의 상황으로 만든 방법이 예시되어 있다. 여기서 하나님은 어떤 진정한 의미에서 하나님이 인간의 상황에 참여하기로 선택했고, 하나님은 인간의 역사에 참여한다는 것을 보여 준다. 사실, 신현현과 함께 쉽게 연관되는 임재의 약속은 인간 역사 안에서 하나님의 친밀한 개입이 신현현의 순간에만 국한되지 않음을 나타낸다. 즉, 신현현은 세상과 맺는 하나님의 지속적인 관계를 해석할 수 있는 실마리를 제공한다. 신현현은 격동의 시대를 넘어 하나님의 방식에 대한 집중된 비전의 순간을 제공하며, 하나님은 세상이 있는 곳이라면 어디든 가능한 한 완전한 참여자가 되기로 선택했다. 따라서 신현현은 하나님의 말씀이 수령자들에게 전달되는 데 특히 효과적인 방법을 제공한다. 말씀 수령자들은 이제 하나님이 자신들 가운데 임재하겠다고 약속했을 뿐만 아니라 하나님이 가장 강렬하고 인격적인 방식으로 세상의 삶을 나누고 있다는 것을 알게 된다.

바로 이 지점이 전사이신 하나님에 대한 신현현과 말씀의 담지자로서의 하나님에 대한 신현현을 상호 참조하는 가장 좋은 시점일 수 있다. 이스라엘 역사에서, 이스라엘이 위협에 처하여 그들을 대신하여 특별히 강렬하고 인격적인 하나님의 활동을 요청했던 그 시점에, 하나님이 인격 중심의 신현현으로써 다음과 같이 강화된 방식으로 임재한다고 믿었다. 이스라엘은 비록 눈에 보이지도 않고 귀에 들리지도 않지만, 하나님이 특별히 강렬한 방식으로 임재하고 관여한다고 믿을 수 있었다. 그러나 인간적 신현현이 없었다면 하나님의 내재성에 대한 그러한 믿음과 확신, 이해는 그렇게까지 발전할 수 없었을 것이다.

마지막으로, 하나님이 인간의 모습으로 나타남은 하나님의 취약성을 드러낸다. 신현현이 폭풍우 현상으로 나타난다면 상당히 다른 인상을 줄 수 있을 것이다. 이는 하나님이 상황을 완전히 통제하고 있으며, 하나님 앞에서 가능한 유일한 반응은 두려움과 공포뿐이라는 것을 암시할 수 있다. 그러나 그러한 현상 가운데서도 인간의 모습으로 나타난다는 것은 또 다른 관점을 드러낸다. 그것은 하나님이 조롱(창 18:12-13을 보라)이나 불신(삿 6:13-17을 보라)의 반응이 뒤따를 수 있는 더욱 상처받기 쉬운 세상의 삶 속으로 들어가는 것을 암시한다. 이는 세상이 하나님을 마음대로 하도록 구체적으로 자신을 내맡기는 것이다. 말씀이 압도적인 힘이 아니라 평범하고 일상적인 일상사의 틀 안에서 연약한 육신 안에 깃들어 있다는 것은 하나님의 이러한 방식을 드러내는 것이다. 왜냐하면 하나님의 나타남이라는 의복이 권능의 모양으로 꿰매어져 있는 경우에도 여전히 상처받기 쉬운 형태의 의복으로 옷 입었기 때문이다. 이스라엘에게 성육신하지 않은 하나님이란 존재하지 않는다.[74]

7장

하나님은…때문에
고통받는다

지금까지 우리는 하나님의 고통이라는 주제를 다양한 방식으로 다루었다. 하나님과 세상의 관계를 다루는 다양한 주제에 하나님의 고통이라는 문제가 얼마나 자주 등장하는지를 보면 놀라움을 금할 수가 없다. 여기서는 고통에 관한 구체적인 표현을 살펴보고, 고통받는 하나님에 대해 말하는 데 있어서 관련된 내용이 무엇인지, 실제로 어떤 문제가 발생하는지에 대해 생각해 보려고 한다. 다양한 본문이 고통의 문제를 환기시키는 것처럼 보이기 때문에 나는 하나님이 받는 고통의 이유에 초점을 맞출 것이다.

고통이라는 주제는 그동안 구약 학자들이 거의 연구하지 않았으며, 이 주제가 발견되는 본문의 문맥을 분석한 주석이나 다른 연구에서도 이 주제를 아주 드물고 간략하게만 다루고 있다. A. 헤셸Heschel과 U. 마우저Mauser는 예언서에 관한 주요 저작에서 이 주제에 관하여 가장 완전한 견해를 제시한 반면,[1] C. 베스터만Westermann은 여러 연구에서 이 문제를 간략하게만 다루었다.[2] 이 주제에 대한 연구에 있어서 중요하다고 생각하는 베스터만의 연구 방향은 아주 인상적이다.[3] 그의 연구는 여러 가지 면에서 보완되어야 하겠지만, 이 장에서 핵심적인 내용을 제공할 것이다.

더 오래된 저작들 가운데 H. W. 로빈슨Robinson의 작품에 주목할 필요가 있다. 이 저작은 특히 제1차 세계 대전 이후 영국에서 몇 년 동안 논의되었던 하나님의 무소부재에 관한 보다 일반적인 연구 중 일부다.[4] 그의 작품에는 인간과 하나님의 고통의 문제가 통합되어 있지만, 구약에 나타나는 인간의 고통에 관한 연구는 다루지 않았다. 이러한 연구들이 나오고 시간이 흐르면서 몇 가지 다른 책과 논문이 출간됐다.[5]

여기서 살펴볼 대부분의 연구는 하나님의 선포와 주로 탄원시 또는 '탄원시와 유사한' 자료에 두드러진다. 고통에 관한 어휘 중 일부는 좀 더 독립된 문맥에서 나타난다. 예언서 안에 나타나는 하나님의 선포를 따로 구별해 내는 것은 때로는 어렵다. 사자(메신저) 공식과 기타 하나님의 선포를 구별하는 수단이 항상 존재하는 것은 아니다. 게다가 예언자의 말은 대개 하나님의 선포와 결합되어 있기 때문에 예언자와 하나님은 밀접하게 관련되어 있으며, 이는 각각 서로의 관점에서 해석해야 한다는 것을 의미한다.

인간의 탄원시에 사용된 양식과 언어는 하나님의 애가가 존재함을 판단하는 기본 지침으로 사용된다. 그러나 하나님의 애가에는 사용되지 **않은** 흥미롭고 다양한 인간의 탄원 언어가 있다. 그러한 관찰을 통해 도출한 결론은 많은 주의를 기울여야 하지만—우리가 더 많은 하나님의 선포 문헌을 가지고 있다면 그러한 언어가 나타날 수 있다—하나님의 고통에 대한 본질을 이해하는 데는 도움이 될 수 있다. 예를 들어, 인간의 탄원시가 취하는 다소 일반적인 양식이나 구조는 하나님의 애가에서는 찾을 수 없다.[6] 또한 탄원은 병이나 다른 신체의 질병으로 인해 발생하지 않는다. 반면에 하나님의 애가에만 나타나는 독특한 표현은 비교적 드

하나님의 _ 고통

물다(예. 사 42:14). 이는 히브리 성경에서 그 단어가 **일회용례**hapax legomena 이거나 매우 드물기 때문일 가능성이 크다. 만약 우리가 이스라엘의 탄원의 언어를 모두 구사할 수 있다면, 그 언어는 하나님의 독특한 언어로 보이지 않았을 가능성이 높다. 보통 인간의 부르짖음은 하나님의 울부짖음이 된다. 하나님은 인간의 부르짖음을 듣고 하나님 자신의 것으로 만든다.

하나님의 고통과 관련한 다양한 본문과 표현들은 하나님 고통의 이유와 함께 세 가지 도식으로 정리할 수 있다.

1. 하나님은 백성들이 자신을 주님으로 받아들이지 않기 **때문에** 고통받는다(참조. 7장).
2. 하나님은 고통받는 사람들과 **함께** 고통받는다(참조. 8장).
3. 하나님은 백성을 **위해** 고난을 받는다(참조. 9장).

이러한 공시적 접근 방식은 다양한 전통을 가로지르며 각 전통의 차이점보다는 공통점을 찾아내려고 노력한다. 동시에 최소한의 통시적 관점의 윤곽도 식별하기 어렵지 않다. 위의 세 가지 범주 모두 초기 자료에 뿌리를 두고 있다고 할 수 있지만, 이 자료가 처음으로 부각된 것은 북왕국 몰락의 여파로 인한 것이며, 북왕국이 몰락한 사건은 다시 예루살렘의 멸망과 그 여파와 관련된 사건이 일어나는 동안 예루살렘 지역에서 사상이 번성하는 데 가장 기본적인 원-자료를 제공했다. 이 자료의 역사는 하나님과 맺는 이스라엘의 관계의 성격과 유사하게 전개되는 경향이 있다. 따라서 이스라엘이 하나님을 거부하는 것이 점점 더 만연할수록 그만큼 백성들이 점점 더 많은 고통을 경험하고, 이스라엘의 미래가 점점 더 많은 문제에 직면하게 됨에 따라 위에 언급된 세 가지 범주가 각각 더욱 두드러지게 된다.

하나님의 애가에 관한 자료는 대부분 예언서에서 찾을 수 있다는 점은 앞으로 살펴보면서 더 분명히 알 수 있을 것이다. 이러한 자료는 부분적으로는 하나님의 고통에 대한 문제와 밀접하게 관련된 역사적 사건을 성찰하도록 만드는 애가의 특별한 기능 때문일 수 있다. 그러나 더 중요한 점은 예언서에서 하나님의 선포가 다른 어떤 문헌보다 훨씬 더 빈번하게 등장한다는 것이며, 우리가 하나님의 본성에 대한 통찰을 얻기 위해 가장 많이 의존해야 하는 것은 이 하나님의 선포다. 이 현상과 밀접한 관련이 있는 것은 예언자가 이스라엘의 어떤 누구도 누리지 못한 하나님과 관계를 맺었다는 사실이며, 예언자의 삶이 점점 더 하나님의 삶을 반영하는 특성을 지니게 되었다는 사실이다. 이러한 관계는 예언자의 고난과 하나님의 고통을 분리할 수 없음을 의미한다. 예언자와 하나님 사이의 구별은 유지되어야 하지만, 예언자의 고난은 백성 앞에서 하나님의 고통을 반영한다. 하나님은 예언자의 말뿐만 아니라 예언자의 삶에서 구현되는 말씀 속에도 임재한다. 진정한 의미에서 예언자의 말을 듣고 **보는** 사람은 하나님을 듣고 보는 것이다. 우리는 나중에 이 문제로 다시 돌아가겠지만(참조. 10장), 우선은 예언자와 하나님의 고통이 너무나도 밀접하게 얽혀 있음으로 인하여 분리해서 생각할 수 없는 구절들을 계속 주의 깊게 살펴볼 것이다.

깨어진 관계

하나님은 사람들이 자신을 거부하고 관계를 깨뜨렸기 때문에 고통받으며, 그 결과 이 관계를 어떻게 해야 할지 갈등한다.

인간의 탄원 자료를 하나님의 애가를 판단하는 기본 지침으로 삼을 때, 이 지점에서 가장 흥미로운 것은 시편 기자가 원수들에게 거짓 고발을 당했다며 호소하는 탄원과의 상관관계이다(예. 시 4편, 17편, 109편). 여기서 시편 기자는 자신의 상황을 탄원할 뿐만 아니라, 자신의 결백을 주장하면서 적대자들을 고발한다. 그는 자신이 유죄일 경우 받아야 할 형벌과 동일한 형벌을 대적에게도 내려달라고 요청한다(참조. 신 19:16-21; 여기서 율법은 거짓 증언을 하는 자에 대한 형벌을 규정하고 있다). 이 범주에 속하는 많은 하나님의 애가의 특징이 바로 이러한 애가와 고발의 조합이다. 하나님은 죄가 없음에도 불구하고 사람들에 의해 고발당하고, 이에 대응하기 위해 인간 탄원의 언어를 사용한다. 여기서 두 가지 차이점을 지적해야 한다. 일반적으로 시편 기자가 고발자들과 특별한 관계가 있다고 가정되지는 않지만, 하나님과의 긴밀한 관계는 단절된 상태다. 따라서 하나님의 애가는 시편 기자의 경우와는 다른 방식으로 관계가 깨어진 상태에 초점을 맞추고 있다. 더욱이 시편 기자의 탄원을 특징짓는 미래의 정의와 안녕에 대한 관심은 하나님의 관심사라고도 할 수 있지만ㅡ다른 문맥에서 우리는 이것이 사실임을 보았다ㅡ하나님의 관심은 하나님 자신에게만 국한되어 있지 않고, 자신과 관련된 사람들과 맺는 미래의 관계도 포함하고 있다.

학자들은 예언서에 나타난 하나님의 선포에서 애가와 고발이 결속되어 있다는 점에 주목하는 것이 일반적이었지만, 이 특별한 탄원시들과의 두드러진 유사점은 주목하지 않았다. 예를 들어, 베스터만은 이사야 1:2-9과 같은 구절에서 "법정적 고발과 지극히 개인적인 탄원이 서로 얼마나 가까울 수 있는가!"라고 외친다.[7] 라잇트Raitt는 백성들이 하나님께 직접 던지는 고발성 질문(특히 예레미야서와 포로기 시편[44, 74, 79, 89편]과 예레미야애가에서 볼 수 있다)과 반문의 양식으로 나타나는 하나님의 응답에 관련하여 예언서와 동일한 결속에 주목한다.[8] 우리는 애가와 고발의 사상이 서로에게 미치는 영향에 주의를 기울여야 한다. 이 결속이 하나님의 진노를 특징짓는 가장 기본적인 요소라는 점에 주목할 필요가 있다. 애가는 항상 하나님의 진노에서 빼놓을 수 없는 필수적인 요소이다.

우리는 예언서 외의 본문에 나오는 이 모티브를 주목해야 한다. 항상 특정 연대와 관련된 것은 아니지만, 이러한 본문들에서 하나님의 고통에 대한 개념은 예언자 이전 시대부터 뿌리내린 것으로 보인다. 적어도 성경 편집자의 관점에서 볼 때, 하나님에 대한 이러한 이해는 이스라엘 민족의 형성 시대에 뿌리를 두고 있다.

하나님의 고통에 대해 말하는 두 개의 초기 본문은 "슬퍼하다"āṣab (아짜브)라는 단어를 사용한다. 하나는 시편 78:40-41이다. "그들이 광야에서 그에게 반항하며 사막에서 그를 슬프게 함이 몇 번인가 그들이 돌이켜 하나님을 거듭거듭 시험하며 이스라엘의 거룩하신 이를 노엽게[9] 하였도다." 시편 78편은 시편에서 자주 반복되는 반역과 시험의 주제를 담고 있으며(참조. 8절, 17-18절, 56절), 이스라엘이 하나님께 신실하지 못했던 다양한 방식을 요약적으로 표현하고 있다.[10] "몇 번인가 … 거듭거듭 …" 이스라엘의 반역이 계속 반복되었던 것처럼(참조. 민 14:22), 하나님의 슬픔도 한 번으로 끝나는 것이 아니라 이스라엘의 반역만큼이나 자주 발생했던 일이다. 이스라엘은 얼마나 자주 하나님을 슬프게 하고 고통스럽게 했나! 하나님의 슬픔의 내용에 관해서는, 인간의 슬픔에 대해 말하는 구절들에서 버림받음(사 54:6), 슬픔(삼하 19:3; 개역개정은 19:2-옮긴이), 근심과 한탄(창 45:5), 해침(시 56:5)과 같은 관련 개념이 눈에 띈다이모든 구절은 모두 'āṣab를 사용하여 감정을 표현한다-옮긴이. 이 'āṣab아짜브 동사는 백성들의 거부에 대한 하나님의 반응에서 상당히 다양한 의미를 포괄하고 있음을 시사한다. 그리고 이 모든 것이 이스라엘이 하나님의 백성으로 탄생하는 바로 그 순간에 일어났다! 그 이후에도 마찬가지다. 하나님의 슬픔은 백성들의 죄만큼이나 현재진행형이다. 하나님의 슬픔은 백성들의 삶에서 다양한 방식으로 나타난다. 하나님은 여러 가지 다양한 방법으로 방황하는 아들들과 딸들을 다시 제자리로 돌아오게 하려고 노력한다. 그 노력은 진노(21, 31절)와 긍휼/진노를 돌이킴(38절), 죽음의 역사(31, 34절)와 생명의 역사(23-29절) 모두를 수반한다.

이사야 63:7-10에서 이 사건을 비슷한 용어로 회상하고 있다는 점이 놀랍다. 즉, 백성들이 거룩한 하나님(두 본문 모두에서 동일하게 사용됨)에 대항하여 반역했기 때문에(사 63:10에서 같은 동사가 사용됨) 분노와 긍휼로 슬퍼하는 하나님을 묘사한다. 특히 주목해야 할 것은 두 경우 모두에서 슬퍼한다고 **말씀한 분이 거룩하신 하나님**이라는 사실이다. 슬픔과 거룩함을 나란히 두는 것은 전혀 모순되지 않으며, 슬퍼하는 분은 모든 신성을 지닌 하나님이다. 에베소서 4:30에서 "하나님의 성령을 근심하게 하지 말라"는 비슷한 표현을 사용한 것은 이 점에서 구약과 신약 성경 사이의 연속성을 가리키며, 하나님의 역사가 세월이 흘러도 변하지 않았음을 나타낸다. 하나님의 슬픔은 계속된다.

두 본문의 문맥상 하나님은 관계를 온전하게 유지하기 위해 생각할 수 있는 모든 수단을 강구할 것이며, 역사를 통틀어 백성을 향한 하나님의 구원의 뜻은 변함없음을 나타낸다. 따라서 하나님은 참으로 상처를 받을 수 있는 분이며, 백성들이 그 관계 안에서 행한 일로 인해 마음속 깊이 감화되고 감격하는 분이지만, 이런 하나님의 슬픔은 감정적으로 압도되거나 거절의 습격에 비통해하는 것을 의미하지 않는다. 이 모든 상황 속에서도 하나님의 신실하심과 은혜로운 목적은 변함없이 유지된다.

하나님의 슬픔에 대한 또 다른 예언자 이전 시대의 언급은 창세기 6:5-6이다. "여호와께서 사람의 죄악이 세상에 가득함과 그 마음으로 생각하는 모든 계획이 항상 악할 뿐임을 보시고 땅 위에 사람 지으셨음을 한탄하사 마음에 근심하시고."

앞서 이 구절을 살펴보았다.[11] 여기서 주목해야 할 것은 반역한 백성을 향한 하나님의 슬픔에 잠긴 반응이 단순히 이스라엘과의 관계에서만 나타나는 특징이 아니라, 세상의 시작으로 거슬러 올라간다는 점이다. 슬픔은 사실상 태초부터 있었던 하나님의 역사적 특징이었다. 나는 홍수 이야기가 인간의 계속되는 죄악에도 불구하고 창조 세계가 존속하도록 허락하신 하나님의 약속을 마침내 증언한다고 앞서 언급했다(5장 참조). 그러나 그러한 결정에는 세상에 대한 새로운 방향이 수반되었다. 하나님은 약속하는 분이다. 즉, 다시는 세상의 악에 홍수와 같이 참혹한 방법으로 대응하지 않겠다는 하나님의 약속이다. 이것은 하나님이 권능을 펼칠 수 있음에도 그것을 행하지 않는 하나님의 자기-제한이다.

하나님의 _ 고통

이러한 결정은 이제 하나님의 슬픔과 연관시켜 생각해 보아야 한다. 여기서 하나님은 창조 때부터 세상에 열려 있고 세상에 의해 영향을 받는 분으로 드러난다. 인류의 죄악된 반응은 실제로 하나님을 감정적이게 만들었다, 하나님은 냉혈한이 아니다. 더 나아가 하나님의 심판은 독단적인 결정이 아님을 나타낸다. 하나님은 피조물의 미래에 관한 중대한 심판의 기로에서 자기 생각이나 감정을 배제하지 않거나, 실제로 배제할 수 없는 분으로 나타난다. 그러한 결정은 스위치를 누르거나 부하를 보내 비인격적인 명령을 내리는 것과는 다르다. 하나님은 이 문제에 휘말린 당사자고, 어떤 면에서 하나님은 다시는 예전과 같지 않을 것이다. 따라서 심판은 매우 인격적인 결정이며, 자신이 사랑하는 사람들에게 영향을 미치는 결정을 내리는 데에는 슬픔과 분노가 뒤섞여 있다. 슬픔은 항상 심판의 하나님 편에 서 있는 모습이다. 더욱이 피조물의 모든 악을 참기로 결정한 하나님의 결정을 고려해 보면, 이것은 하나님의 마음에 슬픔이 지속됨을 의미한다. 따라서 창세기 9:8-17에 나오는 노아와 모든 육체를 향한 약속은 하나님의 고통을 **필연적으로 내포하고 있다**. 악한 세상을 견디기로 결심하면서 동시에 그 세상에 마음을 계속 열기로 결심한다는 것은 하나님 스스로 개인적인 고통을 감수하기로 결심했음을 의미한다. 따라서 시편 78편으로 돌아가서, 이 시편은 피조물 전체가 아니라 이스라엘의 삶과 관련하여 하나님의 슬픔이 "몇 번인가!"를 증언하고 있다고 말할 수 있다.

홍수 이야기의 이러한 측면이 이스라엘에게 주는 지속적인 의미는 이사야 54:9-10에서 찾아볼 수 있다(또한 참조. 렘 31:35-37).

이는 내게 노아의 홍수와 같도다

내가 다시는 노아의 홍수로

땅 위에 범람하지 못하게 하리라 맹세한 것 같이

내가 네게 노하지 아니하며

너를 책망하지 아니하기로 맹세하였노니

산들이 떠나며 언덕들은 옮겨질지라도

나의 자비는 네게서 떠나지 아니하며

나의 화평의 언약은 흔들리지 아니하리라

너를 긍휼히 여기시는 여호와께서 말씀하셨느니라

홍수 이야기는 위 본문이 기록된 시기와 거의 같은 시기에 최종 형성
되었다. 따라서 홍수 이야기가 유배자들에게 전하는 말씀은 적어도 부
분적으로는 인간의 거절에 직면하여 '평화의 언약'을 유지하기 위해 필
요한 하나님의 자기-제한과 슬픔에 관한 것이다. 이사야 54장의 노아
의 약속과 이사야 53장의 '고난 받는 종의 노래'가 병렬로 배치된 것은
결코 우연이 아니다. 여기서 하나님의 슬픔은 단순히 하나님의 내밀한
삶에 대한 언급이 아니라 종의 삶을 통해 세상 속에서 구현된다. 이제
하나님의 슬픔은 단순히 백성의 거절에 대한 반응이 아니라 구원을 위
한 수단이 된다.

앞서 나는 과거/현재와 관련한 질문과 현재/미래와 관련한 질문을
구분했다(4장 참조). 이러한 맥락에서 이런 질문 중 일부를 자세히 살펴
보면 하나님이 겪는 고통의 폭과 깊이가 드러난다. 위에서 언급한 애가
와 고발의 요소는 이러한 질문과 그 상황에서 규칙적으로 짜여 있다.

하나님의 _ 고통

과거/현재에 대한 언급이 있는 이 질문들은 백성과 함께한 하나님의 과거 역사를 자주 언급한다. 여기서는 질문의 초점은 아니지만 탄원의 요소가 포함된 형태로 과거를 회상하는 여러 관련 구절도 살펴볼 것이다. 시편 78편과 이사야 63:7-14에 이미 언급된 두 개의 슬픔에 잠긴 구절도 비록 하나님의 연설의 형태는 아니지만 기억의 요소를 담고 있다.

하나님의 기억

이 본문들에서 우리는 하나님의 과거가 하나님의 현재와 불일치하는 하나님의 기억과 마주한다. 하나님 안에서 과거와 현재가 충돌할 때 고통이 발생한다. 하나님은 과거에 얼마나 행복했는지를 기억하고, 그것이 지금 어떻게 전부 변했는지를 본다. 이 기억은 인간에게 기능하는 방식과 다르지 않지만, 하나님에게는 '총체적 기억'이 있다는 점을 제외하면 현재의 상처를 더욱 심각하게 만드는 것임은 틀림없다. 무슨 일이 있었을까! 그러므로 하나님의 현재는 하나님의 기억, 과거에 있던 세상에 대한 하나님의 경험, 그리고 그 모든 일들에 대한 현재의 기억에 의해 상당한 영향을 받는다. 하나님은 그 기억을 혼자 간직하지 않고 사람들과 공유한다.

이사야의 예언(1:2-3)은 놀라운 방식으로 시작된다.

하늘이여 들으라 땅이여 귀를 기울이라
여호와께서 말씀하시기를
내가 자식을 양육하였거늘

그들이 나를 거역하였도다

소는 그 임자를 알고

나귀는 그 주인의 구유를 알건마는

이스라엘은 알지 못하고

나의 백성은 깨닫지 못하는도다 하셨도다

이사야 1장 전체는 앞으로 이사야서에서 일어날 모든 일을 요약한 것으로 여겨지는데, 대체로 탄원과 고발이 뒤섞여 있다.[12] 이사야 1:2-3에 관해서는 헤셸의 다음과 같은 말로 설명하는 것으로도 충분할 것이다. "이사야서를 열고 예언자의 모든 발언의 어조를 구성하는 이 선포는 하나님의 진노가 아니라 하나님의 슬픔을 다루고 있다. 이 예언자는 자식들이 버린 아버지의 곤경을 이해해 달라고 간청한다."[13] 또한 이스라엘이 외부의 규범에 불순종한 것이 아니라 부모와 자식 사이의 깨어진 관계에 초점을 맞추고 있다는 점에 유의하는 것이 중요하다. 여기서 예수의 탕자 비유를 떠올릴 수밖에 없다. 즉, 하나님이 사랑과 보살핌을 아낌없이 베풀어 주셨음에도 불구하고 반역이 일어났다는 점이다. 백성들은 버림받은 것도 아니고 학대받은 것도 아니었다. 최상의 양육 환경에도 불구하고 그들은 하나님을 떠났다. 백성들은 부모인 하나님이 그들의 안녕에 관심을 갖고 있다는 것을 알지 못했다. "부패한 자식이로다 그들이 여호와를 버리며"(4절).

이 탄원의 요소는 이어지는 구절들, 특히 이사야 1:4-9과 1:21-23에 널리 퍼져 있다. 5:1-7의 포도원의 노래에서 이 요소는 특별한 강렬함으로 다시 등장한다(렘 2:21; 참조. 사 27:2-5의 하나님의 기쁨과 대조). 이사야

하나님의 _ 고통

5:4에는 일어난 일에 대한 하나님의 탄식을 표현하는 두 가지 탄식의 질문이 등장한다. "내가 내 포도원을 위하여 행한 것 외에 무엇을 더할 것이 있으랴 … 들포도를 맺음은 어찌 됨인고", 그리고 이것은 하나님이 사랑하는 사람들에게 쏟아부은 과도한 보살핌으로 인한 결과가 어떤지를 보여 준다!

예레미야의 예언(렘 2:2)은 이사야의 예언과 놀라울 정도로 비슷하게 시작하지만, 부모의 이미지가 아닌 결혼의 이미지를 사용한다.

> 가서 예루살렘의 귀에 외칠지니라
> 여호와께서 이와 같이 말씀하시기를
> 내가 너를 위하여 네 청년 때의 인애와
> 네 신혼 때의 사랑을 기억하노니
> 곧 씨 뿌리지 못하는 땅,
> 그 광야에서 나를 따랐음이니라

다시 한번 예언자의 사역은 지옥불과 저주가 아니라 하나님의 고통과 고뇌에 대한 그림으로 시작한다. 행복했던 결혼 생활에 대한 기억은 신부의 헌신과 사랑이 없는 현재를 더욱 고통스럽게 만든다. 그 이후의 모든 고발과 심판 선포는 하나님의 마음 깊숙한 아픔에서 나온 것으로 보아야만 제대로 이해할 수 있다. 하나님의 기억으로 가득 찬 슬픔은 뒤따르는 모든 내용을 알려 주는 것이며, 이러한 전개는 하나님이 원하지 않는 최악의 상황임을 분명히 한다.

예레미야 2장에 이어지는 구절들에서는 때로는 탄원이, 때로는 고발이 우세한 것처럼 보이는 일련의 질문들을 만나게 된다. 이 질문들은 차례로 사람들의 말을 인용하는 구절과 결속되어 문맥 전체에 대화적 성격을 부여한다.[14] 즉, 하나님의 말씀은 단순히 백성에게 강요되는 것이 아니라, 실제로 말씀한 것과 상호 작용한다. 특히 수사적 질문들(2:5, 14, 17, 31-32; 3:1-2)은 하나님이 마땅히 수행해야 할 돌봄을 행하지 않았다는 백성들의 비난에 대응하기 위한 것이며, 탄원 시편의 질문들과 마찬가지로 그러한 비난에 직면한 하나님의 신실하심을 보여 준다. 동시에 수사적 질문들은 하나님의 애가와 고발의 합리성을 보여 준다. 그러나 근본적으로는 백성들의 마음의 변화를 이끌어 내려는 하나님의 의도에 부합한다(3:12-14, 22; 4:1-2을 보라). 예레미야는 곧바로 2:29-32에서 하나님의 괴로움을 표현한다.

너희가 나에게 대항함은 어찌 됨이냐

너희가 다 내게 잘못하였느니라 여호와의 말씀이니라 …

내가 이스라엘에게 광야가 되었었느냐

캄캄한 땅이 되었었느냐

무슨 이유로 내 백성이 말하기를 우리는 놓였으니

다시 주께로 가지 아니하겠다 하느냐

처녀가 어찌 그의 패물을 잊겠느냐

신부가 어찌 그의 예복을 잊겠느냐

오직 내 백성은 나를 잊었나니

그 날 수는 셀 수 없거늘

하나님의 _ 고통

두 번째와 네 번째 질문은 수사적인 질문으로, 그에 대한 답을 알 수 없다. 이 질문들은 첫 번째(참조. 욥 10:2)와 세 번째 질문에 대한 한 가지 가능한 대답이 될 수 있는 '현재 상황에 대한 책임이 하나님께 있지 않다'라는 대답을 제거하는 기능을 한다. 그러나 "어찌"라는 탄식과 고발의 외침에 대한 해답은 없다. 하나님의 버려짐은 하나님도 현재 이해하지 못하며 앞으로도 그럴 것이다. 따라서 "어찌"라는 표현은 이러한 질문들을 안고 살아가야 하는 하나님의 계속되는 괴로움을 반영한다. 결국 이 단락은 하나님이 처한 현실을 신랄하게 표현하는 것으로 끝이 난다. "오직 내 백성은 나를 잊었나니!"(렘 2:32).

이 고통스러운 울부짖음은 예레미야서의 첫 장 전체에서 주로 1인칭 시점으로 반복된다(2:13; 3:21; 5:7; 13:25; 16:1; 17:13; 18:15; 19:4을 보라). "내 백성" 또는 "내 사랑하는 백성"(딸 내 백성)이라는 친밀한 표현이 등장하는 곳마다 상처와 실망의 울림이 나타난다.

예레미야 3:19-20(참조. 3:7)은 다시 한번 하나님의 기억과 현재가 만나서 발생하는 고통에 초점을 맞추고 있다.

내가 말하기를

내가 어떻게 하든지 너를 자녀들 중에 두며

허다한 나라들 중에

아름다운 기업인 이 귀한 땅을 네게 주리라 하였고

내가 다시 말하기를 너희가 나를 나의 아버지라 하고

나를 떠나지 말 것이니라 하였노라

그런데 이스라엘 족속아

마치 아내가 그의 남편을 속이고 떠나감 같이

너희가 확실히 나를 속였느니라 여호와의 말씀이니라

하나님이 백성과의 관계에서 이전에는 어떤 친밀감을 원했으며 여기
에는 어떤 실망감이 표현되어 있는가! 문학적 순수주의자들은 여기서
부모와 결혼 은유의 혼합을 개탄해 할 수 있지만, 사실 그 효과는 파토
스pathos의 측면에서 볼 때 너무나도 강력하다. 하나님은 부모로서도 그
리고 남편으로서도 거부당했다! 하나님은 그의 배우자에게서뿐만 아니
라 자녀들에게서도 거부당한 사람과 같다. 하나님은 다층적 단계의 친
밀감에서 깨어진 관계로 인해 고통을 겪는다. 하나님의 상처는 다면적
이다.

예레미야 8-20장은 예언자의 탄원과 하나님의 애가가 서로 뒤얽혀
있다.[15] 탄원으로 가득 찬 상황은 하나님과 예언자 모두 서로에게 메아
리치는 듯한 방식으로 목소리를 낸다. 여기서 두 가지 하나님의 애가에
주목해 볼 수 있다. 그 첫 번째는 예레미야 8:4-7이다.

너는 또 그들에게 말하기를

여호와의 말씀에

사람이 엎드러지면 어찌 일어나지 아니하겠으며

사람이 떠나갔으면 어찌 돌아오지 아니하겠느냐 …

내가 귀를 기울여 들은즉 …

그들의 악을 뉘우쳐서 …

공중의 학은

하나님의 _ 고통

그 정한 시기를 알고
산비둘기와 제비와 두루미는
그들이 올 때를 지키거늘
내 백성은
여호와의 규례를 알지 못하도다

여기서도 애가와 고발이 섞여 있다. 수사적 질문(4절)과 당황한 질문(5절)의 조합이 반복된다. 일반적으로 사람이 어디를 떠나면 그 사람은 떠났던 장소로 다시 돌아온다. 동물들에게도 본능이 있어서 다시 돌아오게 되어 있다(7절). 그러나 이스라엘은 그렇지 않다. 그들은 돌아오기를 거부한다. 왜 그럴까? 하나님조차도 그러한 행동에 대해 설명할 수 없는 것 같다. 따라서 하나님은 회개를 거부하는 백성을 향한 고발을 쏟아낼 때, 내면의 괴로움을 감추지 않고 당혹스러움을 그대로 표출한다.

비슷한 맥락에서 예레미야 18:13-15은 다음과 같이 이어진다.

그러므로 여호와께서
이와 같이 말씀하시니라
너희는 누가 이러한 일을 들었는지
여러 나라 가운데 물어보라
처녀 이스라엘이
심히 가증한 일을 행하였도다
레바논의 눈이
어찌 들의 바위를 떠나겠으며

먼 곳에서 흘러내리는 찬물이

어찌 마르겠느냐

무릇 내 백성은 나를 잊고 …

이스라엘의 행위와 비교할 수 있는 동물의 세계에서도 그에 맞는 비유는 찾을 수 없을 뿐만 아니라, 세상 모든 나라들 사이에서도 그에 필적할 만한 민족을 찾을 수 없다. 여기서 일련의 수사적 질문에는 암시적으로 "어찌"라는 질문만 포함하고 있다. 이 수사적 질문 이후로는 곧바로 다음의 자주 들리는 외침의 반복으로 넘어간다. "무릇 내 백성은 나를 잊고."

이 지점에서 우리는 탄원의 특징인 희구법desiderative의 불변화사에 주목하는데, 이는 하나님이 그토록 바라는 친밀함과 그것이 실현되지 않음에 대한 실망의 조합을 표현한다.

… 이스라엘이여 내게 듣기를 원하노라(시 81:8; 참조. 13절)

네가 나의 명령에 주의하였더라면 …(사 48:18)

다만 그들이 항상 이같은 마음을 품어 …(신 5:29)

시편 81편은 이스라엘 예배의 맥락에서 예언자적 선포의 한 예로 흔히 언급되는데(참조. 시 50, 95편),[16] 다시 한번 하나님이 기억하는 문제에 초점을 맞추고 있다. 하나님은 백성들이 하나님의 손 안에서 경험한 것

(고통 중에 부르짖고 하나님께서 응답하신 것, 7절)과 하나님이 백성들로부터 경험한 것 사이의 괴리를 지적한다. "내 백성이 내 소리를 듣지 아니하며 이스라엘이 나를 원하지 아니하였도다"(11절). 여기서 우리는 예배 생활 안에서 하나님의 고통이 어떻게 백성들에게 놀라운 방식으로 전달되었는지 알 수 있다. "이스라엘이 나를 원하지 아니하였도다." 하나님이 이렇게 말씀하는 것이 얼마나 고통스러웠을까.

시편 81편은 탄원시에서 주요 주제인 부름과 응답을 언급하고 있다. 일반적으로 탄원은 곤경에 처한 사람이 부르면 하나님이 응답하거나 응답할 것이라는 사실을 증언하거나(예. 시 4:3; 17:6; 138:3), 하나님이 응답해 주실 것을 확신하고 요청한다(시 27:7; 141:1). 그러나 하나님이 응답하지 않는 것 같다고 불평하는 몇 가지 경우도 있다(시 22:2; 69:3; 88:9). 주로 이사야 40-66장에서 부름과 응답의 주제가 하나님의 애가에 등장한다. 이제 부르짖는 분은 하나님이고 그에 응답하지 않는 쪽은 백성이다. 특히 하나님의 초청을 묘사하는 방식에서 눈에 띄는 구절은 이사야 65:1-2이다.

나는 나를 구하지 아니하던 자에게 물음을 받았으며
나를 찾지 아니하던 자에게 찾아냄이 되었으며
내 이름을 부르지 아니하던 나라에
내가 여기 있노라 내가 여기 있노라 하였노라
내가 종일 손을 펴서
자기 생각을 따라 옳지 않은 길을 걸어가는
패역한 백성들을 불렀나니

여기서 하나님은 친밀함을 갈망하는 하나님의 열망이 어떻게 무시되었는지를 회상한다. 하나님은 초청이 거부된 상황에서 거의 가슴이 찢어질 듯한 울부짖음으로 자신을 내어놓는다. "내가 여기 있노라 내가 여기 있노라." 하나님의 손은 반역한 백성을 초청하기 위해 온종일 손길을 내밀지만, 그들은 그런 하나님에게 전혀 반응하지 않는다. 심판은 반드시 내리지만, 그 심판은 슬픔으로 가득 찬 탄식을 불러온다.

이 주제는 이사야서의 다른 본문인 42:18, 23, 48:12, 18, 65:12, 66:4(참조. 렘 7:25-26)에서도 나타난다. 익숙한 질문 형식이 이사야 50:2에서 다시 등장한다. "내가 왔어도 사람이 없었으며 내가 불러도 대답하는 자가 없었음은 어찌 됨이냐 내 손이 어찌 짧아 구속하지 못하겠느냐." 위에서 살펴본 바와 같이, 여기에도 "어찌"라는 질문에 대답하는 수사적 질문이 등장하여, 하나님은 백성들의 암시적인 고발의 질문에 대해 책임이 있는 분이 아님을 분명히 한다(사 49:14; 40:27을 보라. 참조. 겔 9:9). 그러나 하나님의 "어찌"라는 질문은 여전히 대답하기 불가능한 채 남아 있으며, 하나님이 백성들을 위해 행한 모든 일에도 불구하고 백성이 그 부름을 무시한 이해할 수 없는 하나님의 상처를 표출하고 있다.

미가 6:3도 이러한 맥락에서 주목해야 한다. "이르시기를 내 백성아 내가 무엇을 네게 행하였으며 무슨 일로 너를 괴롭게 하였느냐 너는 내게 증언하라." 여기서 고발의 요소가 탄원의 요소보다 훨씬 더 강할 수 있지만, 탄원과의 연관성을 부정할 수는 없다. 우리는 여기서 백성들의 고발적 질문을 전제로 그 질문과 관련된 하나님의 기억을 마주하게 된다. 또다시 부름과 대답 없음의 주제가 나타나고, 이미 일어난 일에 직면하여 암시적인 "어찌"라는 질문이 등장한다개역개정에는 "어찌"라는 표현을 사용하지 않

있다—옮긴이. 이 질문은 이 상황을 전형적인 법정 장면의 냉정함과 객관성의 관점에서 해석해서는 안 된다는 것을 시사한다. 하나님이 자기방어에 나서고 있다고 말하는 것은 적절할지 모르지만, 그렇다고 해서 "내 잘못이 아니야, 난 깨끗해"라는 식의 접근 방식은 아니다. 하나님은 자기 자신에 대해 그다지 관심을 두지 않는다. 이 장면은 아마도 이혼 소송에서 판사가 두 당사자에게 무엇이 그들을 이 지경에 이르게 했는지 되짚어 보게 하는 상황과 가장 유사할 것 같다. 지금 상황은 신실하신 하나님과 불신실한 배우자 모두에게 고통과 괴로움의 시간인 것이다.[17]

하나님에 대한 기억은 호세아 11장에서 가장 가슴 아픈 형태로 표현되는데, 다음은 호세아서에 나오는 일련의 하나님의 회상 중 한 본문이다(참조. 9:10-13; 10:11; 13:4-6; 또한 참조. 2:14-15).

이스라엘이 어렸을 때에 내가 사랑하여
내 아들을 애굽에서 불러냈거늘
예언자들이 그들을 부를수록
그들은 점점 멀리하고
바알들에게 제사하며
아로새긴 우상 앞에서 분향하였느니라
그러나 내가 에브라임에게 걸음을 가르치고
내 팔로 안았음에도
내가 그들을 고치는 줄을 그들은 알지 못하였도다
내가 사람의 줄
곧 사랑의 줄로 그들을 이끌었고

그들에게 대하여

그 목에서 멍에를 벗기는 자 같이 되었으며

그들 앞에 먹을 것을 두었노라(호 11:1-4)

이곳에 나오는 하나님의 이미지는 불복종을 용납하지 않는 패튼 장
군*노르망디 상륙 작전에서 거침없는 전진을 명령하여 프랑스 북부 지역을 하루 만에 110km나 진격시킨 미육군 대장-옮긴이*
의 대쪽같은heavenly 이미지는 분명 아니다. 오히려 오래 참는 부모의 이미
지이며, 이스라엘 사회에서의 자녀 양육의 역할을 고려할 때 아버지보
다는 어머니의 이미지에 더 가깝다. 하나님은 자녀들이 저지른 일로 인
해 큰 괴로움에 빠져 있지만, 그 사랑이 너무 커서 자녀를 놓지 못하는
분으로 묘사된다. 엇나가는 자녀를 둔 부모라면 하나님이 어떤 심정일
지 짐작할 수 있을 것이다. 예전의 좋았던 기억, 관계 속에서 성장하는
모습, 첫걸음을 내딛을 때 손을 잡아 주던 모습, 아프거나 피곤할 때 품
에 안아주던 모습, 일상의 필요를 염려하며 돌보아 주던 모습 등이 주마
등처럼 스쳐 지나간다. 하지만 이제는 거절로 인한 괴로움, 관계 회복에
대한 갈망, 빛을 보고 집으로 돌아오게 하려는 반복되는 노력, 멀어질수
록 더욱 깊게 느껴지는 상심, 그럼에도 포기하지 못하는 마음, 결정을
고민하는 내면의 혼란 등 다른 이미지가 행복했던 기억과 함께 뒤얽혀
있다.

호세아서의 놀라운 점은 그러한 상황에서 인간이 하는 일반적인 반
응은 포기하는 것이지만, 하나님의 사랑은 놓지 않는 사랑이라는 점이
다. 즉, 하나님의 마음속에 있는 부모의 애끓음이다! 이제 자녀들에 대
한 불평이 쏟아지고, 그들을 완전히 버리겠다는 선언이 예상된다. 그러

나 특별히 호세아 11:8에는 자녀들의 최종 파멸을 막는 슬픔과 사랑이 뒤섞여서 쏟아져 나온다. 이처럼 하나님의 신성은 모든 슬픔과 진노 속에서도 하나님의 구원 목적이 흐려지지 않고 신적 사랑의 확고함이 영원히 지속되는 방식으로 드러난다. 헤셸은 본문의 시작 부분에 드러난 "내가 사랑하여"(호 11:1)라는 표현을 통해 "주님의 즉각적이고 우발적인 감정적 반응을 넘어서서 영원하고 기본적인 성품에 대해 알게 된다"는 핵심을 다시 한번 붙잡는다.[18]

하나님의 미래

앞선 흐름의 더 큰 맥락에서 하나님이 던지는 질문은 과거보다는 미래를 지향하고 있으며, 지금 우리가 주목하는 것은 바로 하나님의 고통이라는 차원이다. 또한 호세아 11:8은 미래에 나타날 하나님의 고통에 대한 해석을 "…을 위한 고통"의 방향으로 나아가게 만들고 있다는 점에 주목해야 한다.

위에서 언급한 질문들은 과거와 현재의 관계에 초점을 맞추고 있지만, 때때로 현재와 미래를 언급하는 탄원으로 가득 찬 질문들이 혼재하기도 한다. 하나님에 대한 백성의 거부가 만연해 있다는 점을 감안할 때, 이것은 그들의 미래에 어떤 의미를 부여할까? 하나님이 그의 백성들과 의사 결정 과정을 공유할 때 미래지향적인 질문을 사용한다는 것에 관한 이전 논의(참조. 4장)를 기억해 보라. 이러한 질문은 열린 결말형 질문으로, 백성이 행할 미래의 반응이 불확실하기 때문에 하나님과 백성 모두 적어도 두 가지 가능성에 직면하게 된다.

우선, "어느 때까지니이까"로 시작하는 질문이 있다. 시편 기자의 탄원(예. 시 6:3; 13:1-2)을 보면 이 질문은 단순한 정보 요청으로 해석할 수 없으며, 두 가지 핵심 요소를 포함하는 외침을 나타낸다. 즉, 충분히 오래 지속되었다고 여겨지는 어떤 일에 대한 불만, 그리고 버림받음과 그것이 마지막인 것처럼 보이는 것에 대한 괴로움이다. 따라서 탄원과 고발의 조합이 여기에도 존재하지만 미래에 대한 문제가 명시적으로 제기된다.

이 질문 중 세 개는 광야 방랑과 관련된 전승에서 발견된다. 따라서 적어도 편집자의 관점에서 볼 때, 다시 한번 하나님에 대한 이해는 이스라엘의 초기 역사에 뿌리를 두고 있다는 점이다. "이 백성이 어느 때까지 나를 멸시하겠느냐 내가 그들 중에 많은 이적을 행하였으나 어느 때까지 나를 믿지 않겠느냐"(민 14:11). "나를 원망하는 이 악한 회중에게 내가 어느 때까지 참으랴"(민 14:27; 참조. 출 16:28; 10:3; 삼상 16:1). 이러한 질문은 탄원과 고발의 형태를 취하는 하나님을 향한 백성들의 불평 뒤에 이어진다는 점이 흥미롭다(민 14:2-3; 참조. 출 16:3, 7-9). 따라서 우리는 대적들뿐만 아니라 하나님에게도 향하는 시편 기자의 탄원과 고발이 왜 이와 상응하는 반응을 얻지 못했는지 궁금해진다. 이는 민수기 14:11이나 예언자들의 불평에서 보여지는 것과는 달리 신앙이라는 맥락에서 나온 것일 가능성이 크다.[19] 또한 이 질문들은 백성들이 아니라 모세와 아론에게 각각 던져진 질문이라는 점에도 주목할 필요가 있다. 따라서 이 질문의 기능은 우리가 이전에 보았던 다른 예언자적 협의 사례와 유사한 것으로 보인다. 따라서 민 14:11에서는 질문 뒤에 심판의 선포가 이어진다(12절). 그러나 이후의 논의에서 알 수 있듯이 이 심판 선

하나님의 _ 고통

포는 취소 불가능한 것이 아니다(또한 14:27 다음에 나오는 14:39-40을 참조). 따라서 이 질문은 지도자들과 백성들의 긍정적인 반응을 이끌어 내어 이미 선포된 심판을 막을 수 있도록 하기 위한 진정한 질문인 것이다.

예언자들 역시 "어느 때까지"라는 하나님이 하는 질문을 던진다. "예루살렘아 네 마음의 악을 씻어 버리라 그리하면 구원을 얻으리라 네 악한 생각이 네 속에 얼마나 오래 머물겠느냐"(렘 4:14). "화 있을진저 예루살렘이여 네가 얼마나 오랜 후에야 정결하게 되겠느냐 하시니라"(렘 13:27). "내 진노가 무리를 향하여 타오르나니 그들이 어느 때에야 무죄하겠느냐"(호 8:5). 이러한 질문은 오경 본문에 나오는 질문과는 다른데, 이는 지도자뿐만 아니라 백성 전체를 향한 질문이기 때문이다.

예언서에 나오는 하나님의 다른 질문들에도 주목해야 한다. 이러한 유형의 질문은 호세아서와 예레미야서에만 있는 것으로 보인다. "에브라임아 내가 네게 어떻게 하랴 유다야 내가 네게 어떻게 하랴 너희의 인애가 아침 구름이나 쉬 없어지는 이슬 같도다"(호 6:4). 특히 마지막 시구는 사랑하는 영혼들이 그토록 아낌없이 베푼 사랑을 돌려주지 않는 변덕스러운 사랑을 하는 것으로 인해 하나님이 얼마나 고통스러워하는지 이중 언급으로 분명하게 보여 준다. "에브라임이여 내가 어찌 너를 놓겠느냐 이스라엘이여 내가 어찌 너를 버리겠느냐"(호 11:8).

이 질문들에서 하나님의 파토스는 더 큰 맥락의 일부이며, 과거의 친밀했던 경험을 바탕으로 한다. 하나님이 백성들의 미래를 어떤 형태로 만들어야 할지 고민할 때, 기억은 현재의 고통을 더욱 가중한다. "내가 어찌 너를 용서하겠느냐 네 자녀가 나를 버리고 … 내가 어찌 이 일들에 대하여 벌하지 아니하겠으며…"(렘 5:7-9). "보라 내가 내 딸 백성을 어떻게 처치할꼬 그들을 녹이고 연단하리라 … 내가 이 일들로 말미암아 그들에게 벌하지 아니하겠으며 내 마음이 이런 나라에 보복하지 않겠느냐"(렘 9:7, 9).

이 질문들 중 일부는 단순히 수사적인 것으로 보일 수 있으며, 백성들의 불신실함에 대한 하나님의 대답은 더 이상 고민할 필요 없이 심판이라는 것이 분명하다. 그러나 탄식으로 가득 찬 질문의 성격은 하나님의 최종 결정이 그렇게 명확하지 않음을 나타낸다. 백성들의 행동은 하나님의 심판이 전적으로 정당하다는 것을 분명히 나타낸다. 그러나 이 질문들은 앞으로 기대되는 일을 놓고 하나님이 실행하기 주저하고 있음을 의미하는 것으로 보인다. 다시 말하자면, 호세아서의 질문들에서와 마찬가지로 여기서 우리는 "녹이고 연단"하려는 예비적 결정과 최종 실행 사이의 순간과 마주하게 된다. 이제는 백성과 함께 백성 자신의 미래에 대한 질문을 공유해야 할 때다. 이제 백성들은 자신의 질문들에 대한 하나님의 최종 대답이 무엇일지 결정하는 데 있어서 해야 할 역할이 있다. 이 질문들은 하나님과 백성들 사이에 대화의 물꼬를 트고 이를 통해 미래로 나아가는 대안적 경로가 분명해질 수 있다. 따라서 이 질문들은 백성들의 회개를 이끌어 내기 위해 고안되었으며, 특히 자신들의 삶에 하나님이 감정적으로 개입하는 것을 엿볼 때 더욱 그러하다. 괴로움에 찬 하나님의 마음은 그들이 긍정적으로 반응하여 하나님 자신의 예비 결정에 따라 백성을 심판하지 않기를 간절히 바라고 있다.

요약

1. 방금 살펴본 본문들을 통해 우리는 하나님의 마음을 엿볼 수 있다. 하나님은 백성의 거절에도 아무렇지도 않은 냉담한 분이 아니라, 깨어진 관계로 인해 깊은 상처를 받는 분으로 드러난다. 따라서 하나님과 백성 사이의 상호 작용은 단순히 지적인 차원이나 법정에서만 일어나는 것이 아니라 감정적인 차원에서도 일어난다. 하나님은 단지 생각만이 아니라 감정도 공유하는 분이다. 백성은 하나님이 무엇을 생각하는지뿐만 아니라 하나님이 무엇을 느끼는지 알고 있다. 그리하여 하나님에 대한 총체적인 그림이 그려진다. 하나님은 모든 수준에서 각 개인의 전인격과 관계하는 분이다.

2. 어떤 면에서 하나님은 더 이상 관계가 깨지기 이전의 하나님으로 보이지 않는다. 하나님이 백성들이 벌인 일에 대해 이처럼 반응을 보인다는 것은 백성의 세계가 하나님에 의해 내면화되었다는 것을 의미한다. 하나님은 백성의 거부를 받아들이고, 그것이 무엇을 의미하는지 숙고하고, 말씀과 질문을 통해 그 갈라진 틈새를 초월할 미래로 나아가는 길을 찾고자 한다. 따라서 하나님의 현재가 백성들이 벌인 일로 인해 영향을 받았을 뿐만 아니라 하나님의 미래도 문제가 되고 있다. 백성이 이러한 하나님의 노력에 어떻게 반응하느냐에 따라 하나님과 백성이 함께할 미래의 모습이 결정될 것이기 때문이다. 따라서 어떤 일이 일어나느냐에 따라 백성뿐만 아니라 하나님에게도 변화를 가져올 것이다. 이러한 하나님의 말씀을 들으면서 백성들은 하

나님과의 관계가 깨진다는 것이 무엇을 의미하는지 어느 정도 이해할 수 있어야 한다.

3. 하나님의 고통은 많은 면에서 사람들의 고난과 유사하지만, 여러 가지 면에서 차이가 있다. 이러한 대조는 특히 하나님이 사용하지 않는 인간의 탄원 표현에서 분명하게 드러난다. 따라서 하나님은 자신의 고통으로 인해 그 고통에 압도당하지 않으며, 하나님의 감정이 통제 불능 상태에 빠지거나 무력화되지 않는다. 또한 하나님은 이미 일어난 일로 인해 어떤 식으로든 원통해하지 않는다. 하나님은 "진노하시되 죄를 짓지 않을" 수 있다. 하나님은 자신을 겨누는 터무니없는 운명의 화살을 모두 흡수할 수 있으며, 냉담해지거나 불길에서 물러나지 않고 상처를 입힌 사람들에게 복된 미래를 가져다주기 위해 여전히 노력하실 수 있다. 하나님의 구원 의지는 고통에도 불구하고 흔들리지 않으며, 하나님의 변함없는 사랑은 영원히 지속된다. 이런 점에서 하나님은 고통을 어떻게 대처해야 하는지에 대한 최고의 모범을 보여 준다.

4. 하나님의 고통이 관계의 균열을 메우려는 노력에서 비롯되었다는 사실은 어떤 의미에서 고통에 대한 하나님의 말씀이 구속의 목적 및 목표에 부합한다는 것을 의미한다. 이런 고통에 대한 하나님의 말씀은 아직은 백성을 대신하여 고난받을 것을 암시하지는 않지만, 하나님이 백성들로 하여금 그들의 미래를 고려하는 데 참여하도록 선택했음을 나타낸다. 관계를 회복하기 위해 지속적으로 노력하면서 고통

을 감내한다는 것은 적어도 하나님이 그 관계의 미래를 위해 고통을 받기로 선택했다는 것을 의미한다. 하나님은 관계를 포기하는 것을 선택하지 않고, 그것이 하나님 자신의 삶에 어떤 의미가 있는지와는 상관없이 구속의 목표를 온전히 이루신다.

5. 이제 우리는 하나님의 생명에 대한 두 가지 다른 차원을 구분할 필요가 있다는 것이 분명해졌다. 하나님은 어떤 면에서는 다시는 동일하지 않지만, 다른 면에서는 어제나 오늘이나 영원히 동일한 분이다. 하나님의 생명은 실제로 사람들이 벌인 일에 영향을 받지만, 하나님의 본성은 세상이 그분을 짓밟는 그 어떤 일에도 은혜롭고 자비로우며 변함없는 사랑을 풍성하게 유지한다. 하나님은 약속을 신실하게 지킬 것이다. 하나님은 모든 사람의 구원을 위해 변함없이 일할 것이다.

6. 하나님은 관계의 당사자인 인간의 입장을 전적으로 진지하게 받아들이고, 인간이 자신의 미래를 만들어 가는 데 참여할 수 있는 충분한 기회를 허락하는 분으로 계시된다. 이 질문들은 변덕스럽지 않고, 즉결 처형이나 독재적인 선언에 의존하지 않는 하나님을 잘 드러낸다. 하나님은 최종 결정을 내리기 전에 사람에게 호소하고 하나님과 대화할 기회를 준다. 따라서 문제가 되는 사안에 대해 인간의 관점을 존중하고, 사람들이 질문에 대해 어떤 대답을 하든지 열린 자세를 취한다. 사람들이 자신의 미래를 결정하는 데 참여함으로써 미래는 외부 세계로부터 개입하는 하나님이 강요하는 것이 아니라, 모든 면에

서 사람들과 가까이 계시는 하나님과의 지속적인 상호 작용을 통해 내부에서 생성된다.

7. 마지막으로, 하나님은 심판의 문제에 있어서 보복적이거나 율법주의적이거나 엄격하지 않은 분으로 계시된다. 이러한 하나님의 반응에서 드러나는 실망감은 하나님이 원하는 것은 심판이 아님을 시사한다. "내가 내 딸 백성을 어떻게 처치할꼬"(렘 9:7). 하나님은 진정으로 미래를 향한 대안적 경로를 찾고 계신다. 이스라엘에게 돌아오라는 통렬한 호소(예. 렘 3:12, 14, 22)는 하나님이 무엇보다 원하는 것이 무엇인지를 보여 준다. 하나님은 기꺼이 "용서하고 잊어버린다." 하나님은 죽음이 아닌 생명을 원한다(예. 겔 18:23-32). 더욱이, 하나님의 특별한 인내심은 미래의 관계를 위해 하나님이 어느 정도까지 인내할 것인지를 보여 준다. 하나님은 인내함으로써 거듭 공의를 초월한다. 그러므로 공의는 결코 외적인 규율에 따라 객관적으로 측정되는 단순한 법정적인 문제가 아니다. 합의나 계약 또는 일련의 규칙이 아니라 관계의 문제가 걸려 있다. 실제로 '눈에는 눈'에 상응하는 심판이 내려질 수도 있지만, 이는 하나님의 행동을 엄격한 공의의 잣대로 측정하여 하나님 편에서 근본적으로 '공정성의 결여'를 드러내는 것밖에 되지 않는다. 그리고 이는 노하기를 더디하는 하나님의 성품과 정반대가 되어 버린다. 단순한 법정적 사고의 관점에서 보면 하나님은 너무나도 관대하다. 그러나 이와 부합하는 사고가 중요하다. 왜냐하면 심판이 닥치면 인간의 책임 규범의 관점에서 볼 때도 이러한 사고가 절대적으로 공정한 것으로 보일 것이기 때문이다.

하나님의 _ 고통

일반적으로 말해 심판은 기본적으로 개인적 관계의 붕괴와 그에 따른 영향, 즉 그러한 붕괴에 일반적으로 수반되는 모든 분노, 고통 및 고난의 관점에서 바라보아야 한다. 심판이 임하면 사람들은 "심판자의 엄격하고 차가운 무관심이 아니라 인격적인 항복을 요구했으나 그것을 거절한 사람들을 향한 심판자의 고통과 분노로" 심판을 받았다는 것을 알 수 있어야 한다.[20] 이혼에 대한 유비는 이와 관련하여 유익하게 사용될 수 있는 것이다. 관계의 친밀감이 약해지면서 배우자가 서로의 친밀감을 느끼지 못하면 삶의 모든 측면에서 단절의 영향을 경험하게 된다. 예언자들의 관점에서 볼 때, 사람과 하나님의 깨어진 관계가 삶에 미치는 영향을 심판이라고 한다. 하나님의 심판 언어가 백성을/으로부터 물러남, 버림, 은폐, 포기 등의 이미지로 얼마나 흔히 구성되어 있는지를 보면 놀랍다. 백성이 하나님으로부터 멀어질 때, 하나님은 그 균열을 메우기 위해 많은 노력을 기울이지만, 어쩔 수 없이 눈물을 흘리며 물러나고 결국 죽음과 멸망을 초래하는 모든 힘이 백성에게 영향을 미치도록 허용할 수도 있다. 하나님은 그들을 포기할 수 있지만 그럼에도 불구하고 결국 그들을 포기하지 않으신다. 그 고통스러운 심판의 한가운데로 하나님은 돌아오신다.

8장

하나님은⋯와 함께 고통받는다

눈물을 흘리며 심판하는 하나님은 심판으로 인해 고통받는 사람들을 곤경에 빠진 상태 그대로 내버려 두지 않으신다. 이사야 54:7-8에 따르면 하나님은 즉각적으로 현장에 다시 돌아와 고통을 백성과 함께 나눈다.

내가 잠시 너를 버렸으나

큰 긍휼로 너를 모을 것이요

내가 넘치는 진노로

내 얼굴을 네게서 잠시 가렸으나

영원한 자비로 너를 긍휼히 여기리라

네 구속자 여호와께서 말씀하셨느니라

이스라엘의 경험에 뿌리내림

자기 백성과 함께 고통받는 하나님에 대한 개념은 출애굽과 그 사건의 의미에 대한 이후의 성찰에 뿌리를 두고 있다고 합리적으로 주장할 수 있다. 여기에서 두 개의 구절을 인용할 수 있다.

여러 해 후에 애굽 왕은 죽었고 이스라엘 자손은 고된 노동으로 말미암아 탄식하며 부르짖으니 그 고된 노동으로 말미암아 부르짖는 소리가 하나님께 상달된지라 하나님이 그들의 고통 소리를 들으시고 하나님이 아브라함과 이삭과 야곱에게 세운 그의 언약을 기억하사 하나님이 이스라엘 자손을 돌보셨고 하나님이 그들을 기억하셨더라(출 2:23-25)

여호와께서 이르시되 내가 애굽에 있는 내 백성의 고통을 분명히 보고 그들이 그들의 감독자로 말미암아 부르짖음을 듣고 그 근심을 알고 내가 내려가서 그들을 애굽인의 손에서 건져내고 그들을 그 땅에서 인도하여 아름답고 광대한 땅, 젖과 꿀이 흐르는 땅 곧 가나안 족속, 헷 족속, 아모리 족속, 브리스 족속, 히위 족속, 여부스 족속의 지방에 데려가려 하노라(출 3:7-8)

하나님을 주어로 하는 동사가 눈에 띈다. 하나님이 "들으셨다", 하나님이 "기억하셨다", 하나님이 "보셨다", 하나님이 "아셨다." 두 본문 모두에서 하나님은 백성들의 고통의 부르짖음을 들으셨을 뿐만 아니라 그들을 **보셨다**(출 3:7의 "보다"라는 동사는 강조된 형태다). 앞선 논의에서 언급한 바와 같이, "보다"는 단순한 듣기보다 더 깊고 넓게 지각하는 차원을 의미한다. 또한 기억은 단순한 정신적 행위가 아니라 "기억된 것"과 관련한 활동을 내포한다. 따라서 하나님은 과거에 조상들에게 했던 약속이 내포하는 그러한 활동을 현재에도 행한다. 하나님은 약속의 관계에 적극적이고 신실하다. 더욱이 이 신실하심은 백성들의 고난에 대한 지식을 의미한다. "알다"라는 동사에는 "…에 관해 알다"라는 의미 이상

하나님의 _ **고통**

의 것이 담겨 있다. 하나님은 이미 그들의 고난에 대해 "들으셨고", 과거 약속의 관계 속에서 그 고난의 내용을 깊이 있게 "보셨다"는 뜻이다. 여기서 "안다"는 것은 구약에서 흔히 사용되는 '경험', 심지어 '친밀한 경험'이라는 더 넓은 의미여야 한다. 어떤 진정한 의미에서 하나님은 여기서 백성들의 고통에 친밀하게 관여하는 분으로 묘사되며, 그들이 견뎌야 하는 고통을 몸소 겪는 방식으로 그들의 고통 가운데 들어가신 분으로 묘사된다.

따라서 하나님은 멀찍이 떨어져서 문제를 처리하는 왕도 아니고, 신하를 보내 문제를 해결하는 분도 아니며, 고통을 덜어주기 위해 칙령을 내리는 분으로도 묘사되지 않는다. 하나님은 창문으로 들여다보듯이 외부에서 고통을 바라보지 않고 내부에서 고통을 바라본다. 하나님은 사람들의 고통과 내적으로 연관되어 있다. 하나님은 고통스러운 상황 속으로 완전히 들어가서 그것을 자신의 것으로 만든다. 그러나 하나님은 백성과 함께 고통을 겪으면서도 무력하게 아무것도 할 수 없는 것이 아니라, 지도자들, 심지어 파라오와 자연 질서의 요소들 안에서 그리고 그 (것)들을 통해 일하며 구원한다. 따라서 이스라엘이 하나님과 함께한 이러한 초기 경험은 이후 하나님과 백성과의 관계에 대한 모든 성찰을 구성하는 요소가 된 것이 분명해 보인다(예. 출 22:21-27을 보라).

그러나 이러한 하나님에 대한 묘사가 성경 전체에 걸쳐 일관되게 나타나는 것은 아니며, 이스라엘이 항상 고통스러운 상황에 처해 있는 것도 아니다. 이스라엘을 하나의 전체로 볼 때, 이집트에서 다시 그런 상황을 겪게 되리라 예상하는 곳은 고전적 예언후기 예언서를 의미-옮긴이에서만 나타난다. 그러나 사사 시대의 두 본문은 전환점을 제공할 수 있다.[1] 예를 들어 사사기 2:18(참조. 신 32:36; 시 135:14)을 살펴보자.

여호와께서 그들을 위하여 사사들을 세우실 때에는 그 사사와 함께 하셨고 그 사사가 사는 날 동안에는 여호와께서 그들을 대적의 손에서 구원하셨으니 이는 그들이 대적에게 압박과 괴롭게 함을 받아 슬피 부르짖으므로 여호와께서 뜻을 **돌이키셨음**ₙₕₘ(나함)이거늘

어떤 면에서 이 표현은 출애굽기 1-3장의 표현과 유사하다. 그러나 사사기에서 그들의 신음은 죄의 결과와 구체적으로 관련되어 있다는 점에서 상황이 다소 다르다. 그럼에도 하나님은 그들의 고통에 응답하며, 그들의 회개와는 전혀 상관없이 응답한다. 하나님의 응답은 결국 백성들의 절망적인 처지로 인해 뜻을 돌이킨 것이다(참조. 삿 2:15).

사사기 10:16에서도 동일한 기본 이해가 나타나는데, 여기서 하나님은 백성들의 회개(10절) 때문에 행동하지만, 최종적으로는 그들의 "비참함" 때문에 행동한다. "그의 네페쉬호흡가 짧아졌다"개역개정은 "마음에 근심하시니라"로 번역한다—옮긴이는 히브리어 표현의 의미는 확실하지 않지만RSV: "분개했다", KJV: "슬퍼했다", JB: "그는 더 이상 그들의 고통을 참을 수 없었다", 이 말은 어떤 의미에서 하나님의 생명이 소진되고 있었음을 암시한다. 민수기 21:4과 사사기 16:16에서 동일한 히브리어 표현은 죽음과 연관되어 있으며, 따라서 생명의 감소와도 관련이 있다.[2] 예루살렘 바이블JB이 이러한 의미를 잘 포착하고 있다. 하나님이 백성의 고통을 감당한다는 것은 백성의 고통이 하나님에게 부정적인 영향을 미쳤다는 것을 의미한다. 백성의 고통이 내면화되면서 하나님의 생명은 어떻게든 소모되었고, 백성이 고통받았기 때문에 하나님도

고통받았다따라서 KJV의 번역도 적절하다.

　위의 두 사사기 본문에서 공동체에 대한 하나님의 반응은 어떤 보응 체계의 도식에 의해 결정되지 않는다. 하나님은 상황에 휘말리고, 발생한 사건으로 인해 큰 고통을 느끼며, 그에 따라 행동하는 분으로 묘사된다.

　이스라엘의 비참함을 말하는 구절과 함께, 특히 시편에는 개인의 고통에 대해 말하는 본문들이 있다. 여기서 사용된 언어는 매우 다양하지만, 고통받는 사람들과 함께하는 하나님의 임재에 대한 언급이 자주 등장한다. 시편 91:15, 23:4, 16:8(또한 참조. 시 34:6-7, 18; 73:21-28; 109:31)을 살펴보자.

　… 그들이 환난 당할 때에 내가 그와 함께 하여 …

　내가 사망의 음침한 골짜기로 다닐지라도
　해를 두려워하지 않을 것은
　주께서 나와 함께하심이라
　주의 지팡이와 막대기가
　나를 안위하시나이다

　내가 여호와를 항상 내 앞에 모심이여
　그가 나의 오른쪽에 계시므로 내가 흔들리지 아니하리로다

　탄원시를 기도하는 사람들에게 들려준 제사장적 구원 신탁이 이 자료의 근원일 것이다(참조. 시 12:5; 애 3:55-57).

하나님이 가까이 계시다는 이러한 증언은 환난 중에 있는 이들에게 가까이 계시는 하나님이 어떤 분인가를 인식할 때만 명확해진다. 어떤 종류로든 고난에 처한 이들과 함께해 본 사람이라면, 누구나 진심으로 돕는 사람은 어떤 형태로든 환난 중에 있는 이들의 상황 속으로 들어가서 공감한다는 것을 알고 있다. 인간도 그러하거늘 하나님께서는 얼마나 더하겠는가! 하나님의 위로와 고통을 분담하는 능력은 타의 추종을 불허하는 것으로 여겨야 한다. 고통받는 자들 그리고 억압받는 자들과 함께하는 하나님의 임재는 하나님이 그들의 상황 속으로 들어가서 그 상황을 진정으로 자신의 것으로 만든다는 것을 의미하는 것임에 틀림없다.

애통해하는 하나님

이제 우리는 백성들과 함께 고통받는 하나님을 묘사하는 예언서 본문을 살펴볼 것이다. 일반적으로 이와 관련한 본문은 애가나 고발의 언어가 아니라 애도와 긍휼의 언어다. 동시에 고통과 관련된 이 두 가지 유형의 자료는 현재 우리가 가지고 있는 본문에서 공통적으로 짜여 있다. 즉, 애가-고발, 심판, 공감의 순서로만 나타나는 경우는 드물다. 공감의 본문은 역사적으로나 편집적으로나 심판 이전의 문맥에서 자주 등장한다. 그래서 이 본문들은 곧 임할 심판을 **예고한다**. 따라서 하나님은 애가-고발의 말씀을 하는 분으로 표현되지만, 동시에 앞으로 일어날 일을 예상하여 멸망할 자들을 위해 애통하는 분으로도 표현된다.

아모스 5:1-2에서 우리는 이스라엘에 대한 이러한 애가를 처음 만나게 된다.

이스라엘 족속아 내가 너희에게 대하여 애가로 지은 이 말을 들으라

처녀 이스라엘이

엎드러졌음이여

다시 일어나지 못하리로다

자기 땅에 던지움이여

일으킬 자 없으리로다

1-2절은 하나님의 말씀이 아니라 아모스의 말이다. 예언자는 자신
의 말이 3절에 이어지는 하나님의 말씀을 설명하는 것으로 의도하고 있
다. 여기에는 이스라엘의 죄와 죄책에 대한 언급이 없다. 오히려 이스라
엘 사람들이 "최근에 일어난 죽음을 슬퍼하며 전통적인 애가 리듬으로
노래하는 장례식 애가"다(참조. 삼하 1:19-27).[3] 아모스서에서 흔히 미래의
사건으로 언급되는 이스라엘의 멸망이 여기서는 이미 일어난 일로 표현
되었으므로, 이 멸망은 필연적인 것처럼 보인다. 아모스의 말을 들은 사
람들은 "마치 신문에서 부고 기사를 읽은 것과 같은 충격을 받았을 것"
이다.[4] 그러한 종말이 피할 수 없는 것도 아니고 하나님이 원하는 것도
아니라는 사실은 이 애가가 "나를 찾으라 그리하면 살리라"(4절; 참조. 6,
14절)는 시구로 시작하는 현재의 편집에서 인상적인 방법으로 작용한다
는 사실로 인해 분명해진다.[5] 따라서 현재 문맥에서 장례 애가의 의도는
백성들로 하여금 주님을 찾게 하여 장례식이 아닌 생명을 얻게 하려는
것이다. 그러나 애가를 위협으로 간주해서는 안된다. 애가는 진정한 애
도의 노래다. 따라서 백성들로 하여금 회개하도록 이끄는 것은 하나님
의 위협이 아니라 하나님의 슬픔이다!(참조. 사 52:14-15; 사 53장). 동시에,

장례 애가의 사용은 수사적 기법이 아니라 실제로 상황이 너무 악화되어 죽음을 맞이할 가능성이 높기 때문에 사용한 것이다.

따라서 우리는 이스라엘의 죽음에 대해 하나님이 어떤 반응을 보일지 예상할 수 있다. 그 응답은 바로 하나님이 애곡한다는 것이다. 사람들이 "장례 애도의 물결 속에 잠겼다"개역개정은 "애(통)곡하게 하며"라고 번역한다-옮긴이라고 묘사된 것처럼(5:16-17; 8:10),[6] 하나님도 그렇게 애통에 잠길 것이다. 하나님도 백성들과 함께 일어난 일에 대해 애곡할 것이며, 하나님도 사람들처럼 애도할 것이다.

에스겔은 특히 하나님의 장례 애가를 더 많이 사용한다. 그의 메시지의 내용은 "애가와 애곡과 재앙의 말"(2:10)로, 상황에 대한 하나님 자신의 반응을 반영하는 말씀이다. 에스겔 19:1, 14에서 애가는 "이스라엘의 고관들"을 두고 애곡하는 소리로 나오지만, 주로 이방 나라들에 대한 신탁에서 사용된다(27:2; 28:12; 32:2, 16; 참조. 30:2; 32:18).[7] 예언자에게 애가를 요청하는 분은 하나님이기 때문에, 이 애가는 일어난 일에 대한 하나님 자신의 감정을 반영해야 한다. 이 세상의 왕들이 애통하는 것처럼(26:17-18), 하나님도 애통할 것이다.

에스겔 19장은 에스겔 18:32, "주 여호와의 말씀이니라 죽을 자가 죽는 것도 내가 기뻐하지 아니하노니 너희는 스스로 돌이키고 살지니라"(참조. 33:11)에 이어서 나온다는 점에서 특히 인상적이다. 마지막 구절과 아모스 5:4, 6, 14의 병행성을 고려할 때, 이 애가는 아모스서처럼 기능하도록 의도된 것이다열방에 대한 신탁의 기능은 확실하지 않다.[8] 그러나 에스겔 19장을 보면 죽음의 실재가 다윗의 집에 너무 깊숙이 들어와서 다른 끝은 보이지 않을 정도로 분명해 보인다. 이 애가는 장례식 상황에서 유래한 것

하나님의 _ 고통

이지만, "그렇게 강하고 젊은 왕의 몰락에 대한 하나님의 숨겨진 '긍휼' 이 그 안에 표현되어 있다는 사실을 숨겨서"는 안 된다는 것이다.[9] 침멜리Zimmerli는 이와 관련하여 열방의 백성들이 하나님의 이름을 모독한 것 (참조. 36:20)을 고려할 때, "하나님의 백성에 대한 심판은 그 자체가 자신의 이름이 불명예의 어둠 속으로 빠져들어 간다는 점에서 하나님 자신의 고통이다"라고 더 깊이 주해한다.[10] 이 주해는 하나님의 고통이 두 가지 고통에 뿌리내리고 있음을 시사한다. 즉, 고통받는 이스라엘과 함께 받는 고통과, 하나님의 이름이 시궁창에 빠지는 것을 목격한 이방 나라들과 대면하는 고통이다. 이스라엘의 실패는 하나님께로 되돌아오고, 하나님은 이스라엘이 자신의 이름을 가지고 행한 일로 인해 치욕을 당한다. 그러나 이스라엘이 하나님의 명예를 더럽혔음에도 불구하고 하나님은 이스라엘을 원망하지 않는다. 하나님은 이스라엘의 고통을 긍휼히 여기며 그 고통도 견뎌낸다.

이 본문들과 다른 본문들은 간접적인 방식으로 하나님의 애가에 대해 말하지만, 많은 본문에서 하나님은 직접적으로 말씀한다. 인간의 언어에서 흔히 들을 수 있는 다양한 애곡하는 표현이 사용된다.

열방에 대한 에스겔의 신탁에 나오는 애가는 이사야서와 예레미야서에도 나타나지만, 후자의 예언서들은 단지 하나님이 직접적으로 말씀한다는 점에 유의해야 한다. 따라서 모압에 대한 신탁인 이사야 15-16장은 "여호와께서 오래 전부터 모압을 들어 하신 말씀"(16:13)으로 명백히 밝혀진다. 출처가 확실하지 않은 이 장들은 아시리아나 바빌로니아에 의한 모압의 멸망에 대한 애곡의 언어로 가득 차 있다. 가장 널리 언급되는 것은 모압 사람들의 울음과 통곡이며(15:2-5, 8), 다른 사람들도 통곡하라는 요청을 받는다(16:7). 그러나 하나님 자신도 이사야 15:5, 16:9, 16:11에서 모압을 위해 애통해한다.

내 마음이 모압을 위하여 부르짖는도다

그러므로 내가 야셀의 울음처럼 … 내 눈물로 너를 적시리니

내 마음이 모압을 위하여 수금 같이 소리를 발하며
내 창자가 길하레셋을 위하여 그러하도다

예레미야 48:30-32, 35-36에는 모압에 대한 이 신탁의 또 다른 내용이 포함되어 있으며, 우리는 거기에서 하나님의 말씀에 사용된 유사한 언어를 발견한다.[11]

여호와의 말씀이니라 내가 그의 노여워함의 허탄함을 아노니 …
그러므로 내가 모압을 위하여 울며
온 모압을 위하여 부르짖으리니
무리가 길헤레스 사람을 위하여 신음하리로다
… 내가 너를 위하여 울기를 야셀이 우는 것보다 더하리로다

여호와의 말씀이라 모압 산당에서 제사하며 그 신들에게 분향하는 자를 내가 끊어버리리라 그러므로 나의 마음이 모압을 위하여 피리 같이 소리 내며 나의 마음이 길헤레스 사람들을 위하여 피리 같이 소리 내나니

하나님의 _ 고통

이는 그가 모은 재물이 없어졌음이라

이스라엘 민족이 아닌 다른 민족을 위한 하나님의 애가를 듣는다는
것은 참으로 놀라운 일이다. 이 언어의 대부분은 모압 사람들의 울음과
통곡을 묘사하는 데도 사용되었기 때문에, 그 사람들의 애통함만큼이나
이들을 향한 깊고 넓은 애통함을 품고 있는 하나님에 대한 인상을 심어
준다. 이스라엘과 마찬가지로 하나님은 처음에 심판을 일으킨 분이지만
(예. 렘 48:38), 일단 심판이 일어나면 그 후에는 애통하는 자들과 함께 애
통해한다.

예레미야 9:10과 12:7에서도 이스라엘과의 관계를 맺는 하나님에 대
해 비슷한 언어가 사용되었다(참조. 렘 15:5-9).

내가 산들을 위하여 울며 부르짖으며[12]
광야 목장을 위하여 슬퍼하나니

내가 내 집을 버리며
내 소유를 내던져
내 마음으로 사랑하는 것을
그 원수의 손에 넘겼나니

하나님은 백성에게 일어난 일로 인해 얼마나 가슴이 찢어지는 고통
을 느끼는가! 더욱이 두 구절의 더 큰 맥락에서 알 수 있듯이, 하나님은
"모든 육체가 평안하지 못하"(렘 12:12)기 때문에 슬퍼할 뿐만 아니라 **땅**

이 황폐화되어 애통해한다(참조. 23:10; 호 4:2-3). 하나님의 고통의 초점은 백성이지만, 동시에 하나님은 황폐화로 인해 영향을 받는 창조 질서 모든 측면에 나타날 결과에 대해 괴로워한다.

예레미야 12장에서는 사람과 땅에 닥친 황폐화에 대한 하나님의 고통의 깊이가 또 다른 방식으로 드러난다. 하나님의 고통은 어느 정도는 하나님 자신의 미래에 초점을 맞추고 있다. 헤셸은 이 구절의 이러한 측면을 잘 포착하고 있다. "이스라엘의 고난은 인간의 비극 그 이상이었다. 이스라엘의 고난과 함께 하나님의 고통, 분리, 이 땅과 세상에서 그분의 집을 잃게 되는 고난도 함께 찾아왔다. ⋯ 이스라엘이 고향을 잃는다면 하나님도 세상에 거할 집이 없게 되는 것이라고 말할 수 있다."[13] 또한 헤셸은 이 주제가 렘 9:17-18에도 나타난다고 지적한다(참조. 30:6).

> 만군의 여호와께서 이와 같이 말씀하시되
> 너희는 잘 생각해 보고 곡하는 부녀를 불러오며
> 또 사람을 보내 지혜로운 부녀를 불러오되
> 그들로 빨리 와서 우리를 위하여 애곡하여
> 우리의 눈에서 눈물이 떨어지게 하며
> 우리 눈꺼풀에서 물이 쏟아지게 하라

이 본문에서 일인칭 복수를 사용한 것은 분명히 하나님을 포함하고 있다. 전문적인 애도자들이 와서 이스라엘뿐만 아니라 하나님을 위해서도 울어야 한다! 다시 한번 우리는 하나님의 미래에 대한 문제에 직면하

하나님의 _ 고통

게 된다. 하나님의 미래는 이스라엘의 미래와 여러모로 연결되어 있다. 지금 이스라엘에 일어난 일로 인해 하나님의 미래는 그렇지 않았을 때와는 사뭇 달라졌다. 하나님이 신실한 이스라엘과 함께 였다면 가능했을 일을 성취하지 못했기 때문에 이 또한 애통해야 할 경우가 된다. 예레미야 45장의 관점에서 볼 때, 우리는 하나님이 세상에 행하려던 일들이 일시적으로 실패했다고 말할 필요가 있다. 그러므로 애곡하는 사람들도 하나님을 위해 애통해야 한다.

심판과는 반대편에 있는 예레미야서의 후반부 본문은 하나님의 긍휼을 더욱 신랄하게 표현하고 있다(31:20; 참조. 3절).

에브라임은 나의 사랑하는 아들
기뻐하는 자식이 아니냐
내가 그를 책망하여 말할 때마다
깊이 생각하노라
그러므로 그를 위하여 내 창자가 애타니 [신음하니]
내가 반드시 그를 긍휼히 여기리라 여호와의 말씀이니라(RSV)

동일한 단어의 조합이 이사야 63:15에서 발견된다. "당신의 창자의 애타는 것[신음]과 당신의 긍휼이 나에게 그쳤습니다"(RSV). 여기서 백성의 탄식은 예레미야 31:20에 드러난 하나님의 역사가 일반적으로 환난의 때에 그들에게 베풀어졌지만 지금은 중단된 것처럼 보인다는 것을 전제로 하며, 그것을 식별할 수 있는 표징이 없음을 탄식하는 것이다. 그러나 예레미야 31:20에서는 그것이 분명하게 드러난다.[14] 문맥을 통해 우리는 이스라엘의 상징적 어머니인 라헬이 자기 자녀들을 위해 울고 있는 것을 발견한다(15절). 20절에서 하나님은 라헬을 대신하여 어머니의 역할을 맡는다. 라헬이 자기 자녀들을 기억하듯이 이제 하나님도 자신의 자녀를 기억한다. 라헬이 자기 자녀들을 위해 우는 것처럼 이제 하나님도 자기 자녀들을 위해 운다. 그러나 라헬은 슬픔으로 인해 무력해 보이는 반면(15절), 하나님은 다르다는 점에서 차이가 있다. 하나님은 자녀들의 슬픔을 기쁨으로 바꾸고, 근심 대신 희락을 준다(13, 21-22절).

백성의 애통을 들어주는 분은 하나님만이 아니라 예언자도 마찬가지다. 예언자는 하나님보다 훨씬 더 많은 애가를 부르며, 종종 하나님의 명령에 따라 애가를 부른다(예. 미 1:8; 사 21:3-4; 22:4; 겔 21:6, 12E; 렘 4:19; 8:18-9:1; 10:19; 13:17; 14:17). 이 시점에서 이 본문들이 속한 예언서는 하나님의 애통을 반영한다고 말하는 것으로 충분하다. 백성들은 하나님의 대변자로서 예언자의 말을 들을 뿐만 아니라 예언자의 인격 속에 구현된 하나님의 애가를 **본다**.

마지막으로 예언자들의 이른바 화 외침woe oracles을 잠시 살펴보자. 여기서는 이 주제를 거의 다루지 않겠지만,**15** 이 자료들은 일반적으로 인간이 행하는 애곡의 부르짖음이라는 관점에서 해석된다(암 5:16; 렘 22:18; 34:5을 보라). "화 있을진저" 또는 "슬프(도)다"는 "바람직한 존재의 상태에서 바람직하지 않은 상태로 반전되는 감정적 내용을 강렬하게 표현하는 힘"을 지닌 '고통의 표식'이다.**16** 예를 들어, 예레미야 30:5-7가 있다.

여호와께서 이와 같이 말씀하시되
우리가 무서워 떠는 자의 소리를 들으니

두려움이요 평안함이 아니로다 …

어찌하여 … 모든 얼굴이 겁에 질려 새파래졌는가

슬프다 그 날이여

그와 같이 엄청난 날이 없으리라

그 날은 야곱의 환난의 때가 됨이로다 …

여기서 하나님은 고통받는 사람들의 입술에서 나오는 애통하는 소리를 듣고, 애통하는 사람들과 함께 슬퍼한다.

애통은 또한 화 외침이 발생하는 여러 가지 심판 직전의 상황에서 필수적인 부분이다(예. 암 5:16-20; 6:1-7; 미 2:1; 사 1:4; 10:1-4). 화 외침은 사람과 땅에 닥칠 재앙을 예견하는 역할을 한다. 예를 들어 아모스 5:16-17에서 하나님은 거리에서 애곡하는 일이 일어날 것이라고 선포한 다음, 5:18에서 이스라엘이 겪게 될 예견되는 황폐함에 대해 애통하기 시작한다. 이러한 화 외침의 개인적인 성격[17]은 예견되는 애통의 상황과 관계 맺는 하나님의 방식을 나타낸다. 심판이 임하기 전에도 하나님은 백성들의 고통에 대한 반응을 예상한다. 그러므로 하나님은 애통해할 것이다. 때때로 화 외침의 고발적 요소가 애통의 요소를 몰아내기도 하지만(예. 사 5:8-23), 그럼에도 여전히 고통에 대한 개념이 전혀 없는지는 의심스럽다. 따라서 이 본문들은 첫 번째 범주인 애가-고발의 조합과 유익하게 연관될 수 있지만, 여기서는 애가가 더 미래지향적이다.

요약

1. 이스라엘의 심판에 대한 하나님의 반응은 애통하는 자의 부르짖음, 즉 심판이 없는 고통이 예상되는 상황에서 공감하는 존재로 임재하는 것이다. 이것은 고통받는 백성의 하나님에 대한 다른 모든 억측을 제거하는 역할을 한다. 하나님은 백성에게 일어난 일에 무관심하지 않다. 하나님은 이스라엘의 운명을 어떤 분리된 객관적 시각으로 바라보지 않는다. 하나님은 엄중히 심판을 내리고도 "나는 내 할 일을 했을 뿐이야"라고 생각하며 돌아서는 심판 집행자가 아니다. 이제 정의가 실현되었다는 기쁨은커녕 어떠한 만족감도 느끼지 못한다. 게다가 "저들은 당해도 싸다!"라는 생각조차 하지 않으신다. 이것이 아무리 그렇다 해도, 하나님은 이스라엘의 운명이 이미 예정된 것일 뿐만 아니라, 모든 사람에게 그 심판의 악영향 속에서 계속 허우적거리며 영원히 홀로 그 심판을 감당해야 마땅하다는 것을 '은연중' 또는 이중적으로 확정하지 않는다. 하나님이 애통하는 자들과 함께 애통하는 것은 그들의 상황 속으로 들어가는 것이며, 하나님의 일하심은 애통으로 끝나지 않는다.

2. 고통 가운데 백성에게 심판을 내리는 하나님은 심판으로 인해 관계를 끊지 않는다. 하나님은 즉시 심판자의 역할에서 함께 고난받는 동료로 역할을 전환하고, 심지어 고통스러운 미래를 고려하는 데 사용되는 언어에서 후자인 고난받는 동료의 역할까지 기대한다. 따라서 심판이 하나님과 관련된 것이라면 그 심판이 분명히 관계의 끝을 의

하나님의 _ 고통

도하는 것은 아니다. 하나님은 고통받는 사람들 가운데 임재할 것이다. 하나님은 고통이 완전한 효과를 발휘할 때까지 기다리지 않고, 그 상황 속에서 선을 이루기 위해 일한다. 하나님은 생명을 가져오기 위해 죽음 속에서 일한다. 그리고 하나님은 식품 공급 바우처에 서명하는 복지 행정가처럼 외부에서 일하는 분이 아니라 그 상황 속에서 일한다. 하나님은 슬픔에 잠긴 상황 속으로 들어와서 그 안에서 선을 이루기 위해 일한다.

3. 하나님의 애통과 다른 사람들의 애통은 결국 심판이 이스라엘에게 있어서 징계가 아니라 참으로 죽음이라는 것을 의미한다. 하나님은 회초리를 든 부모의 고통이 아니라 장례의 애통함을 표출하는 것이다. 결과적으로 모든 형태의 징계는 교정에 실패했다(렘 2:30; 5:3; 7:28). 그 결과는 "큰 파멸, 중한 상처"(렘 14:17-18)다. 이스라엘은 스올의 깊은 곳으로 끌려갔고, 백성들은 더 이상 돌이킬 수 있는 능력이 없다(렘 13:23). 상황이 너무 악화되었기 때문에(렘 30:12-15), "그러므로" 오직 하나님만이 그들을 일으켜 온전하게 회복시킬 수 있다. 하나님의 구속 활동은 백성들이 귀환하기 전에 반드시 선행되어야 한다(사 44:22; 참조. 52:3). 하나님은 스스로 그 일을 성취할 수 없는 사람들을 본향으로 인도할 것이다(렘 31:7-9). 심판은 구원은 아니지만 백성의 구원을 위한 필수 전제 조건이다. 그러한 백성에게는 죽음이 있어야 다시 살아날 수 있다. 심판의 한가운데서 하나님은 구원의 역사를 이룬다.

4. 하나님이 이스라엘 민족뿐만 아니라 비-이스라엘 민족의 운명도 슬퍼하는 것으로 표현된 것은 세상의 고통받는 이들을 향한 하나님의 관심과 보살핌이 얼마나 폭넓은지를 보여 준다. 이스라엘만이 하나님의 공감을 독점하지 않는다. 모든 사람들은 비록 그 사실을 깨닫지 못할지라도 하나님의 긍휼(과 심판)을 모든 곳에서 **경험했다**. 이러한 본문들에는 요나 4:10-11, 예레미야 12:14-15과 같은 본문에 필적할 만한 하나님의 긍휼이 보편적으로 펼쳐져 있다. 이스라엘 백성들이 볼 수 있어야 하는 것은 그들이 하나님의 긍휼(과 심판)을 경험했을 뿐만 아니라 그 경험이 누구로부터 왔는지도 **알아야 한다**는 것이다. 그렇다면 그들의 경험이 그들에게 얼마나 더 큰 의미로 다가와야 할까! 그러므로 이러한 자료는 이스라엘에게 (1) 하나님의 고통(과 심판)의 범위, (2) 그 행하심이 세상 어디에서나 일관되게 나타나며, (3) 하나님에 대한 그들 경험의 공통성, (4) 세상이 겪는 고통 속으로 들어가서 그것을 자신의 것으로 만든 분을 아는 데서 이스라엘이 받은 특별한 특권을 깨닫게 해 주는 것이라야 한다.

하나님의 _ 고통

9장

하나님은⋯을 위해
고통받는다

하나님의 자신을 내어 주심

이제 우리는 하나님의 고통에 관한 것 중 가장 어려운 주제를 접하게 될 것이다. 구약에는 하나님의 고통을 동반하는 속죄의 '교리'가 제시되거나 전제되어 있지 않다. 그러나 여러 본문에서 이 방향에 대한 중요한 단서를 찾을 수 있다. 이스라엘에게 용서와 구원이 필요하다는 것은 구약 전체에서 분명하게 드러난다. 하나님이 이스라엘에게 신적 용서를 베풀기 위한 수단을 은혜롭게 제공했다는 사실 역시 분명하다. 희생 제사 제도는 그중 가장 눈에 띄는 것으로, 하나님이 신자에게 용서를 베푸는 가시적인 수단이다. 그러나 동시에 희생 제사가 용서를 받는 데 필수적인 것으로 간주되지는 않는다. "상하고 통회하는 마음"으로도 충분할 수 있다(시 51:16-19; 삼하 12:13을 보라).

다양한 속죄 본문에서 하나님이 지불한 대가는 명확하게 드러나지 않는다. 일반적으로 동물의 생명을 취하고 피를 흘리는 것이 속죄에 필수적인 것으로 보인다피 흘림이 속죄의 필수 요소가 아니라는 점에 대해서는 레 5:11-13을 보라. 이러한 관행은 우리에게 '대가 지불', 심지어는 하나님께 대한 대가를 지불하는 방향을 제시한다. 따라서 레위기 17:11, "육체의 생명은 피에 있음이라 **내가 이 피를** 너희에게 **주어** 제단에 뿌려 너희의 생명을 위하여 속죄하게 하였나니 생명이 피에 있으므로 피가 죄를 속하느니라"는 말씀이 있다. 여기서 피 자체가 속죄하는 것이 아니라 피가 생명을 지니고 있다고 생각했다는 사실에 주목해야 한다. 여기서 특히 눈에 띄는 것은 피에 담긴 생명이 하나님**으로부터** 주어졌다는 점이다. 희생 제사의 핵심 요소, 즉 생명을 제공하는 분은 바로 하나님이다. 따라서 인간은 회개하고 신뢰하는 자기 자아를 바치는 희생 제사적 행동을 할 뿐만 아니라, 하나님으로부터 생명을 전달받는 존재가 된다. 모든 생명이 하나님께 속한 것이라면, 하나님은 용서를 가능하게 하기 위해 자신을 주신다고 말할 수 있다. 어떤 의미에서 하나님의 생명은 사람들의 생명을 위해 소진된다고 할 수 있다.

이렇게 하나님의 생명을 소진하고 다른 사람을 위해 자신을 내어 주는 것은 더 깊이 탐구할 만한 유익한 주제이다. 그것은 이스라엘이 하나님이 행하신 속죄의 대가에 대해 더 깊이 성찰할 수 있는 씨앗을 담고 있을 수도 있다. 여기서 우리는 하나님이 백성들의 죄로 인해 짐을 졌다고 말하는 본문들을 살펴볼 필요가 있다.

히브리어 **나사**_nāśā', 참조. sābal(사발)_는 종종 '용서하다'를 의미하는 데 사용되며(예. 호 1:6; 14:2), 다른 본문에서는 하나님의 섭리적인 돌봄을 가리키기도 한다(예. 사 40:11; 46:3-4; 신 1:31). 그러나 우리가 고려해야 할 두 가지 다른 관련 용례가 특히 중요하다. 때때로 인간은 다른 사람의 죄악 때문에 고난을 받는다고 말한다(예. 민 14:33; 시 69:7; 89:50; 애 5:7). 그리고 다른 곳에서는 이스라엘의 대표자들이 백성들의 죄를 짊어진다. 속죄 염소(레

16:22), 제사장(출 28:38; 참조. 레 10:17)[1], 예언자(겔 4:4-6)[2], 고난받는 종(사 53:4, 11-12) 등이 그 예다. 후자의 두 예에서 예언자가 하나님의 삶을 어떻게 투영하는지에 대해서 우리가 나중에 논의할 내용을 미리 예상할 수 있다. 백성들은 하나님이 자신들의 죄를 짊어지셨다는 말을 들었을 뿐만 아니라, 예언자의 **전인격을 통해 죄를 짊어지신다는 것을 본다.** 이런 의미로 사용된 동사의 주어가 하나님인 본문들을 살펴보자.

여호와께서 너희 악행과 가증한 행위를
더 참을 수 없으셨으므로 …(렘 44:22)

내 마음이
너희의 월삭과 정한 절기를 싫어하나니
그것이 내게 무거운 짐이라
내가 지기에 곤비하였느니라(사 1:14)

이 본문들에 나오는 하나님의 모습은 정의justice가 요구하는 수준 이상으로 계속해서 인내하는 하나님의 모습이다. 하나님은 엄정한 심판 대신 백성들의 죄를 짊어지신다. 하지만 하나님의 인내심도 한계에 다다를 때가 있다.

여호수아가 백성에게 이르되
너희가 여호와를 [그리고 다른 신들을] 능히 섬기지 못할 것은
그는 거룩하신 하나님이시요 질투하시는 하나님이시니

너희의 잘못과 죄들을 사하지 [참지] 아니하실 것임이라(수 24:19)

But Joshua said to the people,

"You cannot serve the Lord [and other gods];

for he is a holy God; he is a jealous God;

he will not forgive [bear] your transgressions or your sins(RSV)

비록 이 본문은 해석이 쉽지 않지만, 하나님이 백성들의 죄를 영원히 참지 않는다는 점을 강조하는 것은 분명하다. 우리는 하나님의 인내에도 한계가 있다는 점을 생각해야 한다. 하나님은 그들의 죄를 영원히 짊어지지 않을 것이다. (관련 명사 "짐"의 사용에 대해서는, 사람들에게 하나님이 "짐"이 된다고 말하는 욥 7:20과 렘 23:33"부담이 되는 주님의 말씀"(새번역)과는 다르게 개역개정은 "여호와의 엄중한 말씀이 무엇인가"로 번역한다—옮긴이을 보라).

이와 관련해서 특히 눈에 띄는 구절은 이사야 43:23-24이다.

… 나는 제물로 말미암아 너를 짐 지우지 아니하였고

유향으로 말미암아 너를 괴롭게 하지 아니하였거늘

너는 … 네 죄짐으로 내가 짐 지도록 하며

네 죄악으로 나를 괴롭게 하였느니라

I have not burdened you with offerings,

or wearied you with frankincense.

But you have burdened me with your sins,

하나님의 _ 고통

you have wearied me with your iniquities(RSV)

여기서 '짐을 지다'라는 히브리어 단어는 **아바드**ābad로, '종'이라는 단어에서 파생된 단어다.[3] 파라오(출 1:13, 6:5)와 솔로몬(대하 2:18; 참조. 겔 29:18)이 이스라엘 백성에게 지웠던 "짐"에도 동일한 형태의 언어가 사용된다. 위의 이사야서 본문포로기 이전 시대로 거슬러 올라가는 본문. 참조. 27-28절에서 하나님은 자기 백성에게 기대라는 무거운 짐을 지우지 않았다고 말씀한다. 그러나 백성들은 언제나 그들의 죄로 인해 하나님이 무거운 짐을 지게 했다. 하나님은 그들의 죄악으로 인해 짐을 진다고 말씀한다. 이사야 53:4, 11-12의 "죄를 짊어지고"공동번역라는 구절과 그리스도께서 많은 사람의 죄를 지고 가셨다고 하는 신약의 특정 본문들(예. 벧전 2:24)을 떠올리지 않을 수 없다. 따라서 하나님의 종은 하나님이 친히 담당한 역할을 맡는다. 종에게 고난이 따르는 것처럼, 하나님에게도 고난이 따를 수밖에 없다. 일정 기간 동안 백성들의 죄를 짊어짐으로써 하나님은 어떤 의미에서 그들을 대신하여 고통을 당한다. 하나님은 백성이 마땅히 받아야 할 심판을 보류하고, 그들의 죄를 자신의 어깨에 짊어짐으로써 고난의 길을 선택한 것이다.

이와 관련해서 하나님의 지치심이라는 개념도 주목할 필요가 있다. 위에서 언급한 두 본문은 하나님이 백성들의 죄로 인해 지쳤다고 말씀한다(사 1:14; 43:24). 다른 본문들도 이 점을 반복한다.

다윗의 집이여 들을지어다 너희가 사람을 괴롭히고서 그것을 작은 일로 여겨 또 나의 하나님을 지치게 하느냐(사 7:13)

Hear then, O house of David! Is it too little for you to weary men, that you weary my God also?(RSV)

네가 바로 나를 버린 자다. 나 주의 말이다.
너는 늘 나에게 등을 돌리고 떠나갔다.
나는 이제 너를 불쌍히 여기기에도 지쳤다.
너를 멸망시키려고 내가 손을 들었다(렘 15:6 새번역; 참조. 겔 24:12)

너희는 말로 여호와를 지치게 하고도…(말 2:17)

You have wearied the Lord with your words…(RSV)

마지막으로 예레미야 45:3에 주목해야 한다. 예레미야의 서기관 바룩은 예레미야와 마찬가지로 "나의 탄식으로 피곤하여 평안을 찾지 못하도다"고 불평한다(렘 6:11; 20:9; 참조. 시 6:6; 69:3). 예레미야 45장의 의미는 바룩이 지칠지라도 그의 고통은 하나님의 지치심에 비하면 아무것도 아니라는 뜻이다.[4]

특히 하나님은 "피곤하지 않으시며 곤비하지 않으신" 분(사 40:28)이라고 명시적으로 말씀했다는 사실을 고려할 때, 우리는 하나님이 지치셨다는 본문을 어떻게 이해해야 할까? 이 상황은 인간의 피곤함에 대한 언급(30-31절)으로, 주된 언급은 육체적 피로에 관한 것임을 암시한다. 창조주 하나님에게는 이 점에서 한계가 없다. 육체, 정신, 정서적 차원의 '피곤함'이라는 개념은 이 본문의 주된 관심사가 아닌 것으로 보인다.

하나님의 _ 고통

나는 하나님의 지치심에 대한 언급이 하나님의 생명의 소진이라는 보다 보편적인 의미를 담고 있다고 제안한다(참조. 전 1:8; 렘 9:5). 하나님의 생명은 어떤 의미에서 소진되고 있다. 지치심이라는 단어와 애가-고발의 조합은 이러한 소재들을 인간의 탄원과 연결시키므로, 위에서 언급한 신적 고통의 첫 번째 범주와도 연결된다. 그러나 하나님의 지치심에는 그 이상의 의미가 함축되어 있는 것 같다.

아마도 이사야 48:9, 에스겔 20:21-22, 시편 78:38, 이사야 57:11에 나오는 신적 절제의 언어를 살펴보는 것이 이 딜레마에 도움이 될 것이다.

내 이름을 위하여 내가 노하기를 더디 할 것이며
내 영광을 위하여 내가 참고
너를 멸절하지 아니하리라

그들에게 내 진노를 이루리라 하였으나 … 내 손을 막아 달리 행하였나니

오직 하나님은 긍휼하시므로 …
그의 진노를 여러 번 돌이키시며

네가 나를 경외하지 아니함은
내가 오랫동안 잠잠했기 때문이 아니냐

여기서 하나님의 백성에 대한 하나님의 놀라운 인내가 특별한 방식으로 분명하게 드러나지만, 이곳에는 더 많은 함의가 내포되어 있다. 시

편 39:2-3에서 시편 기자가 잠잠히 있을 때, "나의 근심이 더 심하도다 내 마음이 내 속에서 뜨거워"진 것을 분명히 알 수 있다(참조. 시 32:3). 예레미야(20:9; 참조. 6:11)에게 있어서 그러한 절제는 "나의 마음이 불붙는 것 같아서 골수에 사무치니"를 의미하며, 이는 곧 지침과 연관이 있다. 여기서 우리는 다시 한번 예언자가 하나님을 비춘 거울임을 보게 된다. 하나님의 절제에 수반되는 것이 무엇인지는 이사야 42:14에서도 분명하게 드러난다(참조. 사 63:15; 64:12E).

내가 오랫동안 조용하며
잠잠하고 참았으나
내가 해산하는 여인 같이 부르짖으리니
숨이 차서 심히 헐떡일 것이라

이 하나님의 절제는 예레미야와 시편 기자가 가졌던 감정과 매우 흡사하지만, 긍정적인 의미에서만 그러하다. 백성들의 고통에 직면한 하나님의 절제는 하나님의 고통이 심화되면서 내적 힘이 축적되고, 마침내 창조적 활동을 하는 고난 속에서 터져 나오는 것을 의미한다.

백성들의 불신실함에 대한 하나님의 절제는 하나님의 삶에 버금가는 무언가를 의미한다. 우리는 이스라엘의 거절이 어떻게 하나님의 고통을 야기했는지 보았다. 계속되는 거절에도 불구하고 변함없는 하나님의 절제는, 고통이 점점 더 심화되고 하나님 안에 내적인 힘으로 축적되다가 (통제할 수 없는 것은 아니지만) 마침내 심판으로 터져 나오는 것을 의미했을 것이다. 동시에 이러한 고통의 심화는 지치심의 관점에서 이해할 수

하나님의 _ 고통

있다. 이것은 일종의 생명의 소진, 즉 관계와 하나님의 이름(즉, 하나님의 미래)을 위해서 자신의 거의 모든 것을 내어 주거나 소진하는 것을 말하며, 그로 인해 확실히 끝을 맞이하게 될 것이다. 다시 말해, 하나님은 엄청난 강도의 고통을 견뎌야만 함에도 십자가에 못 박히기까지 멈추지 않는다.

여기서 우리는 세상에서 일어나는 선이 하나님을 영화롭게 하는 데 기여할 수 있음을 주목한다. 따라서 하나님은 "자기를 경외하는 자들과 그의 인자하심을 바라는 자들을 기뻐하는도다"(시 147:11; 참조. 149:4)라고 말씀하며, 백성들과 함께 기뻐하고 즐거워한다(예. 왕상 10:9; 사 62:4-5; 65:19; 습 3:17). J. G. 얀젠이 말했듯이,[5] "다른 인간을 향한 하나 혹은 또 다른 종류의 인간 행동은 세상을 향한 하나님의 돌봄에 기쁨이나 고통을 가져올 수 있다."

인간이 하나님을 영화롭게 할 수 있는 것처럼, 노골적이고 만연한 불신실함이 하나님을 비참하게 할 수 있음을 이 지치심의 본문에서 엿볼 수 있다. "너희는 너희 죄악으로 나를 지치게 했다." 이러한 인간의 행위는 이들이 그렇게 행동하지 않았다면 하나님에게 가능했을 일에서 무언가를 빼앗아 간다. 어떤 면에서 하나님은 더 이상 이 모든 일이 일어나기 전의 하나님이 아니다. 하나님은 사람들의 거절을 그대로 수용했고, 이 과정에서 깊은 피로감을 느꼈다. 하나님("내 이름을 위해")과 세상의 미래를 위해 더 이상 심판을 유예하기 어렵게 하는 것이 바로 이 피로감이다.

이스라엘에게 심판이 임하긴 했지만, 그토록 오랜 시간 동안 심판이 유예되었다는 사실은 그 자체만으로 하나님이 오래 참는 분이라는 증거가 된다. 하나님이 백성들의 죄를 짊어졌기 때문에 신적인 고통이 발생한 것이다. 따라서 계속되는 범죄한 백성의 삶과 하나님의 고통 사이에는 밀접한 관계가 있다. 사람들이 계속 살아갈 수 있는 것은 오직 계속해서 기꺼이 고통을 받으려는 하나님의 의지 덕분이다. 이 본문들에서 하나님의 고통은 아직 구속을 의미하지는 않지만 생명을 의미하는 것은 맞다. 이 연결고리를 더욱 발전시켜야 한다.

가장 많이 논의되는 예언서 중 하나인 호세아 11:8-9에서 이 연결고리를 더 심도 있게 살펴볼 수 있다.[6] 우리는 호세아서의 이런 질문이 백성들의 공동체적 미래에 대해 하나님이 백성들과 소통하며 의사를 결정하는 과정에서 어떤 역할을 하는지 이미 살펴보았다. 또한 11:1-8에 명백하게 드러나는 하나님의 기억이 어떻게 하나님의 고통을 불러오는지도 살펴보았다. 이제 우리는 이 구절들에서 분명하게 드러나는 하나님의 고통에 초점을 맞출 것이다(8절).[7]

내 마음이 내 안에서 뒤집어,
내 긍휼이 완전히 달아오른다(호 11:8)

My heart turns over within me,
My compassion is completely warm(저자 사역)

이 구절을 고려할 때, 사랑에 뿌리를 둔 하나님의 자기 백성을 향한 변함없는 구원 의지가 중심에 있어야 한다. 하나님이 그들과의 관계 안에서 원하는 것은 분명하며, 그 의지와 관련하여 하나님 안에는 어떤 갈

하나님의 _ 고통

등이나 변화도 없다. 동시에 이스라엘의 불신실함은 지속된다. 하나님이 그의 백성들과 함께 결정을 공유하려는 노력은 그다지 긍정적인 반응을 얻지 못했다. 하나님의 이름, 나아가 이스라엘과 세상의 미래를 생각한다면, 하나님의 절제를 벗어 버리고, 백성에게 심판이 임하도록 내버려 두는 것 외에는 할 수 있는 일이 없어 보인다. 그러나 앞으로 이스라엘은 완전한 멸망이 아니라 적당한intermediate 심판으로 그 죗값을 받게될 것이다(호 11:10-11).[8]

왜 이런 적당한 하나님의 심판이 등장한 것일까? 8절은 이스라엘에게 온전한 심판을 내리지 못하게 한 어떤 일이 하나님 안에서 일어났다고 증언한다. 무슨 일이 일어났을까? 하나님이 돌이키신 것이다. 하나님은 소돔과 고모라의 경우처럼(8a절) 자신의 백성을 완전히 멸망시키지 않겠다고 결정하고, 5-7절에서 이것을 선포한다. 이스라엘은 포로로 잡혀갈 것이지만, 하나님의 진노를 온전히 경험하지는 않을 것이다.[9] 그들은 (7절과는 반대로) 멍에를 벗고 고향으로 돌아갈 것이다(10-11절). 이 사건은 부분적인 심판(예. 삼하 24:16; 렘 42:10),[10] 즉 어떠한 인간의 간구나 중보기도 없이, 하나님의 사랑에 뿌리를 둔 결정으로 끝나는 다른 하나님의 돌이키심과 비교할 수 있다.

하나님의 돌이키심에 대한 보도는 그 내용이 풍부하다는 점에서 이례적이다. 호세아 11:8b의 두 행이 동의어적으로 병행한다는 것[11]은 일반적으로 돌이킴의 두 가지 차원, 즉 돌이킴 자체와 돌이키는 분의 사랑에 초점을 맞춘 것으로 인식된다(참조. 시 106:45). 동시에, 마음의 달아오름이나 불붙는다는 표현은 억눌린 감정과 같은 내면의 힘이 축적되는 것을 암시한다(또한 창 43:30과 왕상 3:26을 보라). 하나님의 고통받는 사랑

은 돌이키는 행동을 불러일으킬 정도로 끓어오른다. 하나님의 고통받는
사랑은 이스라엘을 구속하지는 않지만 심판을 완화시킨다. 심판은 결코
백성을 향한 하나님의 뜻이 아니기 때문에, 여기서 하나님 안에서 벌어
지는 갈등에 대해 말하는 것은 너무 멀리 나아가는 것이다. 그러나 정의
가 실현되어야 할 필요성에 직면했을 때, 하나님 안에 내적 긴장, 즉 고
통을 초래하는 것은 하나님의 구원 의지다. 여기서 하나님은 그 구원의
의지를 이루기 위해 자신의 고통을 계속해서 짊어지기로 결심한다.[12] 이
러한 하나님의 선택은 백성을 구원하기 위해 고통을 짊어지는 하나님에
대한 이스라엘의 사상을 발전시키는 중요한 요소가 된다.

하나님의 치욕

다른 관점에서 보면, 소수의 독립된 본문들은 하나님의 치욕이라는 주
제를 제시하는데, 이는 결국 공동체의 구원에 영향을 미친다.

시편 78편에서 해석한 사무엘상 4-6장의 언약궤 이야기는 하나님의
치욕이라는 개념에 대한 방향을 제시한다. 사사 시대 말엽에 블레셋의
위협으로 인해 이스라엘은 매우 힘든 시기를 보내게 된다. 이 시대를 반
영하는 내러티브에서 하나님의 치욕에 관한 명시적인 표현은 없지만,
사무엘상 4:10-5:1은 이 문제에 대해 간접적으로 언급하고 있다. 이 단
락에는 하나님의 언약궤가 빼앗기는 장면이 여섯 번이나 반복된다. 언
약궤와 하나님의 임재 사이에는 매우 밀접한 관계가 있다고 인식되었기
때문에(참조. 삼상 5:7, 11; 참조. 4:7), 이는 **하나님이 붙잡혔다**고 말할 수도
있을 것이다. 이 빼앗김에 대한 언급은 이스라엘 민족의 학살(4:10, 17),

개인의 떨림과 고통(13, 19절), 이스라엘에서 영광이 떠나는 것(21-22절)과 같이 대위법counterpoint, 두 개 이상의 선율을 독립적으로 활용하여 조화로운 음악을 만드는 작곡 기법-옮긴이 양상으로 나타난다. 이 형식은 하나님 자신도 원수의 손에 치욕과 고통을 당하는 것으로 여긴다고 할 수도 있다. 시편 78:61에 나오는 이 사건에 대한 묘사도 이러한 결론을 시사한다.

그가 그의 능력을 포로에게 넘겨 주시며
그의 영광을 대적의 손에 붙이시고

하나님은 포로가 되어 어둠 속으로 들어갔다! 여기서 테리엔Terrien의 표현이 인상적이다. "하나님의 결정은 하나님의 치욕을 의미했다. 야웨는 자신의 주권을 이방 나라 포로라는 치욕에 내맡겼다. 하나님은 자발적으로 왕의 위엄을 포기하고 적의 세력에 자신을 넘겨주었다."[13] 이처럼 하나님은 치욕적인 상황 속에서도 이스라엘을 구원하기 위해 일하신다. 그리고 하나님의 궤와 더불어 치욕에서 찬미로 나아가는 움직임은 이스라엘에게는 떨림에서 생명으로의 움직임을 의미했다.

이와 관련해서 때때로 언급되는 또 다른 본문은 시편 18:35이다.

주의 오른손이 나를 도왔으며,
주의 비하(?)가 나를 위대하게 만들었습니다

Thy right hand supported me,
and thy humility(?) made me great(저자 사역)

"비하"RSV: "도움", 개역개정: "온유함"-옮긴이라는 단어는 히브리어 용어를 번역한 것으로, 구약에서 하나님께만 독특하게 적용된 단어다사 53:4, 7의 고난받는 종에게 적용한 것을 보라. 번역이 확실하지는 않지만, 바이저Weiser는 "왕이 위대하게 된 것은 하나님의 '자신을 낮춤'condescension 덕분"이라고 대담하게 제안한다.[14] 테리엔은 이 구절을 7-15절의 신현현에서 나타난 하나님의 '강림'의 맥락에 놓고, "인간을 위해 전능하신 하나님이 스스로 낮아진 것"이라고 말한다.[15] 신현현의 문맥을 고려할 때, 이 본문은 신현현에 대한 우리의 해석을 지지하는 것으로 볼 수 있다(참조. 본서 6장).

이사야 63:9도 언급해야 할 것이다.

그들의 모든 고통 속에서 그는 고통받았으며(?),
그의 임재 앞에 천사는 그들을 구원했다

In all their affliction he was afflicted(?),
and the angel of his presence saved them(RSV)

이 RSV(참조. NEB, JB)가 번역한 난해한 히브리어 본문인 "그는 고통받았으며"는 하나님이 백성들의 고통에 참여함으로써 그들의 구원을 가능하게 했음을 암시한다.[16] 문맥은 분명히 하나님의 사랑과 긍휼의 임재가 그들에게 구속과 돌봄을 가져다주었음을 나타낸다. 그러나 우리는 논쟁을 불러일으키는 이 본문의 성격으로 인하여 자신 있게 말할 수 없다.

또 다른 독립된 본문으로는 스가랴 12:10을 언급해야 하는데, 그 이유는 신약(요 19:37)과 그 이후의 그리스도교 해석에서 이 구절이 담당했

하나님의 _ 고통

던 역할 외에 다른 이유는 없다.

> 그러나 내가, 다윗 집안과 예루살렘에 사는 사람들에게 '은혜를 구하는 영'과 '용서를 비는 영'을 부어 주겠다. 그러면 그들은, 나 곧 그들이 찔러 죽인 그를 바라보고서, 외아들을 잃고 슬피 울듯이 슬피 울며, 맏아들을 잃고 슬퍼하듯이 슬퍼할 것이다(새번역)

이 본문은 전통적으로 십자가에 못 박힌 메시아의 관점에서 해석되어 왔지만(예. 루터), 대부분의 현대 주석가들은 이 구절이 무엇을 의미하는지에 대해 해석하기를 유보하는 경향이 있다.[17] 이 구절을 하나님이 사람들의 죄로 인해 상처를 입으셨다는 (칼빈과 같이) 은유적 의미로 해석하면, 여전히 이 구절은 하나님의 고통에 대한 증언으로 해석할 수 있다. 가장 일반적인 해석은 스가랴 13:3에서 예언자의 부모가 그를 찔러 죽이는 장면에 비추어 해석하는 것이다. 따라서 12:10은 백성으로부터 고난당하는 예언자를 가리키는 말이 될 수 있다. 예언자와 하나님의 밀접한 관계로 인해 하나님도 그러한 행동의 영향을 받아 고통받는다. 어쨌든 이 구절은 어떤 의미에서 하나님이 겪는 고통에 대한 언급임이 거의 확실하다.

요나 4:10-11에서 "아끼다"라는 뜻의 히브리어 동사 후스hûs의 사용에도 주목할 필요가 있다. "네가 수고도 아니하였고 재배도 아니하였고 … 이 박넝쿨을 아꼈거든 … 하물며 이 큰 성읍 니느웨에는 … 내가 어찌 아끼지 아니하겠느냐." 이 동사는 법정적 맥락에서 사용되며(참조. 신 19:13, 21), 주어진 판결을 막을 요량으로 눈물 흘리는 것을 허용하지 않는 것을 의미한다. 따라서 "아끼다"는 표현은 눈물을 흘리며 행동하는 것을 의미한다.[18] 하나님은 니느웨를 살려 주기로 마음을 먹고 고통을 감수해야만 하는 선택을 한다. 하나님의 눈물은 니느웨를 공의로운 심판에서 구원하기 위해 흐르고, 하나님은 그들이 마땅히 받아야 할 심판을 스스로 받는다.

마지막으로, 구약 성경에서 이와 같은 방향으로 우리를 안내하는 한 구절은 바로 이사야 42:14이다.[19] 이 본문은 이스라엘 백성에게 심판이 임했고, 그로 인해 포로지에 유배되어 있다고 전제하고 있다. 상황은 혼돈의 연속이며, 심지어 창조 이전의 상황으로 되돌아갔다고 말할 수 있을 정도로 삶보다는 죽음이 그들의 상황을 지배하고 있다. 이들에게 비친 하나님의 모습은 깊은 침묵, 즉 그들이 겪는 고통을 덜어 주기 위한 하나님의 절제였다(사 63:15; 64:12; 시 74:11을 보라). 여기에서 하나님이 스스로에게 부과한 구속의 경험은 백성의 죽음과 새로운 탄생 사이에 필연적 기간인 임신이라는 용어로 알 수 있다.[20] 침묵의 기간은 또한 하나님의 치욕을 반영할 수도 있다. 즉, 하나님의 침묵은 하나님이 백성들의 죽음 속으로 아주 깊숙이 들어가서 그들이 겪어야 하는 것을 경험했기 때문에 일어난 일이다. 따라서 하나님의 이러한 움직임은 하나님 안에서 '죽음'에서 부활로의 전환을 알리는 신호다. 이 기간 동안 이스라엘은 불임으로 새 생명을 잉태할 수 없으며, 그러한 새로운 국면을 맞이하는 것이 불가능하다(사 49:21; 참조. 사 66:7-14; 렘 31:15-17). 어떤 출산이 있더라도 그것은 하나님의 것이며, 그분만이 홀로 새로운 피조물을 탄생시킬 수 있다. 하나님은 이스라엘을 탄생시켰던 것처럼(신 32:18), 또다시 이스라엘을 탄생시킬 것이다. 그러나 우리가 살펴본 바와 같이, 절제의 기간은 하나님의 산통이 점점 더 심해지는 시간이며, 마침내 산통 속에서 새로운 피조물이 탄생하게 된다. 그러나 이 탄생의 사건은 단순히 하나님의 새로운 백성이 출현하는 것에 그치지 않고, 재창조의 역사가 온 세상에 영향을 미치게 될 것이다(15-16절). 하나님은 부르짖고, 숨을 헐떡이고, 가쁘게 내뿜으며 새로운 질서를 탄생시킨다. 새창조는 하나님의 고통을 반드시 **필요로 한다.**

여기서 고통과 새창조는 서로 긴밀하게 연결되어 있으며, 사용된 이미지는 새창조가 다른 방법으로는 존재할 수 없음을 시사한다. 새로운 질서의 탄생은 오직 하나님이 하는 일을 통해서만 이루어질 수 있으며, 하나님은 **비아 돌로로사**via dolorosa를 통해서만 그러한 창조 행위를 완성할 수 있다. 그러나 여기서도 마찬가지로 중요한 것은 하나님의 삶에서 일어나고 있는 일이 이 땅에서 일어나는 일과 유사하다는 점이다. 이사야 42:1-7은 하나님이 동일한 신적 목적을 성취하기 위해 선택한 고난받는 종을 우리에게 소개한다. 따라서 이 장에서 우리는 땅과 하늘의 상응, 즉 하나님의 고난과 병행하는 종의 고난을 볼 수 있다(참조. 사 43:24과 54:9-10의 병행). 여기서 우리는 또한 이 땅과 하늘의 상응을 두 번째 종의 노래(49:1-7)와 하나님의 긍휼(49:13-16), 그리고 세 번째 종의 노래(50:4-9)와 50:1-3의 애가의 병행에서도 볼 수 있다는 점에 주목해야 한다. 이 형태는 여러 면에서 하나님과 예언자 예레미야의 뒤섞인 애가와 유사하지만, 여기에는 고통의 효과와 관련하여 더 발전된 내용이 있다. 하나님의 고통 없이는 종의 고난도 없다. 이제 우리가 주목해야 할 것은 이 고통에 상응하는 땅의 측면, 즉 하나님의 고통이 "나의 종 예언자들"의 삶으로 취해지고 구현되는 것이다.

요약

하나님에게 인간의 죄는 반드시 대가를 지불해야만 하는 것이다. 그리고 그 대가의 상당 부분은 하나님이 백성의 죄를 엄격하게 법적 조건에 따라 처리하지 않고 대신 짊어지기로 선택했음이 분명하다. 하나님이 그러한 짐을 진다는 것, 이스라엘의 거절을 계속 감수한다는 것은 곧 백성이 계속해서 생명을 누린다는 것을 의미한다. 따라서 하나님의 고통과 이스라엘의 삶 사이에는 분명한 연관성이 있으며, 하나님의 고통은 이스라엘이 삶을 영위하기 위해 필요한 요소였다. 즉, 하나님의 고통은 이스라엘의 삶을 가능하게 했다.

이러한 고통은 하나님에게 어떤 의미가 있었을까? 어떤 의미에서 그것은 주로 지치심의 이미지로 표현되는 하나님의 생명의 소진을 의미했다. 하나님은 백성과의 관계를 위해 자신을 내어 주셨고, 어떤 의미에서 하나님의 생명은 이스라엘의 생명이 지속될 수 있도록 소진했다고 말할 수 있다.

이러한 관심은 하나님의 치욕, 즉 구원을 가능하게 하기 위해 이스라엘이 겪는 고통 깊숙한 곳에 침투하는 하나님에 대해 말하는 본문과 관련이 있을 수 있다. 어떤 의미에서 하나님은 이스라엘의 구원을 위해 자신을 스스로 치욕적인 상황에 처하게 했고, 그로 인해 하나님의 삶이 마땅히 지녀야 할 어떤 것을 포기하신다. 죽음으로 가득 찬 상황 속으로 깊이 들어가야만 죽음의 세력을 정복할 수 있고, 다시 한번 생명을 싹틔울 수 있는 것이다.

마지막으로 우리는 하나님이 현재의 고통과 죽음의 질서를 초월하는 새창조를 가능하게 하기 위해 자기 자신을 내어 주는 일에 참여하며, 인간의 가장 극심한 고통만이 하나님을 위한 일을 적절하게 묘사할 수 있다는 점에 주목한다. 그러나 그러한 사건은 하나님의 내적 삶의 관점에서만 고려되는 것이 아니다. 하나님의 고통은 이 땅에 있는 하나님의 종의 고통에 상응하는 하늘의 고통이다. 고난받는 종은 하나님의 고통을 스스로 짊어지고 이 세상에서 악의 세력을 물리치기 위해 궁극적으로 해야만 하는 일, 즉 죽음에 이르는 고통을 감당한다.

10장

예언자, 신현현
그리고 하나님의 고통

예언자와 사자(메신저)

예언자의 삶은 하나님의 삶을 반영했다. 이것은 시간이 지남에 따라 이스라엘에게 점점 더 분명해졌다. 하나님은 예언자가 전한 말뿐만 아니라 예언자의 삶에 체현된 말씀 속에도 임재하는 것으로 여겨졌다. 예언자의 말을 듣고 본다는 것은 백성을 대신해 고통받는 하나님을 듣고 본다는 것이었다.

일반적으로 왕정 시대 이전의 본문에서 사자는 하나님 말씀의 중재자로서 중요한 역할을 하지만, 사무엘 시대부터는 이러한 역할이 중단된다는 점을 지적받아 왔다(왕하 1:3-4, 15는 예외다). 예언자는 하나님 사자의 역할을 대체하고 이어가는 역할을 한다.[1] 그런 다음, 마치 하나의 원을 완성하듯 포로기 이후 유대교의 중개 천사'해석 천사'라고도 한다─옮긴이(예. 다니엘서)는 예언자를 계승하지만, 사자는 더 분명하게 하나님께 종속된 존재로 보인다.

사자와 예언자의 차이점을 살펴보자. 예언자는 알려진 인물이지만 사자는 이름이 없다. 예언자는 오랜 기간 동안 살아서 활동하는 반면,

사자의 '지상 활동'은 등장할 당시의 시간으로 국한된다. 예언자는 사자와는 달리 하나님으로부터 독립된 자신만의 인격을 가지고 있다.[2] 사자는 거의 항상 은혜의 말씀을 선포하는 반면, 예언자는 심판의 말씀을 더 일반적으로 선포한다. 그럼에도 불구하고 하나님의 말씀은 항상 변화무쌍한 시대 상황의 특수성 속에서 선포되기 때문에, 이러한 구분이 특별히 중요하지 않을 수도 있다.

유사점도 발견할 수 있다. 둘 다 인간의 모습을 한 인물이라는 것이다. 둘 다 "하나님의 사람"(예. 삿 13:8-9; 삼상 2:27)과 "사자"로 불린다.[3] 둘 다 하나님의 말씀을 선포하는 자이며, 그 취지에 부합하는 동일한 언어를 사용한다.[4] 둘 다 마치 하나님이 말씀하는 것처럼 일인칭 단수를 사용한다.[5] 사자 내러티브와 예언적 신탁의 편집자들은 하나님과 사자/예언자를 상호 교차하여 사용하지만, 전자인 사자 내러티브의 경우 훨씬 더 직접적으로 표현한다(예. 창 16:11, 13). 예언적 신탁 자료에서는 하나님과 '예언자'(또는 예언자의 이름)를 서로 혼용하지 않는다. 그러나 예레미야서에서처럼 대명사의 언급은 때때로 혼용되는 것처럼 보이는 경우도 있다. 이처럼 예언적 신탁 자료에서 명백한 하나님의 말씀과 예언자의 발언을 구분하는 것은 불가능하지는 않더라도 매우 어려운 경우가 많다.[6]

"천상회의의 일원"개역개정은 "여호와의 회의에 참여"로 번역한다-옮긴이(렘 23:18-22; 왕상 22:19 참조)과 관련하여 더 많은 공통점이 있을 수 있지만, 사자에 대한 명시적인 천상회의의 언급은 후대 본문(예. 슥 1:12; 3:1-8)에만 나타나는 것으로 보인다.[7] 천상회의의 의미에 대해서는 다소 논란이 있지만, 예언자들이 이 회의의 일원으로 언급되었다는 사실은 그들이 하나님과 어느 정도 친밀한 관계를 맺고 있음을 나타낸다. 예언자는 어떻게든 하나님

하나님의 _ 고통

의 임재 속으로 이끌려갔고, 그뿐만 아니라 어떤 의미에서 예언자는 하나님의 역사에 참여하게 되었다. 예언자는 하나님 이야기의 당사자가 되었고, 하나님의 마음과 정신이 예언자의 마음과 정신에 깃들어서 예언자가 진정한 하나님의 체현자가 되었다.

사자와 예언자 사이의 다양한 유사점은 그들 사이의 기본적인 연속성을 나타내며, 비록 우리가 앞서 지적한 차이점이 있기는 하지만, 우리가 하나님과 사자/예언자의 관계를 이와 비슷한 방식으로 이해할 수 있음을 시사한다.

예언 이전 시대를 배경으로 편집된 다른 자료들은 예언자와 하나님 사이의 관계를 설명하는 데 도움을 줄 수 있다. 예를 들어, 출애굽기 4:16과 7:1에서는 모세에 대해 매우 인상적인 표현이 사용되었다.

그가 [아론이] 너를 대신하여 백성에게 말할 것이니 그는 네 입을 대신할 **것이요 너는 그에게 하나님 같이 되리라** (강조는 저자의 것)

He [Aaron] shall speak for you to the people; and he shall be a mouth for you, and *you shall be to him as God*(RSV)

여호와께서 모세에게 이르시되 볼지어다 **내가 너를 바로에게 하나님 같이 되게 하였은즉** 네 형 아론은 네 예언자가 되리니 (강조는 저자의 것)

And the Lord said to Moses, "See, *I make you as God* to Pharaoh; and Aaron your brother shall be your prophet"(RSV)

이 구절에 너무 많은 의미를 부여해서 읽지 않도록 주의해야 하지만, 사실상 모세가 아론에 대하여 주도권이 있는 것처럼 하나님이 모세에 대하여 주도권이 있다고 하는 의미를 부정해서는 안된다. 어떤 의미에서 하나님의 말씀이 모세에게 체현되어 모세의 말(과 행동!)을 통해 하나님 스스로가 그 상황에서 활동하게 된다. 모세는 하나님의 내재성을 전달하는 수단이 된다.

이와 관련하여 하나님의 영을 가리키는 특정 표현도 도움이 될 수 있다. 비록 하나님의 영은 예언 활동의 가장자리에 놓여 있었지만, 이것이 예언자와 하나님 사이의 관계를 이해하는 개념적 토대를 제시했을 수도 있다. 예를 들어 사사기 6:34에서 기드온을 사로잡는 영의 작용은 영을 기드온에게 옷 입히는 것처럼 묘사되며, 사무엘상 10:6에서는 사울을 "다른 사람으로"^{개역개정은 "새 사람"으로 번역한다—옮긴이} 변화시키는 영의 활동에 대해 말한다. 영으로 옷을 입는 이미지는 역대상 12:18과 역대하 24:20에도 사용되었다. 미가 3:8과 이사야 61:1(참조. 42:1)도 비슷한 의미로 이해할 수 있다. 이런 경우에 하나님은 개인의 삶 속에서 매우 활발하게 활동하므로, 그 개인은 하나님을 체현한다고 말할 수 있다. 이렇게 하나님은 개인에게 힘을 불어넣는 능력이 되어, 마치 하나님 자신이 지금 말씀하고 행동하는 분인 것처럼 보이게 하신다.[8]

오래된 신현현 전통과의 결정적인 연속성은 예언자들의 소명에서도 분명하게 드러난다. 앞서 지적했듯이, 이러한 예언자의 소명은 일반적으로 하나님의 나타남과 관련이 있으며, 특히 신현현이 갖는 인격적이고 설득력 있는 요소(예. 암 7:7; 9:1; 사 6장; 렘 1장; 겔 1장)의 측면과 연결하는 것이 너무나도 중요하다. 이러한 소명과 앞서 모세와 기드온에게 나타난 하나님 사이에는 양식 비평적으로 중요한 연관성이 있음이 밝혀졌다.[9] 동시에 이 시점에서 하나님이 예언자들에게 나타난 사건의 중요성을 평가하기를 멈추는 것은 오류를 범하는 일이다. 예언자들은 특정 지점에서 오래된 신현현의 전통을 뛰어넘는다. 하나님은 이전의 신현현에서처럼 단순히 나타나서 한 마디 말씀만 전한 후 떠나지 않는다. 하나님은 예언자에게 말씀을 맡기고 떠난다. 하나님은 예언자를 부르셔서 말씀을 받게 하고 예언자는 부름을 받은 그 순간부터 하나님의 말씀을 체현한다. 사실상 예언자는 지속적인 신현현으로 기능하도록 부름을 받은 것이다. 우리는 예언자에게서 한시적인 하나님의 말씀을 전하는 사자로 시작하여, 하나님의 말씀이 인간의 형태로 더욱 확장되어 발전해 나가는 모습을 볼 수 있다. 따라서 이제 하나님은 인간의 모습으로 참여할 뿐만 아니라 인간의 **역사**에도 참여한다고 말할 수 있다. 하나님의 이야기는 예언자의 이야기 안에서 실현된다.

예언서에서 이러한 이해가 어떻게 발전했는지는 그 직무와 개인성의 붕괴, 인격과 말씀의 결속, 말씀/인격의 사건화라는 세 가지 동시적인 움직임의 관점에서 가장 잘 알 수 있다. D. 로벗슨Robertson 박사의 연구가 이와 관련하여 특별한 도움이 된다.[10] 그는 이렇게 말한다. "신약 성경에서 하나님의 말씀이 육신이 된 것은 문자 그대로 성경 줄거리의 한 측면이기도 하다." 따라서 그는 "말씀이 살아 있는 사람이 되는 과정"을 추적하는 데 관심을 기울였다.

개인성과 직무. 폰 라트는 예언의 발전에 대해 이렇게 말한다. "예언자의 직무는 점점 더 개인적이고 영적인 삶을 침범했다."[11] 아모스는 그 구분이 분명하지만, 호세아와 이사야에 와서는 예언자의 직무와 사생활의 구분이 무너지기 시작한다. 두 예언자 모두 자신의 자녀에게 예언적 메시지가 담긴 이름을 지어 주고(참조. 호 1장; 사 8:1-4), 호세아는 하나님의 명령에 따라 결혼을 한다. 예레미야에 와서는 그 구분이 완전히 무너진다. 그는 태어나기 전부터, 실제로는 잉태되기 전부터 예언자로 구별되었다(렘 1:5). 따라서 예언자직은 처음부터 그의 인격을 규정하며, 예레미야 존재의 본질이다. 그는 단지 특정 분야의 연설가가 아니라 특정 부류의 사람이 되도록 하나님에 의해 확실하게 빚어졌다. 따라서 더 이상 그는 아내나 자녀 없는, 정상적인 사회 활동을 할 수 없는, 진정으로 자신의 삶이라고 부를 만한 사적인 삶을 가질 수 없다(렘 16:1-9; 15:17). 에스겔의 경우에는 명확하지 않지만, 그의 삶도 비슷한 성격을 띠고 있다(겔 24:15-18을 보라).

인격과 말씀. 다시 말하지만, 우리는 예레미야와 에스겔을 통해 개인이 하나님의 말씀으로 체현되는 것을 볼 수 있다. 이러한 변화는 특히 이들의 소명 내러티브에서 분명하게 드러난다. 예레미야 1:9(참조. 15:16)에서 하나님은 자신의 말씀을 손으로 직접 예레미야의 입에 넣는다. 예언자는 더 이상 자신이 말해야 할 내용을 보거나 들을 필요가 없으며, 하나님의 말씀은 예레미야가 말하지 않아도 그의 존재 자체로 전달된다. 이 과정은 에스겔 3:1-3에 시각적으로 묘사된다.

또 그가 내게 이르시되 인자야 너는 발견한 것을 먹으라 너는 이 두루마리를 먹고 가서 이스라엘 족속에게 말하라 하시기로 내가 입을 벌리니

하나님의 _ 고통

그가 그 두루마리를 내게 먹이시며 … 내가 먹으니 그것이 내 입에서 달
기가 꿀 같더라

따라서 예언자는 하나님의 말씀을 먹고, 하나님의 말씀은 예언자의
인격 안에 깃든다. 예언자는 하나님의 말씀을 체현하며, 한 인격으로서
이 예언자는 하나님의 말씀이 된다. 폰 라트는 이 구절들을 "지나치게
영적인 방식으로" 받아들이지 말라고 경고한다. 또한 "… 이 구절들의
메시지가 예언자들의 육신적 삶에 들어온 것은 후기 예언서의 자기-이
해에 중요한 변화를 가져왔다(우리는 예언자 육신의 삶에 말씀이 들어온다는 것
이 네 번째 복음서 기자가 말씀이 육신이 되었다고 말한 것과 비슷한 의미로 말한 것
은 아닌지 질문할 수 있다)."[12] 테리엔은 이것을 "준-성례적 연합에 대해 놀
랍도록 구체적인 용어로 말한다"[13]라고 하며, 예언자는 "살아 있는 신성
의 구현자"living incanator of divinity[14]라고 말한다. 하나님은 자신이 주는 말씀과
분리될 수 없다. 말씀을 예언자의 존재 그 자체에 깃드는 방식으로 주
실 때 하나님도 그 말씀과 함께하심이 틀림없으며, 따라서 어떤 의미에
서 하나님은 예언자의 삶 자체에 **연합된다**. 예언자는 하나님의 내재성
을 전달하는 수단이 된다. 예레미야의 여러 연설에서 예언자인지, 하나
님인지 주어가 모호한 것은 이러한 사실을 보여 주는 한 가지 암시일 뿐
이다.

말씀, 인격, 사건. 말씀을 사건이라고 말하는 것은 일반적으로 하나님
의 말씀이 선포될 때 사용된 표현 방식이다. 하나님의 말씀은 효력이 있
으며, 그 말씀은 선포된 것에 영향을 미치는 힘을 가지고 있다(사 55:10-

11을 보라). 따라서 예언자가 말하는 미래는 일단 말씀이 선포되면 사건이 이미 일어나기 시작한다. 그러나 사람들은 말씀에 대한 반응을 따라, 그 말씀이 자신들의 삶에 효력을 발휘하는 **방식**에 영향을 미칠 수 있다. 예를 들어, 심판의 말씀은 회개를 불러일으키고 그 회개는 이미 선포된 하나님 말씀의 방향을 바꾸게 하는 힘을 가지고 있다.

그러나 예언자들의 말만 영향을 미치는 것이 아니라, 그들의 행동도 영향을 미친다. 예언자들의 상징적 행위에 대해서는 많은 기록이 남아 있다(예. 사 20장; 렘 19장; 겔 4–5장).[15] 이는 단순히 구두 설교를 예시적으로 보여 주기 위한 것이 아니라—다른 상징적 행위, 예를 들어 예전과 유사한 방식으로—예언자가 "말씀을 통해 선포한 것을 사건으로 미리 보여" 준 것임이 분명하다.[16] 이 '강화된 형태의' 예언자적 선포에서 "야웨는 자신의 예언자라는 수단을 통해 스스로 상징적으로 행동하신다."[17] 다시 말하지만, 하나님과 사람에게 중요한 것은 듣는 문제뿐만 아니라 보는 문제이기도 하다.

더 나아가 예언자의 말과 상징적 행위만 효력을 발휘할 뿐만 아니라, 예언자의 인격 전체가 하나님의 사건이 된다. 따라서 침멀리는 에스겔에 관해 "예언자의 인격 자체가 백성들을 위한 '표징'으로 묘사된다"(참조. 겔 12:6, 11; 24:24, 27)라고 말한다. "예언자의 **생애**는 자전적 관심사가 아니라 야웨의 말씀을 표현하는 내용으로써 그의 메시지 안에 기록되어 있다."[18] 아모스 9:1의 "문지방이 움직이게 하며 그것으로 부서져서 무리의 머리에 떨어지게 하라", 예레미야 25:15의 "내가 너를 보내는 바그 모든 나라로 하여금 (진노의 잔을) 마시게 하라"와 같은 구절은 하나님의 사건과 예언자의 사건이 융합되어 있음을 보여 준다. 그러나 마침내

하나님의 _ 고통

고난받는 종의 예언자적 모습에서 우리는 종이 어떻게 자신의 모든 존재와 행하는 모든 일을 통해 (입을 열지 않고!) 구원하는 사건이 되게 하는지를 본다.

이제 예언자는 마치 자신의 생각대로 말하거나 행동하는 것이 전혀 없는 것처럼 단순히 하나님을 반영한 것이 아님이 분명해졌다. 예언자는 하나님과는 구별되는 인격체이며, 인간의 모든 연약함과 결점을 지니고 있다. 그러나 예언자의 고난을 살펴볼 때, 그가 하나님의 종으로서 고난을 받는다는 사실을 기억하는 것이 중요하다. 고난은 예언자에게 주어진 직무 때문에 발생한 것이다. 그러므로 예언자는 백성을 대표하여 고난받는 것이 아니라 하나님의 고통을 구현하는 자다.[19]

이제 하나님이 겪는 고통의 세 가지 범주를 각각 살펴보고, 예언자의 삶에서 그것들이 어떻게 병행을 이루는지 살펴보자.

거절당함으로 인한 예언자의 고통

예언자들은 엄청난 저항에 부딪혔다. 그들은 하나님만큼이나 많은 거절을 당했다. 그들은 권력가와 일반인, 왕과 농민의 반대에 부딪혔다. 예언자들은 스스로 권력을 가진 인물이 아니었기 때문에, 거의 아무런 저항을 할 수가 없었다. 그들은 사람들에게 자신의 뜻을 관철시킬 수 있는 위치에 있지 않았다. 그들이 하는 말은 바위를 깨뜨리는 방망이(렘 23:29)라 할지라도 저항받을 수 있었고, 실제로도 그러했다. 백성들은 단순히 말씀을 주시는 하나님만 거절한 것이 아니라 그 말씀을 전하는 예언자도 거절한 것이다. 백성은 예언자의 인격과 전하는 말씀을 구분하지 않앗고, 예언자들의 인격 자체를 거부했다. 그 결과 예언자들은 종종 백성들의 손에 의해 고통을 겪었으며, 심지어 목숨이 위태로울 정도였다(예. 렘 26:10-24). 그러나 예언자들의 고통은 명백하게 박해 때문이 아니라 그들이 직무에 성공하지 못함으로 인해, 즉 그들이 전한 말을 아무도 귀담아듣지 않는다는 인식 때문에 발생하기도 했다(예. 렘 20:7-10). 우리는 여기서 예언자와 하나님 사이의 결정적인 유사점을 볼 수 있는데, 예언자가 거절당했다는 사실과 그 거절에 대응하는 방식 모두에서 그렇다. 또한 이 점에 있어서 하나님의 고통에 대한 이중 초점, 즉 거절로 인한 고통에 초점을 맞춘 과거/현재의 언급과 미래에 무엇을 해야 할 것인가 하는 긴장감으로 인한 고통에 초점을 맞춘 현재/미래 언급이 예언자들에게서 유사하게 나타나고 있다. 호세아서와 예레미야서의 자료가이 점을 설명하는 데 도움이 될 수 있다.

호세아.[20] 백성들이 하나님을 배척한 것처럼(예. 호 4:10, 12) 호세아도 배척하고(9:7-8), 하나님께서 반역한 백성들에게 어떻게 해야 할지 고민하는 것처럼(6:4) 호세아도 고민한다(9:14). 그러나 특히 호세아의 결혼은 그 해석에 있어서 논란이 있긴 하지만, 이것을 (이 용어의 가장 완전한 의미에서) 하나님과 이스라엘의 결혼에 대한 은유로 볼 수 있다.

호세아 1장과 3장에 나오는 호세아의 결혼에 관한 단편들은 2장의 하나님의 자기 성찰적인 진술을 둘러싸고 있다. 그러나 2장의 진술은 "예언자 자신의 경험과 신학적인 내용이 혼합되어 있다는 점에서 주목할 만하다. 예언자적 의식은 사랑하는 자에 대한 성찰과 분리될 수 없다."[21] 여기서 이스라엘의 음행으로 인해 상처받은 하나님과 아내의 음행으로 인해 불명예를 얻은 호세아에게 공통적으로 나타나는 것이 무엇인지는 명확하지 않다(참조. 2, 4-5, 7절). 그러나 백성과 함께한 하나님의 역사는 과거(15절), 현재, 미래(2:16-23)를 포괄하는 반면, 호세아의 결혼은 현재와 미래(3:1-5)라는 제한된 범위에서만 역사와 연관이 있다. 호세아가 음란한 아내와 결혼한 것은 처음부터 "여호와를 떠나 크게 음란"한(1:2) 백성과 병행을 이룬다. 따라서 호세아는 하나님으로부터 이스라엘이라는 '음란한 아내'와 관계를 맺으시는 하나님의 현재 상황에 상응하는 결혼 생활을 해야 한다는 요구를 받는다. "하나님과 예언자 모두 비슷하게 믿음이 없는 배우자와 결혼한다는 공통점이 있다."²² 호세아의 자녀들은 하나님이 주신 놀라운 이름을 통해 그들이 속한 사회 안에서 이스라엘을 향한 하나님의 메시지를 구현한다. 따라서 하나님은 예언자에게 단순히 백성에게 전할 말씀을 주는 것이 아니라, 예언자 자신의 삶 전체를 통해 하나님의 삶의 체현자가 되라고 명령한다. 호세아는 하나님 생명의 실재에 참여함으로써 하나님의 삶을 백성들 앞에서 살아낸다.

호세아가 사회적으로 따돌림받는 자로서 공개적인 불명예를 감내하는 것이 단순히 불명예를 당하고 따돌림받은 하나님에 대한 비극적인 예시가 아니라 하나님에 대한 은유다. 호세아는 하나님의 삶이 어떠한지 자신의 삶에서 경험하고 있을 뿐만 아니라, 일어난 일로 인해 괴로워하는 하나님의 고통을 자신의 삶에서 겪는다. "예언자는 야웨의 임재에 의해 침범당하고 스며들어 신적인 실재의 살아 있는 성체안치기monstrance, 성체를 넣은 대가 달린 투명한 용기-옮긴이가 되었다."²³ 이처럼 호세아는 진술이나 개념, 말로 환원될 수 없는 것을 전인격으로 말하며, 체현된 하나님의 말씀은 단순한 말이나 글이 할 수 없는 방식으로 '직접' 말씀을 전달한다. 더욱이, 그러한 체현이 호세아의 주변에 끼친 놀라운 영향 때문에, 이런 체현된 은유는 하나님과 백성과의 관계에 들어 있는 전통적인 사고방식을 뒤흔들었을 것이다. 호세아는 이렇게 관계 가운데 이스라엘이 저지른 일로 인해 연인 되시는 하나님의 슬픔과 진노가 뒤섞인 모습을 보여 줌으로써 백성들을 회개로 이끌고자 했다. 호세아의 결혼 이야기는 예언자들이 하나님의 말씀을 선포하고 체현한다는 점에서 예언자들의 다른 상징적 행위와 유사하다고 할 수 있다.

예레미야.[24] 흔히 예레미야는 사생활이 특별히 더 많이 드러난 예언자라고 생각되곤 한다. 우리는 더 많은 전기적 정보(예. 36–45장)를 가지고 있을 뿐만 아니라, 그의 '고백록'과 다른 긴장감 넘치는 자료(예. 4:10; 11:20)에서 그의 가장 내밀한 생각도 엿볼 수 있다. 그러나 이러한 자료들은 전기의 목적을 위해 소개된 것이 아니라, 예레미야가 전하는 하나님 말씀의 본질을 반영하기 위해 의도되었을 가능성이 높다. 그는 하나님의 말씀을 말할 뿐만 아니라 그 말씀을 체현한다. 그리고 예레미야 자신의 인간적인 우여곡절은 단순히 자신의 삶이 아니라 하나님의 삶을 체현한 삶을 사람들에게 보여 주고자 한 것이다.[25] 더욱이 이 자료의 일부분에서는 예레미야가 하나님 앞에서 백성을 대표하는 역할을 한다고 종종 언급하지만, 대부분의 본문에서는 다른 방향으로 해석하는 것이 더 타당해 보인다.

예레미야 15:17에서 예레미야는 하나님이 자신을 분노로 채우셨기 때문에 자신이 즐거워하는 자들과 함께 앉지도 못하고, 기뻐하지도 못한다고 말한다. 지금 예언자에게 체현된 태도(15:16)는 백성을 향한 하나

하나님의 _ 고통

님 자신의 입장이며, 이것이 백성들이 일상적인 삶을 이어나가지 못하게 된 원인이다. 예레미야 16:1-9에 전체 이야기가 담겨 있다. 곧, 예언자는 아내를 취하거나 자녀를 낳지 말고(2절), 애도 의식에 참여하지 말고 거기서 위로도 받지 말며(5-7절), 잔치에도 참여하지 말라는 명령을 받는다(8-9절). 이러한 다양한 활동은 모두 공동체와 좋은 관계를 맺으며 산다는 것이 무엇을 의미하는지를 보여 준다. 백성들의 삶에서 이러한 활동들이 끝을 맞이할 것을 예고하는 방식으로 예레미야는 이 모든 참여를 금지당한다. 그러나 이 금지는 또한 공동체와 하나님 자신의 관계를 보여 주는 그림이 아닐까? 여기서 예언자는 이스라엘과 함께하는 삶이 하나님에게는 어떤 삶인지를 보여 주고 있지 않은가? 하나님 역시 "내가 내 집을 버리며 내 소유를 내던져"(12:7; 참조. 11:15; 호 9:15), "이 땅에서 거류하는 자 같이, 하룻밤을 유숙하는 나그네 같이"(14:8) 행하신다. 이스라엘은 세상 안에서 하나님이 거하는 장소였다(참조. 17:12). 이 행위에서 예레미야는 하나님이 집을 잃어버린 것에 대한 심오한 증인이 된다. 여우도 굴이 있고 공중의 새도 거처가 있지만, 하나님은 거할 곳을 빼앗겨 모든 고통과 분노가 뒤섞여 있는 이 땅의 이방인이 되었다.

애가-고발로써 더 잘 묘사되는 예레미야의 '고백록'은 이러한 맥락에서 가장 잘 이해할 수 있다(11:18-12:6; 15:10-18; 17:14-18; 18:19-23; 20:7-18). 예레미야의 탄원은 백성을 대표하는 탄원으로 이해되기보다는 하나님의 삶을 반영하는 애가로 이해해야 한다. 예레미야는 고향이라는 이름으로 불리는 모든 것과 단절되었을 뿐만 아니라 고향 사람들(11:21-23), 가족(12:6), "친한 친구들"(20:10)로부터 거짓 고발과 핍박을 받는다. 예레미야 20:7-10에서와 같이 탄원은 때때로 자신에게 가해진 특정 행위에 대한 고지를 받은 후에 이어진다(참조. 18:18; 20:2).

> … 주님께서는 나보다 더 강하셔서 나를 이기셨으므로,
>
> 내가 조롱거리가 되니 …
>
> 주님의 말씀 때문에,
>
> 나는 날마다 치욕과 모욕거리가 됩니다 …
>
> '… 너희는 그를 고발하여라. 우리도 그를 고발하겠다' 합니다.
>
> 나와 친하던 사람들도 모두 내가 넘어지기만을 기다립니다(새번역)

이러한 애가는 시편에서 시편 기자가 원수들로부터 거짓 고발을 당할 때 나오는 탄원과 매우 흡사하다(예. 시 4, 9-10, 12, 17, 31편). 그가 백성을 위해 선을 구했지만(예. 렘 17:16; 18:20) 백성은 그에게 악으로 보답했고, 그가 이렇게 있는 그대로 말할 수 있는 것은 오직 주님의 말씀에 부담을 느꼈기 때문이다. 시편 기자들과 마찬가지로 예레미야는 자신의 결백을 호소하며 하나님에게 자신을 핍박하는 자들을 찾아가 복수해 달라고 간청한다.

우리가 하나님의 말씀에서 발견한 것은 바로 이런 종류의 애가-고발이다. 예언자의 탄원과 하나님의 애가가 그 형태와 일반적인 지향성에서 매우 유사하고, 때로는 병행한다는 사실을 감안할 때, 예언자의 탄원은 하나님의 애가를 반영하는 거울이라는 결론을 피하기는 어렵다. 예언자의 탄원에서, 그리고 탄원을 통해 우리는 하나님과 백성의 관계에서 일어난 일들에 대한 하나님의 고통을 엿들을 수 있다. 백성은 하나님을 거절한 것처럼 예언자도 거절했고, 하나님께서 응답하는 것처럼 예

하나님의 _ 고통

언자도 응답한다. 즉, 하나님과 예언자 모두 백성의 고발에 대해 불평하고, 제기된 혐의에 항의하며, "어찌"와 "어느 때까지"라는 질문을 사용하고, 이러한 백성이 마땅히 받아야 할 종말에 대한 진술로 나아간다. 마지막 요점과 관련하여, 박해자들에 대한 복수를 요청하는 예레미야의 부르짖음을 하나님의 심판 선포와 상응하는 것으로 보는 것이 중요하다. 이것은 지극히 개인적인 복수로 보일 수 있지만, 사실 예언자의 말을 하나님의 진노의 메시지와 일치시킨 것이다.[26] 예레미야의 '고백록'이 "한 걸음씩 점점 더 큰 절망으로 이끈다"면,[27] 이러한 움직임은 이미 일어난 일에 대한 하나님 자신의 점진적인 절망과도 병행을 이룬다.

애가의 기본적인 차이점은 수신자에게 있다. 예레미야의 탄원은 하나님을 향한 것이고, 하나님의 애가는 백성(또는 세상, 참조. 사 1:2; 미 6:1-2; 렘 18:13)을 향한 것이다. 그러나 발화자의 신원이 이러한 대조를 필요로 한다는 사실과는 별개로, 예레미야의 '고백록'이 백성에게 직접적으로 언급하는 다양한 맥락 안에 놓여 있다는 것은 **현재** 그 기능이 하나님이 아니라 백성에게 말하는 것임을 의미한다. 그리고 그 말씀은 결국 예레미야에 관한 말씀이 아니라 하나님에 관한 말씀이며, 그 내용은 전기가 아니라 선포다. 그렇다고 예레미야가 하나님과 동일시되는 것은 아니다. 예레미야는 실제로 자기 자신의 탄원-고발의 목소리를 내는 사람이고, 하나님의 처지와 비교했을 때 자신의 처지에는 특수성이 있다. 그러나 하나님의 말씀을 세상에 체현하는 사람으로서 우리에게 남겨진 예레미야의 말 중 어느 것 하나도 예언자 자기만의 것이 아니다. 탄원하는 예레미야는 애가를 부르는 하나님을 백성들 앞에 비추고 있다.

예언자가 백성 앞에서 하나님의 고통을 전인격으로 짊어지고 있기 때문에 하나님의 고통은 사적인 문제가 아닌 것처럼 보인다. 하나님 안에서 이 문제를 불러일으킨 것은 바로 백성들이기 때문에, 그들 자신이 거절한 결과에 직면해야 하는 것도 바로 백성 자신들이다. 그러나 그 목적은 그들이 하나님께 송구함을 느끼게 하는 것이 아니라 그들을 놀라게 하여 회개하게 하는 것이다. 이 예언서 안에서 백성이 듣기만 하는 것이 아니라 보기도 한다는 이야기가 더 설득력이 있다.

또한 예레미야는 하나님과 같이 백성의 미래를 위해 어떤 조치를 취해야 할지 긴장하며 고통을 겪는다. 특히 하나님의 진노를 억제하려는 그의 노력에서 우리는 이러한 유효성을 볼 수 있다. "그러므로 여호와의 분노가 내게 가득하여 참기에 어렵도다"(6:11; 참조. 20:9). 예레미야는 하나님 그 이상으로 백성들이 심판받는 것을 원하지 않기 때문에(15:11; 17:16; 18:20), 이러한 절제로 인해 고통과 지침을 경험한다(참조. 15:17-18). 따라서 예레미야의 절제와 그에 수반되는 고통은 거듭하여 돌이키신 하나님의 절제와 병행을 이룬다(15:6). 그의 전 생애, 심지어 그의 뼈까지도 모두 부러진 것은 그가 체현하면서도 붙들고 있는 하나님의 말씀 때문이다(23:9). "예언자의 전 존재를 압도한 것은 하나님이었다. 그의 상태는 하나님의 파토스에 공감함으로써 고통받는 상태였다."[28] 하나님이 사랑하는 백성을 어떻게 해야 할지에 대한 하나님의 긴장은 예레미야도 땅에서의 긴장을 갖게 한다.[29] 천상회의의 일원으로서 예레미야는 긴장으로 가득 찬 자신의 삶 속에서 하나님의 이야기를 육화한다.

이러한 맥락에서 예레미야를 책망한 하나님의 두 사례(12:5; 15:19-20)를 이해해야 한다. 예레미야는 이러한 긴장에서 벗어나기를 원한다(15:18a). 예레미야는 피곤함으로 인해 지쳤다(12:5). 하나님은 이러한 긴

288

장을 계속 견디고 계시지만, 예레미야는 그런 하나님을 따라갈 수 없으므로 악인들의 모든 것이 당장 끝장나고 땅이 그 슬퍼함을 그치게 되기를 원한다(12:1-4; 참조. 23:10). 예레미야가 보기에 악인들이 여전히 살아있다는 사실은 하나님의 실수 때문인 것으로 보인다(15:18b). 그러나 하나님은 15:19에서 그러한 긴장에서 벗어나려고 하는 것은 예언자가 되기를 그만두는 것이라고 분명히 말씀한다. 예레미야는 이 사실을 받아들여야만 천상회의에 서서 하나님의 대변자가 될 수 있다. 따라서 진정한 예언자가 된다는 것은 하나님 그분과 똑같은 긴장으로 가득 찬 상황에 기꺼이 서서 하나님처럼 지침을 견디는 것이다.

백성과 함께 고통받는 예언자

하나님과 마찬가지로 예언자도 백성에게 일어난 일이나 앞으로 일어날 일을 예상하며 고통스러워한다. 예레미야의 경우가 특히 인상적이다. 예언자의 고통과 하나님의 고통은 서로 연결되어 있기 때문에 많은 본문에서 누가 그 고통을 표하는지 구분하기 어렵다. 그렇다고 해서 이 둘을 너무 명확하게 구분하려고 해서도 안된다. 예언자와 하나님은 마치 한 목소리로 백성들의 고통에 대한 괴로움을 표현한다.

이스라엘을 대신하여 예언자가 대표적인 고난을 당한다는 관점에서 이러한 자료를 해석하는 것은 드문 일이 아니다.[30] 그러나 다른 접근법이 더 바람직해 보인다. 이 본문들은 하나님의 애통에 대한 예언자의 체현이라는 관점에서 해석되어야 한다. 예언자는 하나님의 종으로서의 자격으로 고난을 겪는다. 예레미야의 애통이 백성들의 애통과 유사한 것은 사실이지만(예. 4:31), 하나님의 애통도 마찬가지로 유사하다. 따라서 하나님과 예언자 모두 백성의 애통에 참여한다. 이러한 접근 방식을 취함으로써 예언자의 애통은 백성이 하나님께 전하는 말이 아니라 백성을 향한 **하나님**의 말씀이 된다. 예언자 안에서, 그리고 예언자를 통해 백성들은 예레미야 4:19에서처럼 하나님이 어떻게 그들의 고통스러운 상황 속으로 들어오셔서 그들의 고통을 자신의 것으로 만드셨는지 볼 수 있어야 한다.

> 아이고, 배야.
> 창자가 뒤틀려서 견딜 수 없구나.
> 아이고, 가슴이야.
> 심장이 몹시 뛰어서,
> 잠자코 있을 수가 없구나.
> 나팔 소리가 들려 오고,
> 전쟁의 함성이 들려온다(새번역)

이 구절의 문맥을 보면 괴로움에 가득찬 부르짖음은 다가올 심판, 즉 민족 대학살의 참상을 암시하는 것임을 알 수 있다(23-26절). 미래에 대한 환상은 예레미야의 전신이 고통에 휩싸일 정도로 공포로 가득 차 있다. 이 본문은 분명히 하나님의 말씀(17-18, 22절)으로 둘러싸여 있기 때문에 예레미야 자신이 말하는 것인지, 아니면 예레미야가 단지 자기 자신만을 위해 말하는 것인지 전혀 확실하지 않다. 요점은 이 말씀이 멸망한 백성과 땅에 대한 그 자신의 공감 이상의 것을 표현하고 있으며, 예

하나님의 _ 고통

언자는 조만간 닥칠 일에 대한 하나님의 감정을 체현한다는 것이다. 하나님과 예언자는 한 목소리로 말하고 있다.

예레미야 8:18-9:1은 이러한 요소가 더욱 두드러진다.

나의 기쁨이 사라졌다.

　　나의 슬픔은 나을 길이 없고, 이 가슴은 멍들었다.

저 소리, 가련한 나의 백성, 나의 딸이 울부짖는 저 소리가,

　　먼 이국 땅에서 들려온다.

"이제 주님께서는 시온을 떠나셨단 말인가?

　　시온에는 왕도 없단 말인가?"

"어쩌자고 조각한 신상과 헛된 우상을 남의 나라에서 들여다가,

　　나를 노하게 하였느냐?"

"여름철이 다 지났는데도, 곡식을 거둘 때가 지났는데도,

　　우리는 아직 구출되지 못하였습니다."

나의 백성, 나의 딸이, 채찍을 맞아 상하였기 때문에,

　　내 마음도 상처를 입는구나.

슬픔과 공포가 나를 사로잡는구나.

　　"길르앗에는 유향이 떨어졌느냐?

그 곳에는 의사가 하나도 없느냐?"

　　어찌하여 나의 백성, 나의 딸의 병이 낫지 않는 것일까?

살해된 나의 백성, 나의 딸을 생각하면서,

　　내가 낮이나 밤이나 울 수 있도록,

누가 나의 머리를 물로 채워 주고,

나의 두 눈을 눈물 샘이 되게 하여 주면 좋으련만!(새번역)

다시 말하지만, 발화자가 누구인지는 확실하지 않다. 그렇지만 이 본
문이 하나님의 말씀(18-19절)에서 백성(20절)으로, 그리고 예언자(8:21-
9:1)로 옮겨 간다고 추측할 수는 있다. 그러나 하나님과 예언자의 애통
은 매우 공생적symbiotic이어서 모든 곳에서 이 둘의 괴로움이 함께 들리는
것으로 이해하는 것이 가장 좋다. 백성을 포함한 발화자들의 뒤섞임은
애통의 불협화음을 묘사하는 것처럼 보인다. 관련된 모든 사람들은 일
어난 일에 대한 당혹감을 표현하는 데 몰두하고 있다. 적어도 예레미야
의 애통은 하나님의 괴로움을 체현한 것으로, 백성들이 겪고 있는 아픔
을 넘어 하나님이 느끼는 진정한 고통을 백성들에게 보여 주는 것이다.
우리는 이와 유사한 예레미야의 애통을 10:19-20, 13:17-19, 14:17-18
에서 볼 수 있는데, 모두 하나님 자신의 애통을 반영한다.

예레미야서 외에 다른 예언서도 비슷한 방식으로 해석해야 한다. 예
를 들어 에스겔 21:6은 "인자야 탄식하되 너는 허리가 끊어지듯 탄식하
라 그들의 목전에서 슬피 탄식하라"라고 말한다. 여기서 에스겔은 하
나님으로부터 백성 앞에서 통곡하고 탄식하라는 분명한 명령을 받는
다. 이 행위는 백성에게 앞으로 일어날 일을 알리는 징조로 기능하지만
(7절), 12절의 "인자야 너는 부르짖어 슬피 울지어다 이것이 내 백성에
게 임하며 이스라엘 모든 고관에게 임함이로라…"라는 말씀에서 알 수
있듯이 하나님의 애통을 드러내는 역할도 한다. 예언자는 앞으로 일어
날 일을 예상하면서 하나님의 애통을 짊어져야 한다(또한 참조. 미 1:8; 사
22:4).

하나님의 _ 고통

마지막으로, 이스라엘 이외의 나라들에 대한 하나님의 애통은 종종 하나님의 명령에 따라 예언자가 담당한다는 점을 주목해 보자(예. 겔 27:1). 이사야 21:3-4에서 우리는 예언자의 애통이 어떻게 바빌론까지 확장되는지를 본다. 예언자는 고통받는 사람이 누구든, 그들이 어디에 있든 그 고통에 대한 하나님의 애통을 체현한다.

이 여러 본문에서 우리는 예언자가 애통하는 목적이 백성들의 고통을 가지고 하나님 앞에서 견디는 것이 아니라, 하나님의 괴로움을 가지고 백성들 앞에서 생생하고 전인적인 방식으로 묘사하는 것임을 보았다. 그것은 앞으로 임할 심판을 예견함으로써, 백성들을 놀라게 하고 회개하게 하여 반드시 다가올 일을 피하게 하는 최후의 수단으로 기능한다. 이처럼 하나님은 예언자에게는 없는 방식으로 미래의 가능성에 대한 비전을 가지고 있기 때문에, 하나님은 예언자에게 그러한 기다림을 갖도록 요구할 필요가 있다. 그렇게 함으로써 그 예언자는 하나님의 종의 역할을 하게 된다. 한편 하나님은 재앙이 사실상 불가피하다고 보기 때문에, 그로 인한 하나님의 괴로움은 결국 애통이 된다. 이러한 하나님과 예언자의 애가는 심판의 때와 장소를 넘어 계속해서 백성들의 실제 고통 속으로 나아간다.

이와 관련하여 예언자와 하나님 사이의 연속성에 대한 또 다른 차이점을 언급해야 한다. 우리는 하나님이 이스라엘 안에서 그리고 이스라엘을 통해서 이루고자 했던 일들이 실패로 돌아간 것을 보았다(렘 45장). 예레미야 36-44장의 내러티브는 여러 면에서 한 가지 중요점을 강조하는 것처럼 보이는데, 그것은 예레미야의 실패와 관련이 있다. 이 내러티브에서는 이스라엘 역사에 종국적인 비극을 묘사하는 사건들이 얽혀 소용돌이 치는 가운데 예레미야의 노력이 무위로 돌아간 것을 그린다. "예레미야의 길은 어떠한 극적인 반전도 없이 비참하게 사라진다."[31] 이 이야기는 예레미야가 강제로 유배되어 이집트에서 그의 마지막 여생을 보내야 하는 것으로 끝난다. 따라서 하나님이 집을 잃어버린 것은 결국 예레미야가 집을 잃어버린 것으로 체현된다. 예레미야의 실패는 하나님의 실패와 일치한다. 이것 역시 애통해야 할 이유다.

백성을 위해 고통받는 예언자

예언자들의 고난에 관한 이 차원은 앞선 두 개념에 비해 덜 전개되어 있지만, 그럼에도 우리는 몇 가지 중요한 전개 과정을 엿볼 수 있다. 그중 하나는 예레미야의 절제와 그로 인한 지침이 하나님의 절제를 반영하여 하나님의 백성에게 지속적인 삶을 가져다주는 생명의 연장을 가져다주지만, 그것은 일시적인 유예에 불과하다는 사실이다. 예레미야는 자신을 희생양, 즉 "도살 당하러 가는 순한 어린양"(11:19)으로 묘사한다. 그러나 예레미야나 이 책의 편집자 중 어느 누구도 자신의 고난을 대속적인 것으로 이해하거나, 자신의 고난을 통해 이스라엘이 구속될 것으로 이해하는듯한 암시는 전혀 없다.

에스겔서의 몇몇 단락은 이 방향에서 조금 더 나아간다. 폰 라트는 에스겔 13:4-5, 33:1-9, 4:4-6 세 단락이 특히 중요하다고 생각한다. 첫 번째 본문에서 참 예언자는 전투 상황에서 전리품을 수집하는 군대의 뒤를 따르지 않는 사람으로 묘사된다. 그는 "자신의 목숨을 걸고 백성을 지키기 위해"[32] 최전방 참호에서 맹렬한 공격이 백성에게 미치는 것을 막는다(참조. 3:16-21). 이 활동은 주로 백성을 위한 중보기도와 관련이 있으며, 모세의 전통(시 106:23; 참조. 출 32:10-14)과 예레미야의 전통(렘 18:20)에 서 있다. 우리는 중보자의 사역이 심판과 관련하여 어떻게 하나님의 돌이키심을 불러일으키는지 살펴보았다. 에스겔 33:1-9에서 예언자는 본질적으로 "자기에게 맡겨진 사람들을 위해 자신의 목숨을 걸고 책임을 져야 한다"라고 말한다. 그러나 이 예언자는 백성을 대신하여 이 임무를 수행함으로써 자신의 목숨을 위험에 처하게 하지만, 그 자체로 그의 고난이 대리적인 것으로 이해되지는 않는다.

에스겔 4:4-6은 예언자가 백성들의 "형벌[또는 죄책]을 짊어지는" 고난의 행위를 수행하는 것에 대해 조금 더 자세히 설명한다. 앞서 살펴본 바와 같이, 이 표현은 속죄 염소(레 16장)와 고난받는 종(사 53장)뿐만 아니라 하나님 자신에 대해서도 사용된다. 어떤 면에서 이것은 백성들이 앞으로 겪게 될 고통의 예표로써,[33] 심판을 지연시킬 수는 있지만 최종적으로 심판을 막을 수는 없다. 그러나 모든 백성의 죄책이 한데 모여서 하나님이 그것을 견뎌야 한다는 사실에서 앞으로의 전개에 중요한 개념적 틀을 제공한다.[34] 하나님과 백성의 관계에서 특징이었던 것이 이제 예언자의 삶의 특징이 되었다. 예언자는 그의 백성을 위한 하나님의 이야기에 참여하여 그들의 죄의 짐도 짊어진다. 이러한 종류의 사고는 이사야 53장의 공식으로 이어진다(또한 사 53:7과 함께 겔 3:26을 참조).

이 자료는 적어도 부분적으로는 모세와 관련된 동시대의 전통 중 한 줄기를 계승하고 있다.[35] 출애굽기 32:30-32에서 모세는 백성들의 죄를 속죄하기 위해 하나님께 나아가 그들을 위해 자신의 목숨을 바치는 것으로 묘사되며, "하나님의 진노로 죽음의 위기에 처한 민족의 구속을 위해 그 자신의 생명을 바친다"라고 말한다.[36] 신명기에서는 이러한 모세의 역할이 확장된다. 그는 자신을 크게 희생하면서까지 백성을 위해 중보하고(출 9:18-29), 백성들의 죄로 인해 고난을 받아 결국 약속의 땅에 들어가는 것을 허락받지 못한다. 하나님은 "너희 때문에 내게도[모세] 진노하셨다"(신 1:37; 3:26; 4:21). 여기에는 "크게 두려웠음에도 불구하고, 하나님의 진노를 스스로 짊어지고 약속의 땅 밖에서 백성을 대신하여 죽어야 했던 한 사람의 모습"이 그려져 있다.[37] 한 사람이 많은 사람을 구원하는 수단으로써 하나님께 인정받는다는 개념은 다른 구약 본문(예. 창 18:23-33; 렘 5:1)에서도 분명하게 드러나지만, 구약에서 최고로 잘 예시하는 표현은 고난받는 종의 모습을 통해서다.

종의 노래에 관한 몇 가지 설명을 순서대로 이어서 보자(사 42:1-7; 49:1-7; 50:4-9; 52:13-53:12).[38] 종의 정체를 어떻게 해석하든, 그가 예언자적 인물이라는 점은 일반적으로 인정된다. 그는 특히 모세-예레미야-에스겔 전통에 서 있으며, 시편 기자의 탄원시와 중요한 연결점을 가지고 있다.[39] 여기서 예언자의 고통은 여러 가지 면에서 앞선 예언자들과 연속성을 지니면서도 동시에 새로운 핵심으로 제기된다. 예언자의 고통은 많은 사람을 위해 기꺼이 죽음까지 감수하는 소명적 측면이 명확하게 드러난다. 그의 죽음은 하나님이 인정한 전인적인 속죄 제물(53:10)로써 명백히 대속적인 것이며, 이스라엘뿐만 아니라 온 세상의 구속을 위한 유효한 죽음이다. 이 대속적 고난은 명확히 하나님의 뜻이라고 주장되며(4, 6, 10절), 하나님이 세상을 향한 구원의 뜻을 이루기 위해 선택한 수단이다.

하지만 한 가지 더 짚고 넘어가야 할 점이 있다. 우리는 이사야 43:24

에서 예언자적 종이 맡은 종의 역할을 하나님 자신이 어떻게 수행하는지 살펴보았다. 우리는 제2이사야에서 하나님과 하나님의 종의 고통 사이에 지상과 하늘이 상응하는 것을 보았다. 우리가 목격한 하나님과 예언자 사이의 관계, 예언자의 인격에 하나님의 말씀이 깃든 관계를 고려할 때, 우리는 이 종에게도 비슷한 관계를 가정해야 하지 않을까? 이것은 사실 42:1의 성령의 말씀과 그의 사역의 결과가 일반적으로 하나님께만 귀속되는 것이라고도 표현할 수 있다(예. 42:1, 4절, 7절). 적어도 우리는 종의 고난이 하나님의 고통을 반영하고 있다고 말해야 하며, 여기서 세상을 위해 종이 자신의 목숨을 포기함으로써 자기 자신을 희생하는 것은 하나님의 목적을 정의하는 것으로 보인다. 그러나 더 나아가 종은 하나님의 내재성을 전달하는 수단이기 때문에 하나님도 종의 고통을 동일하게 경험한다고 말할 수 있다. 이 같은 결과는 하나님이 종뿐만 아니라 자기 자신에게로도 돌리기로 선택한 것이다. 하나님은 죽지 않으시지만, 자신의 종을 통해 죽음이 어떤 것인지 심오한 방식으로 경험한다. 하나님은 이 세상에서 죽음을 다루는 세력의 깊숙한 곳에 들어감으로써 그 세상을 내부로부터 변화시키시고, 그로 인해 새로운 창조가 탄생하기 시작한다.

요약하기 위해, 우리는 이전에 사용했던 범주로 돌아간다. 우리가 신현현에서 본 것과 비슷하게 비교할 수 있을 만큼 예언자에게서 하나님의 임재가 **강화된다**. 신현현에 관해 우리가 관찰한 많은 것들이 예언자에게도 적용할 수 있다.

하나님은 예언자가 말하는 것뿐만 아니라 그가 하는 사역, 그리고 실제로 그가 누구인지를 통해서도 임재하고 활동한다. 예언자의 삶은 하나님 말씀의 체현이며, 예언자는 하나님의 내재성을 전달하는 수단이다. 따라서 예언자의 삶은 신형론적theomorphic이다.[40] 이렇게 하나님의 이야기에 참여함으로써 그의 삶은 하나님의 형상과 모양으로 빚어진다. 따라서 백성들은 예언자로부터 하나님의 말씀을 들을 뿐만 아니라, 그 말씀이 그들 가운데 육화하는 것을 **본다**. 예언자의 고난 속에서 그리고 예언자의 고난을 통해서 백성들은 인간의 경험 속에 깃든 하나님을 듣고 본다. 이스라엘은 예언자를 통해 말씀하는 하나님뿐만 아니라 현현하는 하나님과도 관계를 맺는다.

이 순서는 이스라엘이 다루어야 할 하나님 말씀의 종류를 나타낸다. 이 말씀은 비−체현화된 말씀이 아니라 전적으로 인격적인 말씀으로 모든 사람에게 들려지는 말씀이다. 이렇게 '직접' 하는 말씀은 더 설득력 있는 말씀이 될 수 있고, 사람들에게 더 큰 영향을 미칠 가능성이 높다. 하나님의 나타남은 말씀의 차이를 만들고, 나타남을 보는 것은 듣는 것에 무언가를 더한다. 또한, 이것은 사람들에게 어떤 종류의 말씀이 전달되어야 하는지를 나타낸다. 예언자들은 단순히 그 말씀을 말하거나 행하는 것이 아니라 그 말씀을 세상 안에 체현해야 한다.

더욱이, 이 현상은 사람들이 함께해야 하는 하나님의 어떤 한 종류를 나타내는 것이기도 하다. 하나님은 가능한 한 개인적이고 효과적인 방법으로 그들과 만나고 소통하기 위해 이렇게 개인적인 말씀을 주었다. 하나님은 친밀함을 원하며 친밀함이 하나님의 목표다. 또한 하나님은 인간의 유한성과 연약함, 즉 우리가 일반적으로 생각하는 연약한 인간 안에 임재하기를 선택한 분이다. 그분은 열방을 놀라게 하는 분이니, 여호와의 팔이 이런 연약한 사람에게서 나타난다고 누가 믿었겠는가(사

하나님의 _ 고통

53:1)? 하나님은 그런 개인들 안에서 그리고 그런 개인들을 통해 연약한 사람들과 자신을 동일시한다. 그리고 이로써 하나님은 멀찍이 떨어져 고통을 바라보는 하나님이 아니라, 모든 피조물의 고통 속으로 들어가 그들의 삶을 경험하는 분임을 보여 준다. 더욱이 이러한 경험은 하나님이 사람들과 함께 죽음으로 가득 찬 상황 속으로 들어가는 것을 의미하는데, 이는 하나님이 그것을 경험할 뿐만 아니라 그 안에서 창조적으로 일하고 새로운 세상의 일부가 되도록 일으켜 세우기 위함이다(참조. 겔 37장).

마지막으로, 우리는 하나님의 말씀을 체현하는 예언자의 삶이 파편적이고 깨어졌다는 점에 주목해야 한다.[41] 구약은 결국 하나님이 온전함 또는 완전함으로 인간의 삶 속에 성육신하셨다는 결론에 도달하지 못한다. 예레미야와 같은 예언자는 그의 생애 초기부터 예언자로 세움 받았지만, 하나님의 말씀이 육신이 되었다는 개념은 그의 부르심과만 연관되어 있다. 인간의 삶 전체에서 온전한 방식으로 육화될 하나님의 말씀은 새로운 날이 오기를 기다려야 한다. 그러나 우리는 예언자를 통해 그리스도 사건에서 일어난 일과 결정적인 연속성을 볼 수 있다. 예수 그리스도를 통해 행하신 하나님의 행동은 구약에서 일반적으로 인식되는 것보다 훨씬 더 널리 펼쳐져 있는, 하나님이 오랜 세월 동안 세상과 맺어 오신, 관계의 정점이다.

미주

저자 서문

1   마틴 루터의 사상에서 하나님의 고통이 차지하는 중요성에 대해서는 특히 M. Lienhard, *Luther: Witness to Jesus Christ* (Minneapolis: Augsburg Pub. House, 1982) 를 보라.

서론 하나님은 어떤 분인가?

1   나는 여기서 "사라는 어떤 사람인가?"와 같은 일반적인 질문 방식으로 "하나님은 어떤 분인가?"라는 표현을 하고 있는 것이다.

2   T. Matthews, *Under the Influence* (New York: Macmillan, 1977), 343.

3   G. E. Wright, *The Old Testament and Theology* (New York: Harper & Row, 1969), 13-18에서의 "그리스도-일원론"(Christomonism)에 대한 논의를 참조.

4   은유에 대한 유용한 연구를 이 책에서 모두 인용하기에는 페이지가 부족하다. 하지만 구약학의 관점에서 J. Barr, "Theophany and Anthropomorphism in the Old Testament," VTSup 7 (1959): 31-38, D. Clines, "Yahweh and the God of Christian Theology," Theology 83 (1980): 323-30, J. Hempel, "Die Grenzen des Anthropomorphismus Jahwes im AT," *ZAW* 57 (1939): 75-85, 같은 저자, "Yahwehgleichnisses der israelitischen Propheten," BZAW 81 (1961): 1-29, H. Kuitert, *Gott im Menschengestalt* (Munich: Chr. Kaiser Verlag, 1967), P. Trible, *God and the Rhetoric of Sexuality*, OBT 2 (Philadelphia: Fortress Press, 1978). 『하나님과 성의 수사학』, 유연희 옮김 (서울: 알맹e, 2022), W. Vischer, "Words and the Word: The Anthropomorphisms of the Biblical Revelation," *Int* 3 (1949): 3-18 을 보라, 또한 참조. U. Mauser의 연구 "Image of God and Incarnation," *Int* 24 (1970): 336-56의 요약. W. Wifall, "Models of God in the Old Testament," *BTB* 9 (1979): 179-86, B. Vawter, "The God of the Hebrew Scriptures," *BTB* 12 (1982): 3-7. 이와 다른 관점에 대해서는 S. McFague, *Metaphorical Theology: Models of God in Religious Language* (Philadelphia: Fortress Press, 1982). 『은유 신학:종교 언어와 하느님 모델』, 정애성 옮김 (서울: 다산글방, 2001), I. Ramsey, *Models and Mystery*

(New York and London: Oxford Univ. Press, 1964), M. Black, *Models and Metaphors* (Ithaca, N.Y.:Cornell Univ. Press, 1962), D. Tracy, *The Analogical Imagination* (New York: Crossroad, 1981), M. Johnson, ed., *Philosophical Perspectives on Metaphor* (Minneapolis: Univ. of Minnesota Press, 1981), A. Ortony, ed., *Metaphor and Thought* (New York and Cambridge: Cambridge Univ. Press, 1979)를 보라, 특히 도움이 되는 연구는 J. Martin, "The Use of Metaphors as a Conceptual Vehicle in Religious Language," (Ph.D. diss., Oxford, 1982).

5   Black, *Models and Metaphors*, 237. 이러한 요점 중 일부 다른 주장에 관해서는 Martin의 논의를 보라(75 이하, 133 이하, 212 이하). Martin은 은유가 문자적 의미와 은유적인 의미로 이루어진 이중의 의미가 아니라 두 "연관 관계망"(취지와 매개체)의 "상호 생명 수여"(interanimation)를 통해 발생하는 단일한 의미를 가지고 있다고 강력하게 주장한다.

6   G. B. Caird, *The Language and Imagery of the Bible* (Philadelphia: Westminster Press, 1980), 17이하.

7   신인동형론 자체가 말하는 것보다 신인동형론적 은유가 우리가 다루고자 하는 언어의 종류를 더 정확하게 기술한다. 후자의 용어에 대한 유보적 견해는 A. Heschel, *The Prophets* (New York: Harper & Row, 1962), 268 이하를 보라. 『예언자들』, 이현주 옮김 (서울: 상인, 2004).

8   특히 Mauser, "Image of God", Kuitert, *Gott im Menschengestalt*, Clines, "Yahweh"를 보라. 위의 미주 4를 보라.

9   Clines, "Yahweh," 324에서 인용.

10   H. H. Rowley, *The Faith of Israel* (London: SCM Press, 1956), 75.

11   E. Jacob, *The Theology of the Old Testament* (New York: Harper & Row, 1958), 32.

12   특히, Hempel, "Die Grenzen"을 보라.

13   이것은 Mauser, "Image of God"과 Kuitert, *Gott im Menschengestalt*에서도 강조하고 있는 바다.

14   Barr, "Theophany," 33을 보라. 이에 관한 더 심도있는 분석은 본서 6장을 보라.

15   J. Janzen, "Metaphor and Reality in Hosea 11," Semeia 24 (1982): 26.

16   S. Ogden, *The Reality of God and Other Essays* (New York: Harper & Row, 1966), 171 이하, 149 이하를 보라.

17   Martin, "Use of Metaphor," 208 이하, 참조. 111 이하.

18 이와 같은 방식으로 Janzen, "Metaphor and Reality in Hosea 11," 19, 26.

19 예를 들어, W. Eichrodt, *Theology of the Old Testament* (Philadelphia: Westminster Press, 1961, 1967), I: 210 이하. 이스라엘이 신인동형론을 '문자 그대로' 이해했다는 Eichrodt의 주장은 증거를 넘어선 것이다. 『구약성서신학 1』, 박문재 옮김 (서울: 크리스찬다이제스트, 1994).

20 물론 심리-신인동형론적 은유와 물리-신인동형론적 은유 사이에는 상대적인 차이가 있을 뿐이다. 학자들은 특정 은유(예. 사랑)가 하나님을 제대로 드러낸다고 주장하면서 다른 은유에 대해서는 본질적인 연속성을 부정하는 경우가 있는데, 특히 불변성과 같은 하나님에 대한 전통적인 이해가 하나님의 돌이키심과 같은 은유로 위협받을 때 그렇다. 모든 은유가 동등한 가치를 지니는 것은 아니지만, 앞으로 우리가 보게 될 모든 은유가 통찰을 주는 것인지는 살펴볼 필요가 있다.

21 Caird, *Language and Imagery*, 153. 참조. Barr, "Theophany," 31에서 Barr는 신인동형론과 신현현을 구분한다. 그리고 오직 신현현만이 하나님의 모습을 받아들이려는 진지한 시도라고 본다.

22 참조. Caird, *Language and Imagery*, 154 이하.

23 Ibid., 176 이하.

24 Ibid., 17 이하.

25 G. von Rad, *Old Testament Theology* (New York: Harper & Row, 1962, 1965), I: 146. 『구약성서신학 제1권』, 허혁 옮김 (칠곡: 분도출판사, 1993).

26 Mauser("Image of God")와 Heschel(*Prophets*)도 이런 용어로 표현한다. 본서 6장에서 나의 논의를 보라.

27 특히, Hempel, "Die Grenzen"을 보라.

28 통시적 관점에 대한 방법은 J. S. Chesnut, *The Old Testament Understanding of God* (Philadelphia: Westminster Press, 1968)을 보라. 그 유래에 대해서는 다음의 간결한 요약 및 참고 문헌을 보라. C. L'Heureux, "Searching for the Origins of God," in Traditions in Transformation, ed. B Halpern and J. Levenson (Winona Lake, Ind.: Eisenbrauns, 1981), 33-58.

29 R. Knierim, "Cosmos and History in Israel's Theology," *HBT* 3 (1981): 74 그리고 여기서 진술하는 문맥.

30 본서에서 가장 과감하게 생략한 연구는 구약 지혜 문학에 대한 연구다. 이 책에

하나님의 _ 고통

서 이 연구를 생략한 것은 내가 제시하는 내용과 지혜 문학 연구가 동떨어질 것을 예상했기 때문은 아니다. 사실상 지혜에 대한 고찰은 근본적인 연속성을 밝혀야 하는 복잡한 작업이기 때문에 어쩔 수 없이 생략할 수밖에 없었다.

2장 구약 신학에서의 하나님

1 S. Ogden, *The Reality of God and Other Essays* (New York: Harper & Row, 1966), 1.

2 J. A. T. Robinson, *Honest to God* (Philadelphia: Westminster Press, 1963).

3 예를 들어, Trible, *God and the Rhetoric of Sexuality*. M. Daly, *Beyond God the Father* (Boston: Beacon Press, 1973). 『하나님 아버지를 넘어서: 여성들의 해방 철학을 향하여』, 황혜숙 옮김 (서울: 이화여자대학교출판부, 1996), R. Ruether, *Religion and Sexism* (New York: Simon & Schuster, 1974), L. Russell, *Human Liberation in a Feminist Perspective* (Philadelphia: Westminster Press, 1974)를 보라.

4 예를 들어, G. Gutierrez, *A Theology of Liberation* (Maryknoll, N.Y.: Orbis Books, 1973). 『해방 신학: 역사와 정치와 구원』, 성염 옮김 (칠곡: 분도출판사, 2000). J. Segundo, *The Liberation of Theology* (New York: Macmillan, 1977)를 보라.

5 성공회 교회가 위임한 J. Mozley, *The Impassibility of God* (Cambridge: Cambridge Univ. Press, 1926)을 보라. 또한 J. Moltmann, *The Trinity and the Kingdom of God* (New York: Harper & Row, 1981), 30–36도 보라. 성부와 성자를 구별하지 않는 양태론적 이단인 성부수난설(Patripassionism)은 이 논의에 적용할 수 없다. 『삼위일체와 하나님의 나라: 삼위일체론적 신론을 위하여』, 김균진 옮김 (서울: 대한기독교서회, 2017).

6 J. Moltmann, *The Crucified God* (New York: Harper & Row, 1968). 『십자가에 달리신 하나님』, 김균진 옮김 (서울: 대한기독교서회, 2017). 홀로코스트에 대해서는 P. Opsahl and M. Tannenbaum, eds., *Speaking of God Today: Jews and Lutherans in Conversation* (Philadelphia: Fortress Press, 1974)를 보라. 또한 참조. "Jewish Faith After Nazism," *Judaism* 20 (1971): 263–94의 리뷰.

7 확고함의 측면에서 근본주의 사상의 부활을 인용할 수 있다. 불확실함의 측면에서 P. van Buren, *The Secular Meaning of the Gospel* (New York: Macmillan, 1963), Harvey Cox, *The Secular City* (New York: Macmillan, 1965)를 보라. 『세속 도시: 현대 무명과 세속화에 대한 신학적 전망』, 이상률 옮김 (서울: 문예출판사, 2020).

8 참조. S. Ogden, "What is Theology?" *JR* 52 (1972): 22–40. 또한 참조. D. Patrick, *The Rendering of God in the Old Testament*, OBT 10 (Philadelphia: Fortress

Press, 1981), 46 이하.

9 예를 들어 C. Westermann, "The Role of the Lament in the Theology of the Old Testament," *Int* 28 (1974): 38이 다루는 두 갈래로 나누는 것과 대조하라. "탄식하고 애통하는 하나님에 대한 이러한 이야기의 의미는 하나님 자신에 대해 말하는 것이 아니라 그분과 그의 백성과의 관계에 대해 말하는 것이다. 이 관계는 고통받는 사람들이 이해할 수 없는 하나님을 붙들 수 있게 한다." Heschel의 *The Prophets*이 이와 전체적으로 같은 관점을 가진다. 또한 참조. P. D. Hanson, *Dynamic Transcendence* (Philadelphia: Fortress Press, 1978), 21.

10 R. H. Pfeiffer의 *Religion in the Old Testament* (New York: Harper & Row, 1961)에서 이러한 관점에 대한 마지막 진술을 참조.

11 예를 들어, W. F. Albright, *From the Stone Age to Christianity* (Baltimore: Johns Hopkins Univ. Press, 1940), 같은 저자, *Yahweh and the Gods of Canaan* (Garden City, N.Y.: Doubleday & Co., 1968)을 보라.

12 Von Rad, *OT Theology*.

13 참조. 예를 들어, B. S. Childs, *An Introduction to the Old Testament as Scripture* (Philadelphia: Fortress Press, 1978). 『구약정경개론』, 김갑동 옮김 (서울: 대한기독교출판사, 1987).

14 참조. *Word and World* 1 (1981): 105-15에서 다루는 심포지엄, *JSOT* 16 (1980), *HBT* 2 (1980): 113-211.

15 참조. James Dunn의 연구작, *Unity and Diversity in New Testament* (Philadelphia: Westminster Press, 1977), 81-102. 유대 전통에서 비교할 만한 다양성에 대해서는 참조. Heschel의 *The Prophets*와 E. Berkowitz의 *Man and God: Studies in Biblical Theology* (Detroit: Wayne State Univ. Press, 1969).

16 예를 들어, H. H. Rowley, *The Faith of Israel*.

17 ibid., 19. Rowley는 독특성과 충만성의 기준을 사용한다.

18 참조. B. S. Childs, *Biblical Theology in Crisis* (Philadelphia: Westminster Press, 1970). 『성경 신학의 위기』, 박문재 옮김 (서울: 크리스찬다이제스트, 1992). 이 비평적 검토에 자극을 준 특히 중요한 논문은 L. Gilkey, "Cosmology, Ontology and the Travail of Biblical Language," *JR* 41 (1961): 194-205, J. Barr, "Revelation Through History in the Old Testament and in Modern Theology," *Int* 17 (1963): 193-205.

19 B. Albrektson(*History and the Gods* [Lund: C. W. K. Gleerup, 1967])의 책은 특히

하나님의 _ 고통

영향력이 있다.

20 예를 들어, J. Barr, s. v. "Revelation in History," IDBSup, W. Lemke, "Revelation Through History in Recent Biblical Theology," *Int* 36 (1982): 34–46, Hanson, *Dynamic Transcendence* 참조. Hanson의 책은 역사에 나타난 하나님의 행동에 대해 더 수용 가능한 구약의 관점으로 말하기 위한 건설적인 노력으로 볼 수 있다. 그러나 이 과업은 다양한 형태의 정통과 다투기 위해 사용한 논쟁의 언어로 인해 다소 의미가 퇴색되었다. 더욱이 하나님의 초월성에 대해 말할 때 수반되는 것이 무엇인지, 그리고 그러한 하나님이 실제로 어떻게 더 일반적으로 세상과 관련되어 있으며, 이는 하나님이 역사와 관련된 것으로 인식되는 데 영향을 미칠 것인지를 파악해야 한다(참조. 21, 98–101쪽). 조직 신학의 관점에서 이 문제에 대해 분석한 연구는 S. Ogden, *Reality of God*, 164–87을 보라.

21 이러한 맥락에서 특히 중요한 노력에 대해서는 Knierim, "Cosmos and History"를 보라.

22 Eichrodt, *Theology of the OT*.

23 참조. R. C. Dentan, *The Knowledge of God in Ancient Israel* (New Haven: Seabury Press, 1968).

24 Von Rad, *OT Theology*.

25 Ibid. 1: 112.

26 예. ibid. "구약 신학의 가장 본질적인 주제인 야웨의 살아 있는 말씀은 이스라엘 안에서 영원히 계속되고 있다."

27 실제로 다양한 학자들이 이렇게 말하고 있다. 최근에는 R. Clements, *Old Testament Theology: A Fresh Approach* (Atlanta: John Knox Press, 1978), 23: "성경 전승의 다양성은 오직 하나님의 본성과 존재 안에서만 통일성을 갖는다" 등이 있다. 또한 J. Barr, *The Bible in the Modern World* (London: SCM Press, 1973), 115 참조.

28 C. Westermann, *Elements of Old Testament Theology* (Atlanta: John Knox Press, 1982). 『구약 신학의 요소』, 박문재 옮김 (고양: 크리스찬다이제스트, 1999).

29 Westermann이 세 부분으로 이뤄진 정경을 사용하여 자신의 중심 관심사의 이러한 특정 구분을 정당화하는 것은 매우 자의적이며, 정경의 구분이나 그 내용과 특별한 관계가 없다.

30 특히 구약의 관점을 보려면 J. Barr, "Story and History in Biblical Theology," *JR* 56 (1976): 1–17을 참조.

31 이에 대한 더 깊은 논의를 위해서는 Terence Fretheim, *Deuteronomic History* (Nashville: Abingdon Press, 1983), 38을 참조.

32 특히 G. von Rad, *The Problem of the Hexateuch and Other Essays* (New York: McGraw-Hill, 1966), 1-78을 참조. 또한 J. I. Durham의 리뷰 s. v. "Credo, Ancient Israelite," IDBSup 참조.

33 참조. Westermann, *Elements of OT Theology*, 46.

34 이 자료에 대한 가장 최근의 철저한 논의는 R. Dentan, "The Literary Affinities of Exodus 34:6ff.," *VT* 13 (1963): 34-51을 보라. Dentan은 다른 연구를 거의 인용하지 않는다.

35 민 14:18; 느 9:17; 시 86:15; 103:8, 17; 145:8; 렘 32:18-19; 욜 2:13; 욘 4:2; 나 1:3을 보라.

36 예. 출 20:6; 신 5:9-10; 7:9; 왕상 3:6; 대하 30:9; 느 9:31; 시106:45; 111:4; 112:4; 렘 30:11; 애 3:32; 단 9:4.

37 특히 지혜 문학과의 유사성을 입증하는 데 관심이 있는 사람은 Dentan, "Literary Affinities"를 보라. 문학적인 측면이 우세하지만, 잠 8장에 나오는 지혜의 인물에 대한 설명의 유사점에 주목해야 한다. Dentan은 또한 이 자료가 신명기 이전의 것임을 보여 준다.

38 유일한 경쟁 진술은 "그 인자하심이 영원함이로다"(참조. 시 136편)라는 관련된 진술이다.

39 그러나 현재 진행 중인 이스라엘 이야기의 지원이 없었다면 이러한 일반화는 실현되지 못했을 것이다.

40 특별히, von Rad, *OT Theology*, 2: 115-19을 보라. 『구약성서신학 제2권』, 허혁 옮김 (칠곡: 분도출판사, 1993).

41 참조. Hanson, *Dynamic Transcendence*, 37.

42 여기서 끌어올 수 있는 반복되는 진술이 추가로 있다는 점에 유의해야 한다. 예를 들어, 신 6:4과 제2이사야 및 다른 곳에 나오는 병행이 있다. 신명기에서 첫 번째 계명의 역할에 대해서는 Fretheim, *Deuteronomic History*, 15-26을 참조.

43 예를 들어, P. Trible, *God and the Rhetoric of Sexuality*, W. Brueggemann, "Israel's Social Criticism and Yahweh's Sexuality," *JAAR Sup.* 45 (1977): 739-72, P. Bird, "Images of Women in the Old Testament," in *Religion and Sexism*, ed. R. Ruether (New York: Simon & Schuster, 1974), 41-88, N. Gottwald, *The Tribes of Yahweh*

(Maryknoll, N.Y.: Orbis Books, 1979), P. Hanson, *The Diversity of Scripture*, OBT 11 (Philadelphia: Fortress Press, 1982)을 보라.

44 Gottwald, *Tribes of Yahweh*, 912.

45 참조. 1장, 미주 7.

46 U. Mauser, *Gottesbild und Menschwerdung* (Tübingen: J. C. B. Mohr[Paul Siebeck], 1971)은 Heschel의 계보를 잇는다고 할 수 있는 중요한 구약 연구서 중 하나다.

47 특히 예를 들어, J. Crenshaw의 연구인 "Popular Questioning of the Justice of God in Ancient Israel," *ZAW* 82 (1970): 380–95과 Crenshaw (ed.), *Theodicy in the Old Testament*, IRT 4 (Philadelphia: Fortress Press, 1983)을 보라. 또한 "하나님의 어두운 면"에 대한 고찰을 다루는 D. Gunn의 *The Fate of King Saul* (Sheffield: JSOT Press, 1980)도 보라.

48 Eichrodt, *Theology of OT* 2: 15 이하.

49 예를 들어, W. Brueggemann, *In Man We Trust* (Atlanta: John Knox Press, 1972)를 보라. 『지혜 전승 연구』, 장일선 옮김 (서울: 대한기독교출판사, 1980)

50 Westermann의 *Elements of OT Theology*에 더하여 *Blessing in the Bible and The Life of the Church*, OBT 3 (Philadelphia: Fortress Press, 1978)도 보라. 『축복』, 홍성훈 옮김 (서울: 소망사, 1990).

51 Knierim, "Cosmos and History." 자연신학에 관한 John Barton의 연구도 여기서 중요한데 그의 책 *Amos's Oracles Against the Nations* (New York and Cambridge: Cambridge Univ. Press, 1980)를 보라.

52 Eichrodt, *Theology of OT* 2: 15.

53 예를 들어, Gottwald, *Tribes of Yahweh*, J. W. Rogerson, *Anthropology and the Old Testament* (Atlanta: John Knox Press, 1978)를 보라.

54 예를 들어, D. Nicholls의 연구인 "Images of God and the State: Political Analogy and Religious Discourse," *THST* 42 (1981): 195–215을 보라.

55 A. Carr의 리뷰인 "The God Who Is Involved," *TT* 38 (1981): 314–28을 보라.

56 J. G. Janzen, "Modes of Power and The Divine Relativity," *Encounter* 36 (1975): 379–406, 같은 저자, "Metaphor and Reality in Hosea 11," in *SBL Seminar Papers*, 1976 (Missoula: Scholars Press, 1976), 412–45을 보라. 이 후자의 논문은 재작성되어 논문 모음집인 "Old Testament Interpretation from a Process Perspective," *Semeia* 24 (1982): 7–44에 수록되었다. 또한 G. Coats, "The Kings' Loyal Opposition:

Obedience and Authority in Exodus 32-34," in *Canon and Authority*, ed. G. W. Coats and B. O. Long (Philadelphia: Fortress Press, 1977), 91-109을 보라.

3장 하나님과 세상: 기본 관점

1 Eichrodt의 *Theology of the Old Testament*는 크게 세 부분으로 나뉘는데, 그중 하나는 "하나님과 세계"(2:15-228)라는 제목이다. 그러나 이 연구가 다루는 전체를 고려해 볼 때 이러한 표현은 사소한 것에 집중하여 파편화된 논의를 이어나가는 두루뭉술한 제목이다. 또한 G. von Rad, "Some Aspects of the Old Testament World-View," *PHOE*, 144-65, R. Knierim, "Cosmos and History." W. Zimmerli가 *The Old Testament and the World* (Atlanta: John Knox Press, 1976)에서 하나님과 세계의 관계를 부수적인 것으로만 다루고 있지만 이에 대한 중요한 결론인 이스라엘의 신앙, 삶, 희망이라는 이 세상과 맺는 다양한 측면의 지향성에 대해서는 중요한 방식으로 논의하는 것을 보라.

2 참조. Eichrodt, *Theology of the OT* 2: 99, R. Knierim, "Cosmos and History," 75.

3 이 표현은 Heschel의 것이다. *Prophets*, 9 참조. 이 지점에서 구약의 관점을 조사하는 데 있어 언약이라는 표현이 도움이 될 수 있다. 하지만 현대 학계에서는 이 표현을 이스라엘 그리고 세상과 맺는 하나님의 관계에 대한 군주 이미지와 연관시키기 때문에 나는 이 표현 사용을 피한다. 언약을 상호성의 관점에서 해석하는 사람들(예를 들어, Bruggemann)은 이러한 일반적인 이해와 어느 정도 긴장 관계에 서 있다. 언약이 군주 이미지의 증거가 될 수 있지만, 엄밀한 연구를 통한 다른 가능성도 열려 있다.

4 Knierim, "Cosmos and History", L. Stadelmann, *The Hebrew Conception of the World* (Rome: Biblical Institute Press, 1970)를 보라.

5 Stadelmann, *Hebrew Conception of World*, 3, Knierim, "Cosmos and History," 74-76, Eichrodt, *Theology of the OT* 2: 112을 보라.

6 Knierim, "Cosmos and History," 76.

7 Ibid., 78. 일부 구약 본문에서 하나님에 대한 공간적 제한이 특정한 지상의 장소로 제한될 가능성에 대한 보다 이전 시대의 학문적 견해는 Eichrodt, *Theology of the OT* 2: 186-94의 논의를 보라.

8 Ibid., 71.

9 Ibid., 86. Knierim에게 있어서 "세상이 존재하지 않는 가운데 존재하는 하나님"은 "구약 성경에서는 상상할 수 없는 생각"이다. 나도 이에 동의하지만, 더 나아가 세상 밖에 속해 있는 하나님 역시 상상할 수 없다고 말하고 싶다.

10 "그들이 사라질 것이다"('ābad 아바드)라는 동사는 다른 곳에서 땅을 가리키는 것으로 단 한 번만 사용되었는데(렘 9:12), 거기서 이 동사는 폐허를 가리키는 것이지 소멸을 의미하는 것이 아니다. "없어지다"('ābar 아바르)라는 동사는 종종 "지나가다"라는 의미를 지니며(사 8:8을 보라), 시 90:5-6에서처럼 "소생하다"라는 의미로도 쓰인다.

11 후자의 번역 및 해석 문제는 또 다른 접근 방식을 제안한다. 사 34:4(참조, 24:21)은 우주론보다는 하나님의 적들을 가리키는 것으로 보인다. 사 51:6에서 "연기 같이 사라지고"라는 구절의 번역은 문제가 있다. 또한 C. R. North, *The Second Isaiah* (Oxford: At the Clarendon Press, 1964), 210에서 제안한 것처럼, 여기서 우리는 양보적 조건절인 "하늘이 사라질지라도…그래도 나의 구원은…"으로 제안할 수 있다. 시 102:28과 사 51:6의 후반절은 모두 지상의 존재를 수반하는 것처럼 보인다. 새창조에 대해서는 Knierim, "Cosmos and History," 101-3을 보라.

12 Stadelmann, Hebrew Conception of World, 54.

13 Knierim, "Cosmos and History," 79 이하.

14 Ibid., 81, 85. 참조. P. Santmire, *Brother Earth* (New York: Thomas Nelson, 1970), 192-200.

15 Ibid., 85. Stadelmann은 *Hebrew Conception of World*, 8에서 이렇게 말한다. "분명히 우리는 여기에 우주에 대한 시적인 의인화 이상의 의미가 있음을 알고 있다."

16 Ibid., 78.

17 이러한 문제들이 신학적으로나 학문적으로 그다지 중요한 역할을 하지 못한 여러 가지 이유에 대한 논의는 ibid., 63-65을 보라.

18 Ibid., 66을 보라. Bonhoeffer의 하나님과 세계의 관계에 대한 이해는 이러한 구약 관점과의 상관관계를 잘 나타내는 현대적 진술이다. 이에 대해서는 J. Burtness의 훌륭한 요약인 "As Though God Were Not Given," *Dialog* 19 (1980): 249-55을 보라.

19 Knierim, "Cosmos and History," 85-88. Knierim은 인간의 죄가 우주의 질서에 미치는 영향을 충분히 인식하지 못하는 것 같다.

20 Ibid., 86. 반대 주장은 D. Clines, "Yahweh and the God of Christian Theology," *Theology* 83 (1980): 326. 기본 신학적 쟁점에 대하여는 N. Pike, *God and Timelessness* (London: Routledge & Kegan Paul, 1970), S. Ogden, *The Reality of God*, 144 이하를 보라.

21 이에 대한 논의는 특별히 J. Barr, *Biblical Words for Time*, rev. ed. (London: SCM Press, 1969)를 보라.

22 Ibid., 151 이하를 보라. 시간 자체가 창조되었다고 해서 반드시 영원이 시간 이외의 다른 실체로 남아 있는 것은 아니다. 창조 이후 영원은 시간 속에 통합되었다고 말할 수 있다. 아마도 영원은 하나님의 독특한 시간 경험이라는 측면에서 가장 잘 정의될 수 있을 것이다.

23 Ibid., 154 이하.

24 D. Patrick, *The Rendering of God*, 50–51을 보라. 물론 Patrick은 이 책에서 하나님과 세상의 관계에 대한 이해를 군주 이미지를 기반으로 진행해 나간다.

25 참조. A. Weiser, *The Psalms: A Commentary*, OTL (Philadelphia: Westminster Press, 1962), 597 이하. 하나님과 시간에 대한 이러한 이해를 강화하기 위해 인용할 수 있는 다른 많은 구절이 있다. 예를 들어 하나님이 임재하거나 부재하는 때를 표현하는 본문이 있다. 『시편(II)』, 김이곤 옮김 (서울: 한국신학연구소, 1992).

4장 하나님과 세계 : 예지

1 이에 대한 예외로는 Eichrodt, *Theology of the OT* 2: 183 이하.

2 참조. *BDB*, 19. 눅 20:13을 보라.

3 또한 민 23:3; 삼상 14:6; 삼하 16:12; 렘 21:2; 욘 1:6; 습 2:3을 보라. 또한 삼하 12:22; 욜 2:14; 욘 3:9의 히브리어 미 요데(*mî yōdē*) 즉, "누가 알겠느냐"의 사용을 참조. 후자에 대한 간략한 설명에 관하여는 나의 논문 "Jonah and Theodicy," *ZAW* 90 (1978): 228–29을 참조.

4 렘 51:8과 사 47:2는 다소 다른 구조이며 바빌론에 관한 것이다. 따라서 하나님의 불확실성은 이스라엘보다 더 넓은 세계에 널리 퍼져 있는 것으로 보인다.

5 관련 사례의 대부분은 기원전 7세기와 6세기의 성경 문헌에서 찾을 수 있다. 이는 부분적으로 이 본문에서 하나님의 발언이 보다 지속적인 방식으로 제시된다는 사실 때문이다. 참조. 미주 8.

6 E. Kautzsch, *Gesenius' Hebrew Grammar*, 2d. ed. (Oxford: At the Clarendon Press,

하나님의 _ 고통

1910), 단락 159. 『(게제니우스) 히브리어 문법』, 신윤수 옮김 (서울: 비블리카 아카데미, 2003), H. Ferguson, "An Examination of the Use of Tenses in Conditional Sentences in Hebrew," *JBL* 1 (1882): 40–94을 보라. *'im*(임)이 미완료 또는 동의어구와 함께 나올 때 그 의미는 현재 또는 미래에 발생할 가능성이 있거나 개연성이 있는 상태다.

7   비슷한 하나님 발언의 조건문은 왕상 9:4–6; 시 132:12; 사 1:19–20; 렘 4:1–2; 17:24–27; 38:17–18; 42:10–16(참조. 창 18:26–30; 출 19:5)에서 찾아볼 수 있다. 렘 12:16–17 및 18:7–10(조건적 관사가 사용되지 않음)과 같은 구절은 다양한 백성이 이런 행동이나 저런 행동을 할 경우 하나님이 어떻게 할지에 대한 일반적인 진술이기 때문에 이 문맥에서 확실히 적용하기는 어렵다(참조. 겔 2:5–7). 하나님은 자신이 무엇을 할지 알고 있지만 참조 본문들의 조건성은 이 점에 있어서 여전히 주목할 필요가 있다.

8   7세기부터 6세기까지의 이러한 본문들을 구약의 관점으로 보는 일반적인 진술로 추정하는 것은 너무 성급할 수 있다. 그러나 반대로 구약의 관점이 없다는 것은 여기서 우리가 적어도 이 문제에 대해 더 명확하게 설명해야 하며, 아마도 이스라엘에서 하나님에 대한 개념의 새로운 발전이 있었다는 것을 시사한다. 후자의 경우라면, 이스라엘이 하나님을 세상의 삶에서 제거하는 방향으로 발전한 것이 아니라 점점 더 개인적인 범주에서 하나님을 이해하게 되었다는 증거가 된다.

9   일반적으로 마지막 구절은 하나님이 아브라함을 기다렸다는 암시를 피하기 위해 의도적으로 "아브라함은 여호와 앞에 그대로 섰더니"라는 RSV와 같은 독법 방식으로 변경한 것으로 알려져 있다(BHS의 본문비평 장치에는 이 구절의 원래 독법이 "그러나 야웨는 아브라함 앞에 여전히 서있었다"였지만 앞선 이유로 인한 서기관의 교정으로 독법이 바뀐 것이라고 설명한다—옮긴이).

10   이 논의에서 우리는 창세기 18장에 대한 J. G. Janzen의 "Metaphor and Reality in Hosea 11," 19–20의 시사적인 논평에 빚을 지고 있다. 이 구절을 예루살렘의 패망과 그 당시 다루어진 신학적 의제들의 맥락에 놓으려는 설득력 있는 시도는 J. Blenkinsopp, "Abraham and the Righteous of Sodom," *JJS* 33 (1982): 119–32을 보라. 여기서 다루는 우리의 논의는 Blenkinsopp의 사례를 보완한다.

11   이에 대한 반대 해석은 G. von Rad, *Genesis: A Commentary*, rev. ed., OTL (Philadelphia: Westminster Press, 1973), 210. 그러나 17절은 이 심판을 Von Rad가 보듯이 "이미 고정된 것, 실제로 이미 실행된 것으로" 간주하지 않는다. 하나님은 앞으로 무엇을 행할지 결정했다고 말할 수 있지만, 21절에서 알 수 있듯이 그 결정은 예비 단계지 취소할 수 없는 것이 아니다. 렘 20:16은 회개라는 표현

을 사용하여 하나님 결정의 실행을 언급한다. 『창세기』, 박재순 옮김 (서울: 한 국신학연구소, 1981).

12   참고, ibid., 211.

13   이것은 또한 "여호와의 도를 지켜 의와 공도를 행하게" 하는 것(19절)이라는 구절과 함께 고려해야 한다. 요점은 "여호와의 도"는 정의와 공의이며, 아브라함과 그의 후손들이 이 길을 걸어가야 한다면 이 문제에 대해 불확실성이 없어야 한다는 것이다.

14   이에 대한 반대 해석인 von Rad, *Genesis*, 212에 따르면 "야웨와 아브라함 모두 방문 결과가 어떻게 나올지, 소돔에 어떤 결과가 초래될지 알고 있었다면" 대화의 진정성이 훼손될 것이라고 본다.

15   아브라함이 셈한 의인의 수가 열 명으로 멈춘 이유에 대한 추측이 무의미한 이유는 열 명이 되기 전에 하나님 결정의 공의에 대한 문제가 의심의 여지없이 확립 되었기 때문이다 (아래 미주 19를 보라). 이와 반대로 Blenkinsopp, "Abraham," 130에서는 하나님의 결정을 뒤집기 위해서 "대화는 최소한로 필요한 의미로 이동한다"고 본다. 나는 예비 단계로써 결정을 위해 전반적으로 결정의 언어를 사용할 것이다. 히브리어 동사 하샤브(*ḥāšab*, 렘 18:11; 26:3; 36:3; 참조, 명사의 의미로 사용하는 51:29; 미 4:12)와 자맘(*zāmam*, 렘 4:28; 51:12; 애 2:17; 슥 1:6; 8:14)을 그 의미에 맞춰 "계획"이라는 의미로 보는 것이 더 나을 수 있다. 대부분의 경우 이 구절들에는 계획과 실행을 구분하고 있다.

16   B. S. Childs, *The Book of Exodus*, OTL (Philadelphia: Westminster Press, 1974), 567.

17   시 106:23은 하나님의 결정을 뒤집도록 미래에 영향을 미치는 모세의 중보 활동에 대해 보고한다(참조, 렘 18:20). 참조. G. W. Coats, "The King's Loyal Opposition: Obedience and Authority in Exodus 32–34," in *Canon and Authority*, 97–106.

18   하나님 애가의 중요성에 대한 자세한 논의는 본서 7–8장을 보라.

19   암 7:7–9에서 아모스가 대답하지 않았다는 사실은 아마도 아모스가 더 이상 논의에 참여할 수 없으며 심판이 불가피하다는 것을 깨달았다는 것을 보여 준다. 하나님의 행동은 공의롭다. 따라서 아모스가 더 이상 언급을 자제하는 것은 창 18:32에서 아브라함이 열 명의 의인에서 중보를 멈춘 것과 유사하다.

20   이 구절은 일반적으로 신명기적(?) 첨가로 간주한다. 참조. H. W. Wolff, *Joel and Amos*, Hermeneia (Philadelphia: Fortress Press, 1977), 181–82.

21   이 해석은 "비밀"을 뜻하는 단어인 소드(*sôd*)가 야웨와 예언자가 "친밀감과 신

뢰의 정신으로 서로간에 의논"하는 문맥에서 처럼 천상회의(렘 23:18, 22; 참조. 창 49:6; 시 55:14)라는 소드(sôd)의 또 다른 의미에 대한 간접적인 언급을 포함하고 있음을 암시한다. 이와 반대 해석으로는 Wolff, ibid., 187. 천상회의에서 논의하는 특징에 대해서는 N. Whybray, *The Heavenly Counsellor in Isaiah xi 13-14* (New York and Cambridge: Cambridge Univ. Press, 1971) 특히 48–53쪽과 왕상 22:19–22; 욥 1–2장; 사 6장을 보라. Whybray는 사 40:13–14의 본문이 일반적인 논의가 아니라 창조 행위와 관련된 논의임을 분명히 한다.

22 참조. J. L. Mays, *Hosea: A Commentary*, OTL (Philadelphia: Westminster Press, 1969), 61–62. H. W. Wolff, *Hosea*, Hermeneia (Philadelphia: Fortress Press, 1974), 187–88. 이는 창세기 2장에서의 "돕는 배필" 문제와 같이 특정한 하나님의 시도와 관련이 있을 수 있다. 참조. Patrick, *The Rendering of God*, 18.

23 참조. Janzen, "Metaphor and Reality," 20–21의 논의.

24 이것은 아마도 하나님이 예언자(7:16c)나 백성의 부르짖음(11:14; 14:12) 모두를 듣지 않을 것이라는 선언의 유동성을 설명하는 것일 수 있다. 참조. R. Carroll, *From Chaos to Covenant* (New York: Crossroad, 1981), 114 이하.

25 U. Mauser, *Gottesbild und Menschwerdung*, 109–10.

26 Ibid., 100. 이제 심판이 내려야 하지만 구원에 대한 하나님의 뜻은 줄어들지 않고 그대로 유지된다는 점을 강조하는 것이 중요하다. 또한 겔 12:25, 28에서 *māšak*(마샤크)라는 단어의 사용 참조.

27 자세한 논의를 위해서는 특별히 Janzen과 T. Raitt, *A Theology of Exile* (Philadelphia: Fortress Press, 1977), 87 이하를 보라. 참조. W. Brueggemann, "Jeremiah's Use of Rhetorical Questions," *JBL* 92 (1973): 358–74.

28 Wolff, *Hosea*, 119, 156, 참조. 141.

29 Mays, *Hosea*, 96 이하.

30 Janzen, "Metaphor and Reality," 10. Janzen은 이러한 질문의 성격에 대해 이스라엘의 삶보다는 야웨의 삶이라는 관점에서 다소 다른 해석을 조심스럽게 제시한다. 하나님의 질문은 실존적 질문으로, 야웨에게 제시된 가능성에 대한 응답의 의사 결정 과정을 포함한다. 이러한 질문은 정보전달의 의미에서 답을 제공하는 것이 아니라 가능성으로부터 하나님의 삶 안의 현실로 나아갈 수 있게 해주므로, "시간이 되면, '대답'이 될 하나님의 질문들이 향하는 곳으로 가야 한다"(12쪽)는 것이다.

31 F. Andersen and D. Freedman, *Hosea*, Anchor Bible (Garden City, N.Y.:

Doubleday & Co., 1980), 51, 426, 431, 588 이하.

32 참조. Mays, *Hosea*, 157. "호세아서의 많은 신인동형론화는 본질적인 정의를 한 것이 아니라 해석적 유추를 의미한 것이다."

33 우리의 논의를 보려면 이 책 서론(1장)을 보라.

34 참조. Janzen, "Metaphor and Reality," 24-25.

35 참조. ibid., 15-16.

36 특별히 이 논의에 관해서는 Raitt, *A Theology of Exile*, 95 이하 참조.

37 A. Jepsen, "Warum? Eine lexikalische und theologische Studie," in *Das Ferne und Nahe Wort*, BZAW 105 (1967): 106-13은 마두아(*maddûa'*)와 라마(*lāmāh*)의 용법을 구분하여 전자는 정보 수집과 놀라움을 표현하는 데 사용되는 반면 후자는 불평과 비난에 사용된다고 설명한다. 그러나 렘 36:29에서 전자를 사용하고 렘 2:29에서 후자를 사용하는 것에서 알 수 있듯이 Jepsen의 설명은 너무 단순하다.

38 하나님께서 지식에 접근하실 수 있다는 본질을 판단하기에는 상황에 대한 지식이 충분하지 않다는 점을 제외하면 삼상 23:10-13과 같은 본문이 이를 뒷받침하는 근거로 인용될 수 있다. 그것은 단지 미래에 대해 합리적으로 확실한 심판을 내릴 수 있는 근거가 되는 현재를 하나님이 완전하게 알고 계시다는 것을 의미할 뿐이다.

39 대부분의 시편 주석가들은 이 구절과 관련하여 하나님의 전능하심을 언급하는데, 예를 들어 Weiser, *Psalms*, 801-2는 대부분의 경우와 마찬가지로 이 개념이 무엇을 의미하는지 정의하지 않는다. A. A. Andersen, *The Book of Psalms* (London: Oliphants, 1972), 906은 이 구절이 이론적인 전능함보다는 실제적인 전능함과 관련이 있다고 제안하지만, 나는 그 구분이 잘 이해가 되지 않는다.

40 종교 철학의 관점에서 이러한 사안에 대한 명확하고 유용한 논의는 B. L. Hebblethwaite, "Some Reflections on Predestination, Providence and Divine Foreknowledge," *RS* 15 (1979): 433-48을 보라.

5장 하나님과 세계 : 임재와 권능

1 특히 W. Brueggemann, s. v. "Presence of God, Cultic," IDBSup, 같은 저자, "The Crisis and Promise of Presence in Israel," *HBT* 1(1980): 47-86, R. Clements, *God and Temple* (Philadelphia: Fortress Press, 1965), H.-J. Kraus, *Worship in Israel* (Richmond: John Knox Press, 1966), H. H. Rowley, *Worship in Ancient Israel*

(Philadelphia: Fortress Press, 1967), S. Terrien, *The Elusive Presence* (New York: Harper & Row, 1978)를 보라. 또한 6장 미주 2에 인용한 참고문헌 목록을 보라.

2 그리스도인들이 주의 만찬에서 일반적으로 하는 "실제 임재" 또는 "두세 사람이 내 이름으로 모인 곳에는 내가 그들 가운데 있다"라고 말하는 구별과 다르지 않다. 이러한 구별을 인식하지 못하면 강제적인 조화(예를 들어, Clements, *God and Temple*, 63이하, 하나님의 임재를 그의 계속적인 오심을 추정하는 것으로 말함)와 불필요한 전통적-역사적 결론(예를 들어, von Rad, *OT Theology* 1: 235-37, 양립할 수 없는 임재 개념에 근거하여 성막과 언약궤를 분리함)으로 이어지게 된다.

3 Brueggemann("Presence of God")은 임재에 관한 네 가지 범주를 언급한다. 오시는 하나님, 인도하시는 하나님(여기에는 하나님이 인간 개개인에게 현현하는 것을 포함한다), 거하시는 하나님, 숨어계시는 하나님. Brueggemann은 이러한 범주를 임재의 강화라는 측면에서 신학적으로 서로를 연관시키기보다는 이스라엘 역사에 나타난 네 시기의 관점에서 보는 경향이 있다.

4 W. Lemke, "The Near and the Distant God: A Study of Jer. 23:23-24 in its Biblical Theological Context," *JBL* 100 (1981): 541-55를 보라.

5 von Rad, *OT Theology* 1: 136을 보라.

6 H. H. Schmid, "Schöpfung, Gerechtigkeit und Heil," *ZTK* (1973): 1-20을 보라.

7 Clements, *God and Temple*, 1-16을 보라.

8 언약궤와 성전에 관해서는 특별히 Clements, *God and Temple*과 Terrien, *Elusive Presence*를 보라. *Elusive Presence*의 미주에서 언급하는 참고문헌도 보라.

9 여기서, 신명기 역사서 전체에서, 신학적 초점은 첫 번째 계명이다. Fretheim, *Deuteronomic History*, 15-26을 보라.

10 특별히 G. von Rad, *Studies in Deuteronomy* (London: SCM Press, 1953), M. Weinfeld, *Deuteronomy and the Deuteronomic School* (Oxford: At the Clarendon Press, 1972)을 보라. 흥미롭게도, 신명기는 하나님이 거주하시는 하늘에는 거의 관심을 두지 않는다.

11 M. Weinfeld, "kābôd," *ThWAT* 5 (1982): 23-40, Eichrodt, *Theology of the OT* 2: 32을 보라. 『구약성서신학 2』, 박문재 옮김 (서울: 크리스찬다이제스트, 1994), 이상하게도 von Rad는 *Theology*, 1: 239 각주 115)에서 제사장 문헌에서 거주하신다는 언급은 "중요하지 않은" 것으로 간주한다.

12 참고. C. Westermann, *Isaiah 40-66: A Commentary*, OTL (Philadelphia: Westminster

Press, 1969), 170. 여기서 은폐는 세상의 "장대한 남자들"(사 45:14)에 대항하여 비천한 이스라엘에 특별히 임재하시는 하나님의 임재와 관련이 있다(참조. 고전 1:27).

13 은폐에 대한 구체적인 표현이 인식론적 초점에 근거한 경우는 거의 없으며, 주로 욥기('*lm*['임'], 11:6; 28:21; *spn*[짜판], 10:13; 17:4)와 신 29:29, 잠 25:2(*str*[싸타르])에서 찾아볼 수 있다. 탄원시(예. 시 83:2; 109:1)에 나오는 하나님의 은폐조차도 계시가 아닌 구원에 초점을 맞추고 있다(시 22:24; 27:7-10을 보라). 물론 하나님 계시 **안의** 하나님의 은폐는 다른 방식으로 표현되기도 한다(예. 사 55:6-11). 임재와 관련한 구조적 거리 개념을 표현하는 데는 다른 표현이 사용되며, 이 표현은 아래에서 다룰 것이다. 은폐/나타나신 하나님에 대한 사안은 은폐/임재하시는 하나님에 대한 사안과는 구별되어야 한다. 하나님의 은폐에 대해서는 L. Perlitt, "Die Verborgenheit Gottes," in *Probleme Biblischer Theologie*, ed. H. W. Wolff (Munich: Chr. Kaiser, 1971), 367-82. G. Wehmeier, "str," *THAT* 2 (1976): 174-81을 보라.

14 Brueggemann 특히 "Presence of God", W. Zimmerli, *Old Testament Theology in Outline* (Atlanta: John Knox Press, 1978), 70-81을 보라. Terrien, *Elusive Presence*는 다른 표현을 사용하지만 본질적으로 같은 사안을 다루고 있다. 하지만 은폐/현존과 은폐/드러난 것의 사안을 혼합하여 설명하기 때문에 명확성이 다소 부족하다. 하나님의 자유에 관해서는 S. H. Blank, "Doest Thou Well To Be Angry: A Study in Self Pity," HUCA 26 (1955): 36ff., J. J.M. Roberts, "Divine Freedom and Cultic Manipulation in Israel and Mesopotamia," in *Unity and Diversity*, ed. H. Goedicke and J. Roberts (Baltimore: Johns Hopkins Univ. Press, 1975), 181-90, cf. also J. J. Collins, "The Biblical Precedent for Natural Theology," JAARSup 45/1 (1977): 39-40을 보라.

15 나는 Zimmerli와 Brueggemann의 고찰이 하나님의 자유를 더 우세하게 논하는 것으로 인해 논의가 그 방향으로 기울어졌다고 생각한다.

16 이는 겔 10:1-19; 11:22-25에서도 볼 수 있는데, Eichrodt는 *Theology of the OT* 2: 33 이하에서 이렇게 말한다. 영광은 "마지못해 이 거처를 버리고 처음에는 성전 구역에서 그리고 마지막에는 거룩한 도시에서 주저하며 떠나간다."

17 하나님의 필연에 대해서는 Blank, "Doest Thou Well To Be Angry?" 40 이하와 약속의 관점에서 본 하나님의 절제를 보라. 신약의 관점에서 하나님의 필연을 보려면 공관 복음서 안의 "필연적이다"는 뜻을 가진 그리스어 *dei*(데이)의 사용을 참조하라.

18 이러한 범주의 사용에 대해서는 예를 들어 R. Clements, *God and Temple*을 보라. 신명기적 개혁은 일반적으로 이러한 용어들을 사용한다.

19 Brueggemann은 임재에 관한 이스라엘의 사고에서 이 공식의 중요성을 올바르게 강조한다.

20 참조. Eichrodt, *Theology of the OT* 1: 275-79. Eichrodt는 거룩함을 "하나님의 세계와 인간의 실존 사이의 심오한 **대립각**"과 연결시킨다(강조는 저자의 것). 이 두 '세계' 사이에 어떤 대립이 발생하든 그것은 사물의 어떤 구조 때문이 아니라 사람들의 죄성 때문이라는 점에서 오히려 그 차이점에 중점을 두어야 한다. Eichrodt는 279쪽에서 사 6:3을 "그를 압도한 것은 인간의 공통분모인 하나님의 영역으로부터의 분리가 아니라, 자신의 죄악된 본성과 삼위일체 하나님의 본성 사이의 모순이었다"(참조. 사 10:17)고 주석하면서 이 점을 제대로 파악하고 있다.

21 조직 신학적인 관점에서 보려면 P. Sponheim, "Transcendence in Relationship," *Dialog* 12 (1973): 264-71, R. Hazelton, "Relocating Transcendence," *USQR* 30 (1975): 101-9, R. H. King, The Meaning of God (Philadelphia: Fortress Press, 1973)의 논의를 참조.

22 또한 제2이사야(41:14; 43:3, 14; 47:4)에 나오는 구속과 거룩하신 하나님의 활동 사이의 밀접한 관계를 참조하라. 이와는 반대로 Eichrodt, *Theology of the OT* 1: 281에 따르면, 이것은 "그의 존재 방식의 경이"를 언급하는 것이 아니라 하나님의 거룩하심이 이스라엘을 대신하여 나타나는 방식과 관련이 있는 것으로 보인다.

23 Eichrodt, *Theology of the OT* 1: 273과 von Rad, *OT Theology* 1: 205.

24 "… 이 [거룩함]은 모든 피조물과 비교할 때 완전한 '타자성'과 완전성 때문에 접근할 수 없는 분을 의미한다"라고 말하는 Eichrodt, *Theology of the OT* 1: 273 (참조. 275쪽)의 강조된 부분을 참조하라. 시 51:11과 연결하는 거룩함에 관한 유용한 진술은 Terrien, *Elusive Presence*, 325을 보라.

25 von Rad, *OT Theology* 1: 205-6.

26 이 표현은 Sponheim의 "Transcendence in Relationship"에서 인용한 것이다.

27 Heschel, *Prophets*, 486.

28 하나님의 권능에 대한 관점을 명시적으로 다룬 문헌은 비교적 드물며, 이 사안은 종종 다른 논의들의 가장자리에 있다. 특히 J. G. Janzen, "Modes of Power and the Divine Relativity," *Encounter* 36 (1975): 379-406, D. Griffin, "Relativism, Divine Causation and Biblical Theology," *Encounter* 36 (1975): 342-60, W. Brueggemann, "'Impossibility' and Epistemology in the Faith Tradition of Abraham

and Sarah (Gen. 18:1–15)," *ZAW* 94(1982): 615–34을 보라.

29 예를 들어, Eichrodt, *Theology of the OT* 2: 161–79을 보라. Eichrodt가 "단조로운 결정론"(179쪽)이라고 표현한 것이 무엇을 의미하는지는 불확실하다. Eichrodt 는 다른 곳에서는 하나님의 행동과 주권을 충분하고 절대적이며 통제하는 것으로 말하면서 이 지점에서는 "모든 것 안에서의 하나님의 효과적인 행동"이라고 알맞게 말하는 것으로 보아 일관성이 부족한 것 같다. 또한 G. von Rad, "Some Aspects," 152을 보라.

30 Brueggemann, "'Impossibility' and Epistemology." 여기서 히브리어 *pele*(펠레)의 번역은 여전히 문제로 남아 있다.

31 Ibid., 616, 619.

32 Ibid., 627.

33 본서 6–7장을 보라.

34 Westermann, *Essentials of OT Theology*, 120은 홍수 이야기가 "인간의 악한 성향에도 불구하고 인내심을 가지고 관용을 베푸시는 하나님, 즉 하나님은 모든 경우에 개인이나 집단의 악행에 대해 심판자로서 개입하지 않으신다는 것을 보여주는 증거"라고 말한다. "또한 하나님은 개입하시지 않고도 그것을 견디고 용납하실 수 있다." 문제가 되는 문구는 "모든 경우에"라는 표현이다. 왜냐하면 이것은 결국 도덕적으로 일관성이 없는 기회원인론(occasionalism)을 암시하기 때문이다. 본문은 단순히 하나님이 약속을 하셨으며, 그 약속에는 악에 대항하는 권능의 사용에 제한을 두신다는 것을 확언하고 있을 뿐이다.

35 Knierim, "Cosmos and History," 78을 보라.

36 창 1장과 창조에 대해서는 Knierim, ibid와 그의 논평이 담긴 71–73을 보라. 또한 W. Brueggemann, *Genesis* (Atlanta: John Knox Press, 1982) 참조. 이러한 관점의 초기 형태는 1977년 SBL 구약 성경 신학 세미나에서 내가 발표한 논문 "Creation Thought and the Absence of God"에서 제시하고 있다.

37 예를 들어, Eichrodt, *Theology of the OT* 2: 98 이하 참조.

38 Ibid., 179에서 긴장의 표현을 사용할 수도 있지만, 문맥상의 문제가 하나님의 인과관계 또는 피조물의 인과관계 중 어느 쪽에 초점을 맞추었는지를 결정하는 것으로 보인다. 고대와 현대의 송영적 표현을 비교해 보면, 하나님의 활동이 전형적으로, 그리고 올바르게 장면을 채우고 있지만, 굳이 강조한다면 하나님이 찬양받는 모든 일의 유일한 원인이 되는 요인이라고 말할 수는 없을 것이다. 살아 있고 반응하는 실재로서의 자연에 대해서는 Eichrodt, *Theology of the OT*

하나님의 _ 고통

2: 152–53, Stadelmann, *Hebrew Conception of World*, 8을 보라. 이중 작용에 대해서는 A. Farrer, *Faith and Speculation* (New York: Oxford Univ. Press, 1967), King, *Meaning of God*, 76 이하를 보라.

39 M. Noth, *The History of Israel* (New York: Harper & Row, 1958), 1–2. 강조는 저자의 것. 이 진술은 ("피상적"이라는 단어를 제외하면) 우리의 관점을 확증하는 것처럼 보이기 때문에, 즉 하나님은 자연과 인간의 원인에 간섭하여 권능을 사용하지 않고, 특히 중요한 또 다른 인과적 요인으로써 그들과 함께 일하신다는 것을 확증하는 것처럼 보이기 때문에 놀랍다. 그 의미는 하나님의 활동은 출애굽 사건에서 강한 동풍이나 모세의 지도력만큼이나 객관적인 요인이지만 모호하지 않다는 뜻이다(참조. 체계적 거리). 따라서 어떤 사건을 분석할 때는 신앙과 역사를 함께 고려해야 한다. 신앙은 '객관적' 사실을 왜곡하는 것이 아니라 역사가들이 사용하는 다른 모든 전제와 마찬가지로 사건을 완전히 재구성할 수 있도록 하는 전제다. 신앙과는 별개로 다양한 목적을 위해(예. 역사적 연구) 역사적 사건에 대해 이해할 수 있는 설명을 할 수는 있지만, 완전한 설명은 불가능하다. D. Griffin, "Relativism," 359을 보라.

40 구약에 기록된 '기적적인' 사건들조차도 그러한 원인으로부터 자유롭지 않은 것처럼 보이며, 따라서 하나님에 의해 전적으로 결정된 것은 아니다. 이스라엘이 그러한 사건들조차도 당시 정상적인 인과관계라고 믿었던 것들 안에서 생각했을 가능성을 고려할 때(참조. Eichrodt, *Theology of the OT* 2: 167, 미주 4), 중단이나 개입보다는 하나님의 임재나 활동의 특별한 강화라고 말하는 것이 더 나을 것이다. 이 접근은 또한 이러한 문제에 대한 논의에서 흔히 볼 수 있는 기회원인론을 피하는 데 도움이 될 것이다. 위 미주 34)를 보라.

41 겉보기에 도발적이지 않은 하나님의 행동에 대해서는 Eichrodt, *Theology of the OT* 2: 179–80을 보라. 이러한 사안들의 발전에 대해서는 여호수아서와 사사기에서 선별한 본문으로 연구한 나의 연구 *Deuteronomic History*, 49 이하를 보라. 또한 R. Polzin, *Moses and the Deuteronomist* (New York: Seabury Press, 1980) 참조.

42 특별히 Brueggemann, *In Man We Trust*, Coats, "King's Loyal Opposition"을 보라.

43 이 문제를 강압적인 힘과 설득하는 힘으로 구분하는 것은 도움이 되지 않는다. 특별히 Janzen, "Modes of Power"를 보라. 또한 N. Frankenberry, "Some Problems in Process Theodicy," *RS* 17 (1981): 179–97, G. Coats와 L. Ford의 아티클 *Semeia*, 24 (1982): 53–87을 참조.

44 Eichrodt, *Theology of the OT* 2: 78–79을 보라.

45 Janzen은 "Modes of Power"에서 자연과 역사에 내재하는 생산적 능력이 세상에

내재하는 것과 하나님으로부터 오는 것 둘 모두로 이해될 수 있을 때만 역사주의, 과학주의, 자연주의를 피할 수 있으며, 하나 더 추가하여 운명론도 피할수 있다는 점을 상기시켜 준다. 만약 이것이 이해되지 않는다면, 호세아가 오래 전에 인식했듯이(예. 호 2:8) 새로운 다신론으로 가는 길이 열리게 된다. 하나님의 보응에 대해서는 K. Koch, "Is There a Doctrine of Retribution in the Old Testament?", in *Theodicy in the Old Testament*, 27–87을 보라. 또한 P. D. Miller, Jr., *Sin and Judgment in the Prophets* (Chico, Calif.: Scholars Press, 1982)도 보라.

46 예를 들어, 하나님의 궁극적인 세상 통제나 부활과 같은 종말론적 사안은 우리가 논의하는 범위를 넘어선다.

47 특별히 지혜 문학이 대표적 예가 될 수 있다.

6장 인간의 모습을 가진 하나님

1 Eichrodt, *Theology of the OT* 2: 15.

2 신현현에 관해서는 특별히 J. Jeremias, *Theophanie* (NeukirchenVluyn: Neukirchener Verlag, 1965), IDBSup, s.v. "Theophany in the Old Testament", J. Kuntz, The Self-Revelation of God (Philadelphia: Westminster Press, 1967), F. Cross, *Canaanite Myth and Hebrew Epic* (Cambridge: Harvard Univ. Press, 1973), J. Barr, "Theophany and Anthropomorphism in the Old Testament," VTSup 7 (1959), 31–38, T. W. Mann, *Divine Presence and Guidance in Israelite 'Tradition: The Typology of Exaltation* (Baltimore: Johns Hopkins Univ. Press, 1977), R. Rendtorff, "The Concept of Revelation in Ancient Israel," in *Revelation as History*, ed. W. Pannenberg (New York: Macmillan, 1968), 23–53을 보라.

3 Terrien, *Elusive Presence*, 68–71의 논의를 보라.

4 Kuntz, *Self-Revelation*을 보라.

5 Jeremias("Theophany")는 두 가지 기본 유형을 구분하고 있으며, 여기서는 가장 기본적인 의미에서 두 번째 유형을 따르지만 이 유형에는 분명히 다양한 하위 유형이 있다. Terrien (*Elusive Presence*, 69–71)은 최소 세 가지 유형이 있다고 말하면서 족장 내러티브를 "독특한"(sui generis) 유형, 즉 "강림적인 방문"으로 구분한다. 이상하게도 Terrien은 삿 6장과 13장의 유사점을 다루지 않는다. 구약에서는 두 번째 주요 신현현의 유형에 대해 "보이다"(*nāʾāh*의 니팔형)라는 단어를 사용하는데, 이것은 몇 가지 방식으로 구분할 수 있지만 "나타남"라는 단어가 가장 적절한 단어일 것이다.

6 특히 Cross, *Hebrew Epic*, 91이하, 147이하의 연구를 보라.

7 Jeremias, "Theophany"를 보라.

8 예를 들어, 민 12, 14, 16장; 삼상 3장; 시 50:1-7 등에서 심판의 말씀이 이따금 씩 나온다.

9 위의 미주 2를 보라. 학자들의 논의를 명확하고 간결하게 요약한 내용은 특히 T. Mann, *Divine Presence*, 2-17을 보라.

10 특히 W. Beyerlin, *Origins and History of the Oldest Sinaitic Traditions* (Oxford: Basil Blackwell, 1965)를 보라. Rendtorff("Concept of Revelation")는 제사장적 본문에는 정형화된 제의적 신현현 같은 현상이 있다는 것을 부인하고 특정 역사적 현상 만 존재한다고 주장한다. 그러나 이것은 특정 본문을 부차적인 것으로 취급하 고 레 9:4-6과 같은 구절을 무시해야만 그러한 주장이 성립할 수 있다.

11 하나님은 이스라엘인이 아닌 사람들에게는 거의 나타나지 않는다. 참조. 창 16 장; 민 22-24장.

12 출 33장에서 이 언어의 중요성에 대해서는 특히 Brueggemann, "Crisis and Promise"를 보라. 또한 J. Muilenburg, "The Intercession of the Covenant Mediator (출 33:1a, 12-17)," in *Words and Meanings* (Cambridge: At the Univ. Press, 1968), 159-81을 보라.

13 "자연 현상"과 인간의 모습으로 나타남 사이의 구분은 가능하다(Terrien, *Elusive Presence*, 70을 보라). 하지만 이 둘은 매우 중요한 고려 사항인 경험적 기반이라 는 공통점을 가지고 있다. "나타나다"라는 단어만 사용된 몇 안 되는 경우(창 12:7; 17:1; 26:2, 24; 35:9)에서, 그 단어가 어떤 의미를 가지려면 어떠한 경험 적 현상이 전제되어야 한다.

14 마찬가지로 von Rad, *OT Theology* 2: 19. 그러나 참조. Brueggemann, s. v. "Presence of God," IDBSup, 681: "어떤 형태의 나타남에도 관심이 없다." Terrien 도 마찬가지로 "귀로 듣는 것"에 대해 긍정적으로 평가하고 "눈으로 보는 것" 에 대한 언급을 평가 절하하는 데 관심이 있다(예. *Elusive Presence*, 112). 이와 반 대 주장은 T. Vriezen, *An Outline of Old Testament Theology* (Oxford: Basil Blackwell, 1958), 185, 188.

15 구약과 특정한 신약 및 그리스도교 현실(예. 눅 16:31, 히 11:1)을 구분하는 것이 중요한데, 여기서 나타나는 신앙 생활은 경험적인 것에 대한 관심은 줄어드는 것처럼 보인다. 하나님의 백성 중에서 신앙이 확립되던 구성 시대(여기에는 메 시아의 성육신이 포함될 것이다)와 이를 위한 경험적 요소의 중요성 그리고 그

이후의 하나님 백성의 역사를 구분해야 한다. 그러나 경험적인 것에 대한 관심은 신앙 생활에서 여전히 중요한 관심사다. 성례에서 가시적인 요소를 사용하는 것은 신현현에서 경험적 현상에 대해 살펴본 것과 같이 많은 목적을 가지고 있다. 구두로 하는 말씀만으로는 신앙 생활에 충분하다고 여길 수 없다.

16   J. Barr, "Theophany," 33.

17   이 지점에서 J와 E 자료 간의 일반적인 구분을 지나치게 강조해서는 안된다. 자료 구분을 문자 그대로 따르더라도 직접성이 적을 수 있지만 신인동형론적인 언어가 줄어들지는 않는다. Terrien은 본문 자체에 근거가 없는 것처럼 보이는 근거를 들어 북쪽 전승에 더 높은 가치를 부여한다(*Elusive Presence*, 121이하, 131이하).

18   Westermann(*The Praise of God in the Psalms* [Richmond: John Knox Press, 1965], 93이하)이 분석한 기상과 화산 활동 사이의 구분은 현재는 일반적으로 거부되고 있으며, 모든 현상은 기상적인 측면에서 볼 수 있다. Terrien, *Elusive Presence*, 153을 보라.

19   이 현상들은 아마도 낮과 밤 사이에 다르게 나타나는 하나의 기둥일 것이다. Mann, *Divine Presence*를 보라.

20   출 14:24의 전투와의 연결은 전사로서 임하시는 하나님의 신현현과 어느 정도 연속성을 보여 준다.

21   Eichrodt는 *Theology of the OT* 2: 16에서 이를 제안한다.

22   부분적인 예외는 출 3장인데, 여기에는 사자의 형태와 불꽃 속에서 나타나는 모습이 결합되어 있다. 삿 13:20에도 두 형태 모두 등장한다(참조. 삿 6:21; 창 15:17). 또한 삿 2:4과 (출 23:21에 나타난) 공동체에게 말하기 위해 사자가 예외적으로 사용된 것도 보라. 다른 곳에서 사자는 동행하는 임재의 상황에서 공동체와 관련하여 사용되며(예. 출 14:19; 23:20-23; 33:2), 이는 동행하는 임재와 신현현적 임재 사이의 또 다른 연속성에 놓여 있다.

23   예를 들어, Barr, "Theophany," 34-36를 보라. 그는 이것이 "하나님에 대한 합리적인 지각능력"의 약화라는 Eichrodt의 제안에 동의하지 않고 "실제적인 수용"이라고 말한다. Barr는 또한 이러한 현상을 (Eichrodt와 같이) 존재의 "단순한 상징"이라고 말하는 것에 반대하며, 하나님의 가시성에 의문을 제기하는 것이 아니라 단지 형태에 대한 정확한 묘사를 구분할 수 없다는 것에 동의한다.

24   이것은 신 4:32-36; 5:24-26에서 하나님의 음성을 듣는 것으로 확장된다.

25   Brueggemann의 "Crisis and Promise"에서 출 33장에 대한 논의는 하나님의 임재

하나님의 _ 고통

에 대한 확신(12-17절)과 하나님의 자유(18-23절)에 대한 관심 사이에서 균형을 이루고자 한다. 그러나 일반적으로 Brueggemann의 가장 큰 관심사는 하나님의 자유와 주권을 보호하는 것으로 보인다. 더 두드러진 신학적 문제는 하나님의 임재를 남용하는 문제가 아니라 하나님의 임재를 갖는 문제 자체(출 33장에서 시작되는 문제)에 대한 것이다. 참조. G. W. Coats, "The King's Loyal Opposition," 100-103.

26 여기서 우리는 Brueggemann의 관심을 다시 한번 살펴보게 된다.

27 참조. Terrien의 *Elusive Presence*, 70에서의 논의.

28 C. Westermann, *God's Angels Need No Wings* (Philadelphia: Fortress Press, 1978), 8을 보라.

29 R. Boling(*Judges*, Anchor Bible [Garden City, N.Y.: Doubleday & Co., 1975], 131)은 기드온이 천사와 하나님과 관련되어 있지만 그가 깨닫지 못하는 제 3자와의 대화에 대한 것이라 말한다. 이렇게 천사와 하나님 사이의 구분을 말 3:1-2을 근거로 호소하는 것은 사자에 대한 이해의 발전을 고려하지 않은 것이다.

30 Von Rad, *Genesis*, 206.

31 호 12:4은 '사람'을 '사자(천사)'로 식별하며, 그 사자는 다시 '하나님'으로 식별된다.

32 "서다"를 나타내는 동사는 또한 우리가 인간 인물과 관계를 맺는 데 도움을 준다. 따라서 출 34:5과 삼상 1:3에서 하나님을 위해 "누군가가 서 있다"(*yāšav*, 야샤브)라는 표현이 사용되었고, 민 22:23에서 사자가 "서 있다"라는 동사가 오다, 내려오다, 지나가다라는 동사와 함께 사용된다. 또한 민 12:5; 22:24, 26; 수 5:13; 창 18:13에서 '사람' 또는 하나님 또는 '사자'에 '*āmad*'(아마드), 즉 "서다"가 사용된 것과 창 28:13과 암 7:7; 9:1에서 *nāṣav*(나짜브)는 하나님을, 창 18:2에서는 '사람'을, 민 22:23, 31, 34에서는 사자를 가리키는 데 사용된 것을 보라.

33 Vriezen, *Outline of OT Theology*, 186을 보라.

34 출 23:20-23에서도 비슷한 관점을 볼 수 있는데, '사자'와 신적 주체 '나' 사이에 상호 교차가 있다. 또한 삿 2:1, 창 48:15-16; 창 24장(참조. 7, 40, 27, 48절)에서도 마찬가지다. 그러나 이 구절들이 사자가 가시적인 형태를 가진 것으로 이해하는지 여부를 판단하기는 어렵다. 출 23장에서 기둥으로 상정할 수 있고, 창 24:12-14에서 사자를 언급할 수는 있지만 가능성은 낮아 보인다. 어쨌든 이 구절들의 더 큰 문맥에서 사자의 언어가 사용되었다는 점을 고려할 때, 사자는 적어도 실제로는 보이지 않는 형태로 존재하는 것으로 이해할 가능성이 높다. 창 48:15-16에서는 사자와 하나님을 명백하게 구분하지 않는다.

35 참조. Barr, "Theophany," 37. Eichrodt(*Theology of the OT* 2: 24-25)는 이와 관련하여 세 단계의 발전에 대해 말하며, 후기 유대교에서 매우 친숙한 천사적 중개자에서 절정에 이른다고 본다. 중간 단계에 대해서는 보호자(왕상 19:5), 파괴자(삼하 24:26; 왕하 19:35), 재판관(삼하 14:17, 20; 19:27)으로서의 사자의 역할을 보라. 또한 아래 미주 66번도 보라.

36 Eichrodt, *Theology of the OT* 2: 21-29을 보라. Eichrodt는 이러한 구절들을 접할 때 받을 수 있는 충격을 완화하려는 다양한 노력에 반대하여 효과적으로 답을 제시한다.

37 또한 참조. 삿 6:21; 13:20; 창 15:17. 출 3장의 사자를 문자 그대로 받아들여서는 안 된다는 Terrien의 제안(*Elusive Presence*, 110)은 맞을 수도 있고 아닐 수도 있다. 여기서는 본문이 그 모습이 형태가 없다고 하는 것은 아니라고 주장하는 것으로 충분하다(참조. 6절).

38 이와 반대 주장으로는 G. Mendenhall, *The Tenth Generation* (Baltimore: Johns Hopkins Univ. Press, 1973), 57-59. 우리의 해석은 또한 하나님을 "구름을 타시는 분"으로 표현하는 신현현적 구절들과도 일치한다(예. 시 18:10-12; 68:4; 104:3; 사 19:1).

39 제사장 자료와 관련하여 Rendtorff("The Concept of Revelation," 36)는 여기서 *kābôd*(카보드, 영광)는 "훨씬 더 거대한 의미에서 하나님을 나타내므로 야웨 자신이 그 영광 안에 있다"고 말하며, 이 영광은 "구름 속에 있다"(35쪽)고 말한다.

40 Eichrodt(*Theology of the OT* 2: 37)는 "고조된 은유"라고 표현한다. 그 주된 힘은 "직접적으로, 중재 없이" 있을 수 있고 보는 것을 수반하지 않을 수도 있지만(또한 Terrien, *Elusive Presence*, 91), 이 은유의 선택은 우리가 본 은유가 가리키는 것과 본질적인 관계를 맺는다는 점에서 신중한 고려가 필요하다. 또한 참조. 민 12:8의 "명백히 말하고"도 형태와 관련한 문맥에서 볼 수 있다.

41 또한 Eichrodt, *Theology of the OT* 2: 37.

42 출 33:23에 나오는 하나님의 "등"에 대한 언급이 여기서도 호소력을 발휘할 수 있다. 이것은 모세조차도 하나님에 대해서 완전하지 않은 시각적 허용만 부여되었을 뿐만 아니라 하나님이 가진 인간 형태의 생김새만 볼 수 있음을 암시한다.

43 Barr, "Theophany," 36.

44 E. Jacob (*Theology*, 74)은 예언서에서 "하나님은 항상 인간의 모습으로 나타난다"고 말한다. Terrien (*Elusive Presence*, 229)은 확실히 그 차이를 과장하고 있다. 우리는 위에서 꿈/환상과 관련이 있든 없든 우리의 목적과 무관하며, 인간의 형태

는 여전히 존재한다는 것을 보았다. 또한 참조. 왕상 22:19; 왕상 22장과 사 6장의 유사점에 대해서는 Zimmerli, *Ezekiel 1*, Hermeneia (Philadelphia: Fortress Press, 1979), 98을 보라. Zimmerli는 겔 1장에서 더 많은 유사점을 발견한다. 또한 출 3장과 삿 6장의 신현현과 예언서의 신현현 사이의 병행에 대해 설명하는 N. Habel, "The Form and Significance of the Call Narratives," *ZAW* 77 (1965): 297–323을 보라.

45 Jeremias, "Theophany", Kuntz, *Self-Revelation*, 58–59, Terrien, *Elusive Presence*, 71–72, J. Muilenburg, "The Speech of Theophany," *Harvard Divinity Bulletin* 28 (Jan., 1964): 35–47을 보라.

46 Zimmerli, *I Am Yahweh* (Atlanta: John Knox Press, 1983), Rendtorff, 38–41을 보라. 신약과의 연관성은 특히 요한복음에 나오는 예수의 "나는…이다" 말씀에서 확인할 수 있다.

47 H. Preuss, "'… ich will mit dir sein,'" *ZAW* 80 (1968): 139–73을 보라.

48 A. Thiselton, "The Supposed Power of Words in the Biblical Writings," *JTS* 25 (1974): 283–99을 보라. 참조. J. Barr, The Semantics of Biblical Language (Oxford: At the Clarendon Press, 1961), 129–40.

49 Zimmerli(*OT Theology in Outline*, 18)는 더욱 일반적으로 이름을 알려 주는 것이 취약성에 대해 말하는 것일 수 있지만, 하나님의 이름을 다룰 때는 절대로 이를 따르지 않고 출 3장에 대한 논의에서 본질적으로 이를 부정하는 것은 놀랍다 (21쪽). 이름의 중요성에 대한 논의에서 중요한 지침과 한계에 대해서는 J. Barr, "The Symbolism of Names in the Old Testament," *BJRL* 52 (1969): 11–29을 보라.

50 참조. 레 18:21; 20:3; 21:6; 22:2, 32 그리고 레위기 전체에 걸쳐 "나는 여호와이니라"라는 어구의 반복. 하나님의 이름을 계명과 매우 밀접하게 연결한 것은 그 이름을 아는 사람들에게 특별한 기대가 있었음을 나타낸다.

51 때때로 이스라엘을 비롯한 고대 민족에게 이름을 알려 주는 것이 현대 세계보다 더 큰 의미를 가졌다는 주장이 제기되기도 하지만, 이러한 주장은 그다지 설득력이 있어 보이지 않는다. 적어도 현대 사회에서 이름 알려 주기의 중요성에 대해 언급되는 대부분의 내용은 사실일 것이다.

52 참조. Barr, "The Symbolism of Names." 이름과 본성 사이에 일대일 대응이 딱 이뤄지기 어렵다는 것은 이름에서 본성으로의 추론을 반드시 이끌어 낼 수 없다는 말이며 기껏해야 부분적인 방식으로만 추론할 수 있다는 것을 의미한다.

53 이와 반대의 주장으로는 Zimmerli, *OT Theology in Outline*, 20. 출 3:14–15에 나

오는 여호와라는 이름에 최종적인 정의(definition)가 결여되어 있더라도, 하나님은 그 이름을 선물로 주심으로써 그 이름을 부를 수 있는 자들에게 하나님 자신을 맡기신다. 최종적인 정의의 결여는 자신을 주는 것에 대한 자격이 아니라 모든 이름과 마찬가지로 이름에서 본성이 무엇인지 추론을 이끌어낼 수 있는 가능성이 한계가 있음을 인정하는 것이다.

54 Terrien(*Elusive Presence*, 152)은 "예배자들이 수동적인 영성의 즐거움과 사회적 책임의 상실에 빠져들게 하는" 경향에 대해 말하면서 보는 것을 대체로 부정적으로 평가하고 있다. 또한 Brueggemann, "Crisis and Promise," 60을 보라. Brueggemann은 하나님을 "경배의 대상, 가시성, 관찰, 존경, 인간 주체의 객체화"로 만드는 것에 대해 이야기한다. 그러나 윤리를 위한 보는 것의 결정적인 중요성을 앞서 말한 위험성 때문에 무시해서는 안 된다. 물론 그 반대의 위험은 윤리적 삶에 더 큰 위험을 초래할 수 있는 영성의 퇴보다.

55 Eichrodt, *Theology of the OT* 2: 27. 이 문제에 대한 Eichrodt의 논의의 더 큰 맥락을 고려할 때, 사자의 "유사-인간"(quasi-human) 형태(28쪽) 또는 하나님이 "어떤 의미에서도 인간의 몸에 임재하지 않는다"는 것과 같은 문구가 무엇을 의미하는지 불확실하다. 삿 13:6에서 사자의 용모가 "심히 두렵다"고 표현한 것을 제외하면, 이 본문들에는 일반적인 인간 형태가 아닌 다른 어떤 형태로 신현현의 목격자들에게 인식되었음을 암시하는 구절이 없다. 더욱이 겔 1:26의 "사람의 모양 같더라"는, 특히 이 장의 다른 곳(예. 16절)에서 "모양"이 사용된 것을 고려할 때, 에스겔이 인식한 형태가 인간의 형태와는 다를 수 있다는 것을 암시하지 않는다. 여기서 우려하는 바는 묘사의 정밀한 묘사를 경계하는 것이지, 어떤 식으로든 인간이 아닌 다른 형태를 암시하는 것이 아니다. von Rad, *OT Theology* 1: 146을 보라.

56 Eichrodt, *Theology of the OT* 2: 31을 보라.

57 Barr, "Theophany," 38, Eichrodt, *Theology of the OT* 1: 211-16, 2: 21을 보라.

58 그러나 이러한 언어가 "하나님을 인간의 한계에 종속시키지" 않는다는 Eichrodt의 우려(*Theology of the OT* 1: 213, 2: 21)는 검증될 필요가 있다. 어떤 형태로 나타나도 한계는 있지만, 그것이 하나님의 신성을 제한하지는 못한다. 더욱이 신현현에서 중요한 점 중 하나는 신현현이 하나님의 한계에 대한 증거라는 사실과 관련이 있다.

59 Eichrodt가 *Theology of the OT* 1: 212에서 표현한 "철학적 의미에서 영으로서의 하나님에 대한 교리는 구약 성경에서는 찾을 수 없을 것이다"를 보라. 그러나 Eichrodt는 계속해서 요 4:24이 그러한 해석을 가능하게 할 수 있다고 제안하지

만, 이는 매우 의심스럽다. R. Brown, *The Gospel According to St. John, Anchor Bible* (Garden City, N.Y.: Doubleday & Co., 1966), 1: 172을 보라.

60 L. Koehler, *Old Testament Theology* (Philadelphia: Westminster Press, 1957), 119-20.

61 E. Jacob, *Theology of the OT*, 76-77. 참조. Eichrodt, *Theology of the OT* 2: 27-28.

62 A. R. Johnson, *The One and the Many in the Israelite Conception of God* (Cardiff: Univ. of Wales Press, 1961), 28-33.

63 참조. Koehler, *OT Theology*, 120-21. 하나님은 "그분의 본성 전체가" 나타나는 것이 "아니라" "인간에게 친밀하게 자신을 나타내기 위해 특별한 환경으로 들어가서 하나님 본성의 한 면 또는 작용만을 사람에게 나타낸다."(120-121쪽) 이러한 모호함, 심지어 하나님이 어떻게든 부분적으로 하나님이 될 수 있다는 제안은 불필요하고 혼란스러워 보인다.

64 Eichrodt, *Theology of the OT* 2: 15이하 및 해당 부분의 제목.

65 Westermann (*Basic Forms of Prophetic Speech* [Philadelphia: Westminster Press, 1967], 100)은 이곳에서 하나님의 계시의 직접성이 사자 형태의 사용으로 이동하는 단계로 보는 것을 선호한다. 그러나 본문이 너무 복잡하게 얽혀 있어서 그 단계로 볼 수 없고, 게다가 모든 나타남에 대한 간접성의 정도도 문젯거리다. 더욱이 제사장 문헌(창 17:1, 35:9)에 더 직접적으로 나타나시는 부분도 있기 때문에 하나님이 "멀리 물러나신다"는 관점에서 이 단계를 보기는 어렵다.

66 이러한 용어로 후대에 사자를 사용한 것도 이해할 수 있을 것이다. 따라서 하나님이 사자를 "보낸다"(말 3:1-2)는 것은 꼭 어떤 하급 존재를 보낸다고 하기 보다는 하나님 자신을 특별한 형태로 보내신다는 뜻이라고 할 수 있다.

67 Eichrodt조차도 초기 이스라엘의 하나님에 대한 이해의 "결함"(*Theology of the OT* 1: 213) 또는 "순진한 개념"(*Theology of the OT* 2: 21, 23)이라고 말하면서 이러한 방향으로 나아가는 경향이 있다. "조잡한 실재론"에 대해서는 Jacob, *Theology of the OT* (74)를 보라. Eichrodt(*Theology of the OT* 2: 28)는 이 구절들을 그리스도교의 선재한 로고스에 대한 해석과 구분하지만, 그의 주장은 대체로 요점을 벗어난 것이다. 이러한 개념을 구약 저자들의 것으로 돌리지 않는 것은 확실히 옳지만, 이 시점에서 후대의 그리스도교 신학과 연속성이 있는지를 고려하는 것은 완전히 다른 문제다. 급진적인 불연속성의 경우는 확실히 아니다. 신약 성경은 출 14:19을 고전 10:4에서 사용함으로써 그 연관성을 분명히 하고 있다. Jacob은 신약에 비추어 볼 때, 우리는 이 구절들을 "헛된 추측이 아니라 예수 그리스도 안에서 하나님이 사람이 되신 신적 임재에 대한 성경적 해답이라는 접근으

로 보아야 한다"(*Theology of the OT*, 74)고 말한다. von Rad가 "하나님의 케노시스"(*OT Theology* 1: 367)에 대해 지나치다 생각할 정도로 언급하는 것을 보라.

68 점진적 계시 개념에 대한 유용한 논의는 J. W. Rogerson, "Progressive Revelation: Its History and Its Value as a Key to Old 'Iestament Interpretation," *Epworth Review* 9 (1982): 73–86을 보라.

69 Eichrodt, *Theology of the OT* 2: 21. Eichrodt는 '가면'이라는 언어를 사용한다(27쪽).

70 Von Rad, *OT Theology* 1: 145. 또한 참조. Barr, "Theophany," 38. 폰 라트는 심지어 출 15:3과 미 1:2–3을 "야웨는 사람의 형태를 가졌다"는 증거로 제시한다.

71 Von Rad, *OT Theology* 1: 146.

72 Barr, "Theophany," 38을 보라. R. P. Carroll, "The Aniconic God and the Cult of Images," *Studia Theologica* 31 (1977): 51–64는 형상 금지가 하나님의 비가시성이나 형태가 없는 것과는 아무런 관련이 없음을 분명히 밝힌다.

73 Eichrodt, *Theology of the OT* 1: 212 미주 1에서 인용.

74 예언자와 관련된 신현현적 모티브에 대한 자세한 내용은 본서 10장에서 다룰 것이다.

7장 하나님은 … 때문에 고통받는다

1 Heschel, *Prophets*, Mauser, *Gottesbild und Menschwerdung*. 여러 호세아서 주석에는 종종 하나님의 고통과 관련하여 짧지만 도움이 되는 내용이 포함되어 있다.

2 Westermann, *Basic Forms*, 202–3, 같은 저자, *Elements of OT Theology*, 174, "The Role of the Lament in the Theology of the Old 'Iestament," *Int* 28 (1974): 37–38.

3 Westermann, *Basic Forms*, 202–203을 보라.

4 H. W. Robinson, *The Cross in the Old Testament* (London: SCM Press, 1955), 같은 저자, *Suffering Human and Divine* (New York: Macmillan, 1939).

5 예. W. Janzen, *Mourning Cry and Woe Oracle* (Berlin: Walter de Gruyter, 1972), T. Raitt, *A Theology of Exile*, J. Scharbert, *Der Schmerz im AT* (BoM: Peter Hanstein, 1955), S. Blank, "Doest Thou Well To Be Angry?", L. Kuyper, "The Suffering and Repentance of God," *SJT* 22 (1969): 257–77.

6 특별히 W. Brueggemann의 논문, "From Hurt to Joy, From Death to Life," Int 28 (1974): 3–19, 같은 저자, "The Formfulness of Grief," *Int* 31 (1977): 263–75을 보

라.

7 Westermann, *Basic Forms*, 203.

8 Raitt, *A Theology of Exile*, 86 이하.

9 여기에 사용된 동사 *tāwāh*(타와)는 하팍스다. 40절과의 병행을 고려할 때, 다양한 영어 번역 성경에서 어떻게 해서든 제안하는 것처럼 "비통하다"로 번역하는 것이 좋다.

10 시 78편의 문제에 대한 최근 검토는 A. Campbell, "Psalm 78: A Contribution to the Theology of Tenth Century Israel," *CBQ* 41 (1979): 51–79을 보라.

11 창 6–9장에 대한 대부분의 자료는 1977년 SBL 신학 세미나에 발표했던 나의 논문 "Creation Thought and the Absence of God,"에서 발췌한 것이다. 또한 W. Brueggemann, *Genesis*, 73–88도 보라. Westermann (*Elements of OT Theology*, 120) 은 영원한 하나님의 자기–제한을 말하지 않고 선택적 비–행위(nonaction)만을 말하고 있는 것이라고 본다.

12 사 1장에 대해서는 특히 O. Kaiser와 J. Mauchline의 주석과 S. Niditch, "The Composition of Isaiah 1," *Biblica* 61 (1980): 509–29을 보라.

13 Heschel, *Prophets*, 80.

14 렘 2장에 대해서는 T. Overholdt, "Jeremiah 2 and the Problem of 'Audience Reaction,'" *CBQ* 41 (1979): 262–73을 보라. 참조. Brueggemann, "Jeremiah's Use of Rhetorical Questions."

15 Westermann, "The Role of the Lament," 37–38을 보라.

16 시편과 예언에 대해서는 A. R. Johnson, *The Cultic Prophet in Ancient Israel* (Cardiff: Univ. of Wales Press, 1962)을 보라.

17 Terrien, *Elusive Presence*, 266을 보라.

18 Heschel, *Prophets*, 48.

19 Raitt(*A Theology of Exile*, 84–89)는 예레미야서 및 에스겔서 본문과 함께 특정 포로기 시편을 포함하여 하나님에 대한 백성들의 고발하는 말과 분리한다. 그러나 적어도 최종 편집자들의 관점에서 볼 때, 탄원 시편은 신앙의 진술로 간주되며, 따라서 우리가 광야 본문과 예언서에서 발견하는 것과는 다른 하나님의 응답을 받았을 것이다. 그러나 Raitt은 다양한 질문과 그에 대한 하나님의 응답이 일반적으로 특별한 논쟁 연설 장르에 적합하지 않다는 것을 보여 준다.

20 Eichrodt, *Theology of the OT* 2: 427.

8장 하나님은 …와 함께 고통받는다

1 내 연구 *Deuteronomic History*, 87-98에서 사사기 2-3장 내용을 보라.

2 번역 문제에 대한 최근 연구에 대해서는 R. Haak, "A Study and New Interpretation of QSR NPŠ," *JBL* 101 (1982): 161-67을 보라.

3 H. W. Wolff, *Joel and Amos*, 231.

4 J. L. Mays, Amos: A Commentary, OTL (Philadelphia: Westminster Press, 1969), 85.

5 여기서의 편집 문제에 대해서는 Wolff, *Joel and Amos*, 236-39 참조.

6 Ibid., 249.

7 일반적으로 고발이 애가보다 먼저 나온다(예. 겔 17장). 겔 32:1-16에는 애가와 심판의 선포가 이례적으로 혼합되어 있다. 이것은 첫 번째 부분에서 파악된 애가-고발 패턴과 관련이 있을 수 있지만, 그 관점은 미래를 지향한다. 편집적인 문제에 대해서는 Eichrodt, *Ezekiel*, 431-32을 보라.

8 열방에 대한 신탁에 관해서는 J. Barton, *Amos's Oracles Against the Nations*를 보라.

9 Zimmerli, *Ezekiel*, 397.

10 Ibid.

11 대부분의 주석가들은 이 본문에서 하나님이 말씀하신다는 사실을 거의 인정하지 않는다.

12 RSV는 여기서 불필요하게 편집했다("Take up weeping…"). 여기서 예레미야가 말하고 있다고 믿는 JB의 번역과 J. Bright의 번역을 보라(Bright, *Jeremiah*, 68, 72). Westermann(*Elements of OT Theology*, 142)은 이 본문이 하나님의 애가라고 말한다.

13 Heschel, *Prophets*, 112. 특정 구약 성경 본문에 반영된 죽으시고 부활하신 하나님을 애도하는 것에 관한 성경 외의(extrabiblical) 문헌과의 병행에 대해서는 R Hvidberg, *Weeping and Laughter in the Old Testament* (Leiden: E. J. Brill, 1962)을 보라.

14 P. Trible, *God and the Rhetoric of Sexuality*, 40 이하.

15 특별히 W. Janzen, *Mourning Cry and Woe Oracle*을 보라.

16 Ibid., 82.

17 Ibid., 22-23.

9장 하나님은 …을 위해 고통받는다

1 von Rad, *OT Theology*, 1: 270-71을 보라. 제사장은 하나님을 대표하고 제사장을 통해 하나님이 행동하시기 때문에(참조. 레 6:24-30; 10:16-20), 하나님도 백성의 죄를 짊어진다고 말할 수 있다.

2 Zimmerli, *Ezekiel*, 2: 163-65을 보라.

3 칠십인역과 탈굼역 모두 이 구절을 신인동형론적이지 않은 용어로 번역하는 데 어려움을 겪는다.

4 S. Blank, "Doest Thou Well To Be Angry?" 30 이하를 보라. H. W. Robinson, *The Cross in the Old Testament*, 185의 요약이 인상적이다. 렘 45장에서 "우리는 하나님의 슬픔을 깨달음으로써 인간의 슬픔에 위로를 가져다주는 것을 본다. 바룩은 예언자의 사역과 자신의 실패에 압도되었고, 예언자는 그에게 하나님의 실패에 대한 생각을 상기시킨다 … 구약 성경에서 하나님의 마음속에 있는 영원한 십자가를 이보다 더 인상적으로 엿볼 수 있는 다른 구절은 거의 없다."

5 Janzen, "Metaphor and Reality," 22.

6 특별히 Wolff, Mays, Andersen/Freedman의 주석서와 "Old Testament Interpretation from a Process Perspective," *Semeia* 24 (1982)에 실린 Janzen, Mays, Collins의 글을 보라.

7 우리는 기본적으로 "Response to Janzen: Metaphor and Reality in Hos. 11," *Semeia* 24 (1982): 47에 나온 J. L. Mays의 번역을 따른다.

8 Ibid., 55쪽을 보라.

9 하나님의 돌이키심과 진노는 일반적으로 서로 연관된 주제다. 예를 들어, 출 32:10-14, 욘 3:9-10.

10 출 32:14과 32:34-35은 하나님의 돌이키심과 부분적인 심판이 뒤따른다는 점에서 이와 비교할 수 있다. 이 출애굽기 본문에서 하나님을 상기시키는 것은 모세이지만(13절), 호 11장에서는 하나님이 직접 기억하신다. 두 경우 모두 하나님의 기억이 결정적인 요소다.

11 Mays, "Response to Janzen," 47, Janzen, "Metaphor and Reality," 40의 미주 5, 7을

보라.

12 호 13:9-16을 포함한 현재의 본문 편집에서 이것은 중간 단계일 뿐만 아니라 명백히 하나님의 일시적인 응답으로 보이지만, 호세아서의 마지막에는 여전히 귀환의 가능성이 열려 있다. J. Collins의 논문 *Semeia* 24 (1982): 110 이하를 보라.

13 Terrien(*Elusive Presence*, 265)은 또한 겔 21:8-17에서 하나님이 이스라엘을 향해 칼을 휘두르시는 장면에서 하나님의 "자기-희생"(self-immolation)이라는 주제에 주목한다.

14 Weiser, *Psalms*, 195.

15 Terrien(*Elusive Presence*, 289). 이 구절은 또한 하나님의 자기 비하를 다룬 랍비들의 논의의 일부였다. J. Moltmann, *Trinity and the Kingdom*, 27 이하를 보라. 그는 또한 쉐키나 교리와의 연관성에 주목한다.

16 J. Muilenburg의 "Isaiah 40-66," *Interpreter's Bible* 5 (1956): 731 이하의 논의를 보라.

17 이에 관한 간략한 논의는 R. Mason, *The Books of Haggai, Zechariah and Malachi* (New York and Cambridge: Cambridge Univ. Press, 1977), 118-19을 보라.

18 S. Blank, "Doest Thou Well To Be Angry?" 29이하., H. Wolff, *Studien zum Jonabuch* (Neukirchen-Vluyn: Neukirchener Verlag, 1965)을 보라.

19 Trible, *God and the Rhetoric of Sexuality*, 64, Muilenburg, "Isaiah 40-66," 472을 보라.

20 몇몇 학자들(예. A. Schoors, *I Am God Your Savior* [Leiden: E. J. Brill, 1973), 91)이 은유적 언어의 완전한 힘을 피하려는 시도는 불행한 일이다. 참조. Muilenburg, "Isaiah 40-66," 473.

10장 예언자, 신현현 그리고 하나님의 고통

1 J. Ross, "The Prophet as Yahweh's Messenger," in *Israel's Prophetic Heritage*, ed. B. W. Anderson and W. Harrelson (New York: Harper & Row, 1962), 105-6, E. Jacob, *Theology of OT*, 77, Westermann, *Basic Forms*, 100을 보라.

2 Jacob(*Theology of OT*, 77)은 사자를 "구별되는 인격"으로 보지만, "하나님의 자유로운 결정에 의해 존재하고 기능하는" 존재로 본다. Vriezen (*Outline of OT Theology*, 209)은 "이러한 개별성과 신적인 존재의 통합"에 대해 말하면서 동시에 사자가 독립적으로 행동할 수 있음을 인정한다. 참조. 사자와 하나님의 관계에 관한 위의 논의(본서 6장).

3   Ross("The Prophet," 106)는 예언서에서 구체적인 사자 언어가 늦게 등장하며
(학 1:13; 대하 36:15-16; 말라기서, 참조. 사 42:19; 44:26; 66:1-2), 호 12:4E
을 제외하고는 초기 예언서에서는, 비록 사자 언어의 형태가 쓰이긴 했지만, 사
자에 대한 언급이 없다고 지적한다. Ross는 이것이 심판의 메시지와 평화를 말
하는 예언자들과 구별되어야 할 필요성(참조. 렘 6:14)과 관련이 있을 수 있으
며, 후기 예언자들의 메시지가 평화로 바뀌면 더 이상 그러한 주의가 필요하
지 않다고 제안한다. 그러나 예언자에 대한 용어상의 문제와 자기-지칭의 문
제(참조. 암 7:14, 삼상 9:9)를 고려할 때, 이러한 발전은 예언자가 나중에야 공
동체에서 실제적인 존재로 인정받았다는 사실과 더 관련이 있을 수 있다. 또한
Westermann(*Basic Forms*, 115)은 예언서에서 사자 언어가 늦게 등장한 것을 신적
인 사자에 대한 초기 사상이 신 또는 신적인 피조물만이 그러한 사자가 될 수 있
다는 사실에 기인한다고 설명한다.

4   예언서 이외에서 네움 야웨(*ne'um yhwh*)라는 공식을 사용한 유일한 사례는 창
22:16에서 사자가 사용한 것이고, 왕하 1:4, 16에서 사자가 코 아마르 야웨(*kôh
'āmar yhwh*)라는 공식을 사용한 경우가 있다.

5   참조. 호 11장. 독특한 창 31:13에 비추어 볼 때, 예언서에서의 언급은 덜 직접
적이었을 수 있다.

6   참조. 렘 8:18-9:3. 또한 시 45:7에서 하나님과 다윗 계열 왕의 명백한 상호 교
차와 말 2:7에서 제사장에 대해 "사자"라는 표현을 사용한 것에 주목할 수 있다.

7   창 1, 3, 11장, 사 6장 또는 "하나님의 아들들"(예. 창 6:4; 욥 1장)에 나오는 하나
님 말씀의 복수형이 사자를 가리킨다는 증거는 없으며, 후기 문헌의 천사 중재
자는 원래 별개의 개념이었던 것이 융합된 것일 수 있다.

8   이와 관련하여 사사기 맥락에서 삿 6:7-10과 6:11-24의 병치와 삿 2:1-5과의
연관성을 인용할 수도 있다. 2:1-5의 사자의 말과 6:7-10(참조. 10:11-14)의 예
언자의 말 사이에는 그 내용이 놀라울 정도로 유사하다. 사사기에서 예언자가
이렇게 독특하게 등장하는 것을 고려할 때, 이것은 2:1-5과 6:11-24의 사자를
예언자적 인물과 동일시하거나 적어도 예언자와 사자가 하나님과 동등한 관계
에 있음을 나타내기 위한 후대의 시도로 보인다.

9   N. Habel, "Form and Significance," 297-323을 보라. 또한 J. Crenshaw, "Amos
and the Theophanic Tradition," *ZAW* 80 (1968): 203-15도 보라.

10   D. Robertson, *The Old Testament and the Literary Critic* (Philadelphia: Fortress Press,
1977), 71-81.

11 von Rad, *OT Theology* 2: 274.

12 Ibid., 91−92.

13 Terrien, *Elusive Presence*, 255.

14 Ibid., 255.

15 예. von Rad, *OT Theology* 2: 95−98을 보라.

16 Zimmerli, *Ezekiel*, 156.

17 von Rad, *OT Theology* 2: 96.

18 Zimmerli, *Ezekiel*, 54. 또한 참조. von Rad, *OT Theology* 2: 233, 275, Mauser, *Gottesbild und Menschwerdung*, 86.

19 참조. Westermann, *Elements of OT Theology*, 173.

20 주석서 외에도 특별히 Mauser, "Image of God"과 Terrien, *Elusive Presence*, 241 이하를 보라.

21 Ibid., 244.

22 Mauser, "Image of God," 353.

23 Terrien, *Elusive Presence*, 246.

24 특별히, Mauser, *Gottesbild und Menschwerdung*, 78 이하, Heschel, *Prophets*, 103 이하를 보라.

25 Mauser, *Gottesbild und Menschwerdung*, 89 이하를 보라.

26 Ibid., 111.

27 von Rad, *OT Theology* 2: 204.

28 Heschel, *Prophets*, 118.

29 Mauser, *Gottesbild und Menschwerdung*, 108 이하를 보라.

30 예. Heschel, *Prophets*, 119−22.

31 von Rad, *OT Theology* 2: 207. 이 장들의 내러티브에 대한 그의 논의는 현재 우리가 하는 논의를 대표한다. 이와 다른 견해에 대해서는 E. Nicholson, *Preaching to the Exiles* (Oxford: Basil Blackwell, 1970)를 보라.

32 von Rad, *OT Theology* 2: 233, 275, 403 이하를 보라.

33 이에 관한 논의를 위해서는 Zimmerli, *Ezekiel*, 164−65을 보라.

하나님의 _ 고통

34 von Rad, *OT Theology* 2: 233, 404는 여기서 죄책을 대신하여 짊어지는 여부에 대해 두 가지 생각을 가지고 있는 것 같다.

35 참조. von Rad, *OT Theology* 2: 261, 276 이하.

36 Eichrodt, *Theology of the OT* 2: 450.

37 von Rad, *OT Theology* 2: 276.

38 특별히 Westermann, Muilenburg의 주석서와 von Rad의 연구서 *OT Theology* 2: 250-62, 273-77을 보라.

39 특히 Westermann은 탄원시와의 연관성을 강조한다. 참조. *Isaiah 40-66*, 265.

40 이것은 Heschel, *Prophets*, 319과 Mauser, *Gottesbild und Menschwerdung*, 76, 115 이하 모두에서 사용하는 표현이다.

41 Mauser, "Image of God," 355 이하를 보라.

성경 색인

하나님의 _ 고통

하나님의 _ 고통

20:6	178	15장	67	5장	144, 154, 155
20:16	176	19:13	265	5:23	144
21:4	234	19:16-21	201	6장	174, 320n5,
22-24장	321n11	19:21	265		324n44
22:23	323n32	20:19-20	142	6:7-10	333n8
22:24	323n32	26:5-9	58	6:11	157
22:26	323n32	26:15	80	6:11-24	333n8
22:31	323n32	28:4	142	6:11-12	174
22:24	323n32	29:29	316n13	6:12	165
23:3	310n3	31:14-15	178	6:12-13	174
		31:15	178	6:13-17	194

신명기

1:31	252	32:11	28	6:14	165, 174
1:33	177	32:18	266	6:15-24	165
1:37	296	32:19-20	129	6:16	165, 174
3:26	296	32:21	86	6:17	165, 174
4:12	177, 178	32:36	147, 234	6:18	174
4:15	177, 178, 179	34:10	171	6:20-21	174
4:21	296			6:21	174, 322n22,
4:32-36	322n24				324n37

여호수아

5:9-10	306n36	1:1-9	134	6:22	164, 174
5:11	183	5:13	157, 175, 323n32	6:23	174
5:24-26	322n24	5:13-15	164	6:22-23	171
5:29	214	6장	145	6:34	276
6:4	306n42	24:2-13	58	7:2	161
7:6-11	58	24:19	254	10:10	234
7:9	306n36			10:11-14	333n8

사사기

9:13-29	103	1-3장	144	10:16	234
10장	67	2-3장	330n1	13장	157, 175, 320n5
10:14	81	2:1	323n34	13:6	156, 326n55
10:18	68	2:1-5	174, 333n8	13:8-9	274
12장	127	2:4	156, 322n22	13:18-20	139
12:5	127	2:15	234	13:20	322n22, 324n37
12:11	127	2:18	234	13:21-23	164
				13:22	157, 171, 175

하나님의 _ 고통

하나님의 _ 고통

이사야

1장	208, 329n12	19:1	324n38	43:3	317n22
1:2	287	20장	280	43:14	317n22
1:2-3	207, 208	21:3-4	244, 293	43:18-19	61
1:2-9	202	22:4	244, 292	43:23-24	254
1:4	245	22:11	85	43:24	255, 267, 296
1:4-9	208	24:21	309n11	43:25	86
1:14	253, 255	26:20	87	43:27-28	255
1:19-20	311n7	26:21	155	44:6	61, 63
1:21-23	208	27:2-5	208	44:7-8	115
5:1-7	35, 208	31:3	188	44:22	247
5:4	114, 209	34:4	82, 309n11	44:24	79
5:8-23	245	37:26	85	44:26	333n3
6장	156, 159, 160, 276, 312n21, 324n44, 333n7	40-55장	115	45:14	315n12
		40-66장	215	45:15	130
		40:5	134	46:3-4	252
		40:11	252	46:10-11	115
6:1	180	40:13-14	312n21	47:2	310n4
6:3	317n20	40:21-31	114	47:4	317n22
6:4	156, 178	40:22	80	47:12	96
7:13	255	40:27	216	48:9	86, 257
7:18	35	40:28	61, 63, 115, 256	48:12	216
8:1-4	278	40:30-31	256	48:18	214, 216
8:8	309n10	41:14	317n22	49:1-7	267, 296
10:1-4	245	41:21-23	115	49:8	88
10:17	317n20	42:1	276, 297	49:13-16	267
12:6	137	42:1-7	267, 296	49:14	216
15-16장	239	42:4	297	49:15	37
15:2-5	239	42:7	297	49:21	266
15:5	240	42:9	115	50:1-3	267
15:8	239	42:14	30, 199, 258, 266	50:2	114, 216
16:7	240	42:15-16	267	50:4-9	267, 296
16:9	240	42:18	216	51:6	82, 309n11
16:11	240	42:19	333n3	52:3	247
16:13	239	42:23	216	52:8	134

하나님의 _ 고통

8:4	213	12:14-15	248	16:5-7	285
8:4-7	212	12:16-17	311n7	16:8-9	285
8:5	114, 213	13:17	244	16:14-15	61
8:7	213	13:17-19	292	17:12	285
8:18-22	108	13:22	114	17:13	211
8:18-19	292	13:23	247	17:14-18	285
8:18-9:1	244, 291	13:25	211	17:16	109, 286, 288
8:18-9:3	333n6	13:27	90, 221	17:24-27	311n7
8:19	87, 114	14:1-9	108	18:7-9	85
8:20	292	14:8	285	18:7-10	311n7
8:21-9:1	292	14:8-9	114	18:11	85, 312n15
8:23	114	14:10	86	18:13	287
9:5	257	14:11	108	18:13-15	213
9:7	110, 222, 225	14:12	313n24	18:15	211
9:9	110, 222	14:17	244	18:18	286
9:10	241	14:17-18	247, 292	18:19-23	285
9:12	309n10	14:19	114	18:20	108, 286, 288, 295, 312n17
9:17-18	242	14:21	86		
10:16	79	15:1	108	18:20-23	108
10:19	244	15:5	109	18:23	87
10:19-20	292	15:6	288	19장	280
11:14	108, 313n24	15:5-9	241	19:4	211
11:15	285	15:6	109, 256	20:2	286
11:18-12:6	285	15:10-18	285	20:7-10	282, 285
11:19	294	15:11	108, 288	20:7-18	285
11:20	108, 284	15:16	278, 284	20:9	256, 288
11:21-23	285	15:17	278, 284	20:10	285
12장	242	15:17-18	288	20:11-12	108
12:1	114	15:18	288, 289	20:16	311n11
12:1-4	289	15:19	289	21:2	310n3
12:5	288	15:19-20	288	22:4	101
12:6	285	16:1	211	22:4-5	100
12:7	130, 241, 285	16:1-9	278, 285	22:18	244
12:12	241	16:2	285	22:28	114

하나님의 _ 고통

13:4-6 217

13:7-9 147

13:9-16 332n12

13:16 147

14:2 252

요엘

2:10 83

2:13 306n35

2:14 310n3

아모스

3:7 107

4:4-12 158

5:1-2 236, 237

5:3 237

5:4 237, 238

5:6 237, 238

5:14 237, 238

5:15 95

5:16 244

5:16-17 238, 245

5:16-20 245

5:18 245

6:1-7 245

7:1 106

7:1-9 107

7:2 107

7:3 107

7:4 106

7:5 107

7:6 107

7:7 180, 276, 323n32

7:7-9 109, 312n19

7:14 333n3

8:10 238

9:1 180, 276, 280, 323n32

9:2-6 122

9:6 80

요나

1:3 122

1:6 310n3

1:9 122

3:9 310n3

3:9-10 331n9

4:2 65, 306n35

4:10-11 248, 265

미가

1장 155

1:2-3 328n70

1:8 244, 292

2:1 245

2:3 85

3:4 129

3:8 276

3:11 135

4:12 85, 312n15

6:1-2 287

6:3 216

7:18 87

나훔

1:3 306n35

하박국

3장 154, 155

스바냐

2:3 310n3

3:17 28, 259

학개

1:10-11 142

1:13 333n3

2:4-5 134

스가랴

1:6 85, 312n15

1:12 274

3:1-8 274

8:14 85, 312n15

12:10 264, 265

13:3 265

14:4 180

말라기

2:7 333n6

2:17 256

3:1 128

3:1-2 323n29, 327n66

마태복음

6:10 82

누가복음

16:31 321n15

20:13 96, 310n2

인명 색인

A

Albrektson, B., 304n19

Albright, W. F., 304n11

Andersen, F. (앤더슨) 110, 313n31, 331n6

Anderson, A. A., 314n39

Anderson, B. W., 332n1

B

Barr, J. (바) 11, 84, 167, 180, 300n4, 301n14, 302n21, 304n18, 305n20, 305n27, 305 n30, 310n21, 320n2, 322n16, 322n23, 324 n35, 324n43, 325n48, 325n49, 325n52, 326n57, 328n70, 328n72

Barth, K., 47

Barton, J., 307n51, 330n8

Berkowitz, E., 304n15

Beyerlin, W., 321n10

Bird, P., 306n43

Black, M., 28, 300n4, 301n5

Blank, S. H., 316n14, 316n17, 328n5, 331n4, 332n18

Blenkinsopp, J., 311n10, 312n15

Boling, R., 323n29

Bonhoeffer, D., 309n18

Bright, J., 330n12

Brown, R., 326n59

Brueggemann, W. (브루그만, 월터) 8, 11, 139, 306n43, 307n49, 308n3, 313n27, 314n1, 315n3, 316n14, 316n15, 316n19, 317n28, 318n30, 318n36, 319n42, 321n12, 321n14, 322n25, 323n26, 326 n54, 328n6, 329n11, 329n14

Burtness, J., 309n18

C

Caird, G. B., 301n6, 302n21, 302n22

Calvin, J., 265

Campbell, A., 329n10

Carr, A., 307n55,

Carroll, R. P., 313n24, 328n72

Chesnut, J. S., 302n28

Childs, B. S. (차일즈) 103, 304n13, 304n18, 312n16

Clements, R., 305n27, 314n1, 315n2, 315n7, 315n8, 317n18

Clines, D., 300n4, 301n8, 301n9, 310n20

Coats, G. W., 307n56, 312n17, 319n42, 319n43, 322n25

Collins, J. J., 316n14, 331n6, 332n12

Cox, H., 303n7

Crenshaw, J., 307n47, 333n9

Cross, F., 320n2, 321n6,

D

Daly, M., 303n3

Dentan, R. C., 305n23, 306n34, 306n37,

Dunn, J., 304n15

Durham, J. I., 306n32

E

Eichrodt, W. (아이히로트) 53, 56, 70, 71, 153, 187, 188, 191, 302n19, 305n22, 307n48, 307n52, 308n1, 308n2, 308n5, 308n7, 310n1, 315n11, 316n16, 317n20, 317n22, 317n23, 317n24, 318n29, 318n37, 318n38, 319n40, 319n41, 319n44, 320n1, 322n21, 322n23, 324n35,

하나님의 _ 고통

324n36, 324n40, 324n41, 326n55, 326n56, 326n57, 326n58, 326n59, 327n61, 327n64, 327n67, 328n69, 328n73, 330n20, 330n7, 335n36

F

Farrer, A.,   318n38

Ferguson, H.,   310n6

Ford, L.,   319n43

Frankenberry, N.,   319n43

Freedman, D. (프리드먼)   110, 313n31, 331n6

Fretheim, T. (프레타임, 테렌스)   5, 6, 7, 8, 306n31, 306n42, 315n9

G

Gilkey, L.,   304n18

Goedicke, H.,   316n14

Gottwald, N.,   306n43, 307n44, 307n53

Griffin, D.,   317n28, 319n39

Gunn, D.,   307n47

Gutierrez, G.,   303n4

H

Haak, R.,   330n2

Habel, N.,   324n44, 333n9

Halpern, B.,   302n28

Hanson, P. D. (핸슨)   60, 304n9, 305n20, 306n41, 306n43

Harrelson, W.,   332n1

Hazelton, R.,   317n21

Hebblethwaite, B. L.,   314n40

Hempel, J.,   300n4, 301n12, 302n27

Heschel, A. (헤셸, 아브라함) 11, 70, 197, 208, 219, 242, 301n7, 302n26, 304n9, 304n15, 307n46, 308n3, 317n27, 328n1, 329n13, 329n18, 330n13, 334n24, 334n28, 334n30, 335n40

Hvidberg, F.,   330n13

J

Jacob, E. (제이콥)   29, 188, 301n11, 324n44, 327n61, 327n67, 332n1, 332n2

Janzen, J. G. (얀젠)   30, 110, 259, 301n15, 302n18, 307n56, 311n10, 313n23, 313n27, 313n30, 314n34, 317n28, 319n43, 319n45, 331n5, 331n6, 331n7, 331n11,

Janzen, W.,   328n5, 330n15

Jepsen, A.,   314n37

Jeremias, J.,   320n2, 320n5, 321n7, 325n45

Johnson, A. R. (존슨)   189, 327n62, 329n16,

Johnson, M.,   300n4

K

Kaiser, O.,   329n12

Kautzsch, E.,   310n6

King, R. H.,   317n21, 318n38

Knierim, R. (크니림)   70, 82, 83, 302n29, 305n21, 307n51, 308n1, 308n2, 308n4, 308n5, 308n6, 309n9, 309n11, 309n13, 309n19, 318n35, 318n36

Koch, K.,   319n45

Koehler, L. (쾰러)   188, 327n60, 327n63

Kraus, H.-J.,   314n1

Kuitert, H.,   300n4, 301n8, 301n13,

Kuntz, J.,   320n2, 320n4, 325n45

Kuyper, L.,   328n5

L

Lemke, W.,   305n20, 315n4

Levenson, J.,   302n28

L'Heureux, C.,   300n28

Lienhard, M.,   302n1

Long, B.,   307n56

하나님의 _ 고통